I0168748

CHINEES

WOORDENSCHAT

NEDERLANDS CHINEES

De meest bruikbare woorden
Om uw woordenschat uit te breiden en
uw taalvaardigheid aan te scherpen

9000 woorden

Thematische woordenschat Nederlands-Chinees - 9000 woorden

Door Andrey Taranov

Woordenlijsten van T&P Books zijn bedoeld om u woorden van een vreemde taal te helpen leren, onthouden, en bestudering. Dit woordenboek is ingedeeld in thema's en behandelt alle belangrijk terreinen van het dagelijkse leven, bedrijven, wetenschap, cultuur, etc.

Het proces van het leren van woorden met behulp van de op thema's gebaseerde aanpak van T&P Books biedt u de volgende voordelen:

- Correct gegroepeerde informatie is bepalend voor succes bij opeenvolgende stadia van het leren van woorden
- De beschikbaarheid van woorden die van dezelfde stam zijn maakt het mogelijk om woordgroepen te onthouden (in plaats van losse woorden)
- Kleine groepen van woorden faciliteren het proces van het aanmaken van associatieve verbindingen, die nodig zijn bij het consolideren van de woordenschat
- Het niveau van talenkennis kan worden ingeschat door het aantal geleerde woorden

Copyright © 2015 T&P Books Publishing

Alle rechten voorbehouden. Niets uit deze uitgave mag worden verveelvoudigd, opgeslagen in een geautomatiseerd gegevensbestand en/of openbaar gemaakt in enige vorm of op enige wijze, hetzij elektronisch, mechanisch, door fotokopieën, opnamen of op enige andere manier zonder voorafgaande schriftelijke toestemming van de uitgever. U mag dit boek niet verspreiden in welk formaat dan ook.

T&P Books Publishing
www.tpbooks.com

ISBN: 978-1-78492-276-4

Dit boek is ook beschikbaar in e-boek formaat.
Gelieve www.tpbooks.com te bezoeken of de belangrijkste online boekwinkels.

CHINESE WOORDENSCHAT
nieuwe woorden leren

T&P Books woordenlijsten zijn bedoeld om u te helpen vreemde woorden te leren, te onthouden, en te bestuderen. De woordenschat bevat meer dan 9000 veel gebruikte woorden die thematisch geordend zijn.

- De woordenlijst bevat de meest gebruikte woorden
- Aanbevolen als aanvulling bij welke taalcursus dan ook
- Voldoet aan de behoeften van de beginnende en gevorderde student in vreemde talen
- Geschikt voor dagelijks gebruik, bestudering en zelftestactiviteiten
- Maakt het mogelijk om uw woordenschat te evalueren

Bijzondere kenmerken van de woordenschat

- De woorden zijn gerangschikt naar hun betekenis, niet volgens alfabet
- De woorden worden weergegeven in drie kolommen om bestudering en zelftesten te vergemakkelijken
- Woorden in groepen worden verdeeld in kleine blokken om het leerproces te vergemakkelijken
- De woordenschat biedt een handige en eenvoudige beschrijving van elk buitenlands woord

De woordenschat bevat 256 onderwerpen zoals:

Basisconcepten, getallen, kleuren, maanden, seizoenen, meeteenheden, kleding en accessoires, eten & voeding, restaurant, familieleden, verwanten, karakter, gevoelens, emoties, ziekten, stad, dorp, bezienswaardigheden, winkelen, geld, huis, thuis, kantoor, werken op kantoor, import & export, marketing, werk zoeken, sport, onderwijs, computer, internet, gereedschap, natuur, landen, nationaliteiten en meer ...

INHOUDSOPGAVE

UITSPRAAKGIDS

Letter	Chinees voorbeeld	T&P fonetisch alfabet	Nederlands voorbeeld
a	tóufa	[a]	acht
ai	hǎi	[aɪ]	byte, majoor
an	bèipàn	[an]	ander, panamahoed
ang	pīncháng	[ā]	nasale [a]
ao	gǎnmào	[aʊ]	blauw
b	Bànfǎ	[p]	parallel, koper
c	cǎo	[tsh]	handschoenen
ch	chē	[tʃh]	aspiraat ch
d	dīdá	[t]	tomaat, taart
e	dēngjì	[ɛ]	elf, zwembad
ei	běihǎi	[eɪ]	Azerbeidzjan
en	xúnwèn	[ə]	formule, wachten
eng	bēngkuì	[ə̄]	nasale [e]
er	érzi	[ɛr]	opmerken, sterk
f	fǎyuàn	[f]	feestdag, informeren
g	gōnglǜ	[k]	kennen, kleur
h	hǎitún	[h]	het, herhalen
i	fēijī	[i:]	team, portier
ia	jiā	[jɑ]	januari, jaar
ian	kànjiàn	[jʌn]	januari
ie	jiéyuē	[je]	project, yen
in	cónglín	[i:n]	zestien, tiende
j	jīqì	[tɕ]	ongeveer 'tjie'
k	kuàilè	[kh]	deukhoed, Stockholm
l	lúnzi	[l]	delen, luchter
m	hémǎ	[m]	morgen, etmaal
n	nǐ hǎo	[n]	nemen, zonder
o	yībō	[ɔ]	aankomst, bot
ong	chénggōng	[ʊ̄]	nasale [u]
ou	běiměizhōu	[ɔʊ]	snowboard,
p	pào	[ph]	ophouden, ophangen
q	qiáo	[tɕh]	ongeveer 'tsjie'
r	rè	[ʒ]	journalist, rouge
s	sàipǎo	[s]	spreken, kosten
sh	shāsǐ	[ʃ]	komt dichtbij [ch] - shampoo, machine
t	tūrán	[th]	luchthaven, stadhuis
u	dáfù	[u], [ʊ]	hoed, rood
ua	chuán	[ua]	trottoir, douane
un	yúchǔn	[u:n], [ʊn]	zoon, telefoon
ü	lǚxíng	[y]	fuut, uur
ün	shēnyùn	[jun]	juni, adjunct

Letter	Chinees voorbeeld	T&P fonetisch alfabet	Nederlands voorbeeld
uo	zuòwèi	[uɔ]	combinatie van klanken [u] en [o]
w	wùzhì	[w]	twee, willen
x	xiǎo	[ɕ]	Chicago, jasje
z	zérèn	[ʦ]	niets, plaats
zh	zhǎo	[dʒ]	jeans, jungle

Opmerkingen

Eerste toon (hoog niveau toon) In de eerste toon blijft de toonhoogte van uw stem constant en enigszins hoog door de lettergreep. Voorbeeld - mā **Tweede toon (omhoog gaande toon)**
In de tweede toon, gaat de toonhoogte van uw stem licht omhoog tijdens het uitspreken van de lettergreep. Voorbeeld - má **Derde toon (laag-vallend-omhoog gaande toon)**
In de derde toon, gaat de toonhoogte van uw stem omlaag, en gaat dan weer omhoog in dezelfde lettergreep. Voorbeeld - mǎ **Vierde toon (dalende toon)**
In de vierde toon, de toonhoogte van uw stem gaat scherp naar beneden tijdens de lettergreep. Voorbeeld - mà **vijfde toon (neutrale toon)**
In de neutrale toon, hangt de toonhoogte van uw stem af van het woord dat u zegt, maar is normaal gesproken gezegd korter en zachter dan de andere lettergrepen. Voorbeeld - ma

AFKORTINGEN
gebruikt in de woordenschat

Nederlandse afkortingen

mann.	-	mannelijk
vrouw.	-	vrouwelijk
mv.	-	meervoud
on.ww.	-	onovergankelijk werkwoord
ov.ww.	-	overgankelijk werkwoord
bn	-	bijvoeglijk naamwoord
bw	-	bijwoord
abn	-	als bijvoeglijk naamwoord
bijv.	-	bijvoorbeeld
enz.	-	enzovoort
wisk.	-	wiskunde
enk.	-	enkelvoud
ov.	-	over
mil.	-	militair
vn	-	voornaamwoord
telb.	-	telbaar
form.	-	formele taal
ontelb.	-	ontelbaar
inform.	-	informele taal
vw	-	voegwoord
vz	-	voorzetsel
ww	-	werkwoord

Nederlandse artikelen

de	-	gemeenschappelijk geslacht
het	-	onzijdig
de/het	-	onzijdig, gemeenschappelijk geslacht

BASISBEGRIPPEN

Basisbegrippen Deel 1

1. Voornaamwoorden

| ik | 我 | wǒ |
| jij, je | 你 | nǐ |

hij	他	tā
zij, ze	她	tā
het	它	tā

wij, we	我们	wǒ men
jullie	你们	nǐ men
zij, ze (mann.)	他们	tā men

2. Begroetingen. Begroetingen. Afscheid

Hallo! Dag!	你好!	nǐ hǎo!
Hallo!	你们好!	nǐmen hǎo!
Goedemorgen!	早上好!	zǎo shàng hǎo!
Goedemiddag!	午安!	wǔ ān!
Goedenavond!	晚上好!	wǎn shàng hǎo!

gedag zeggen (groeten)	问好	wèn hǎo
Hoi!	你好!	nǐ hǎo!
groeten (het)	问候	wèn hòu
verwelkomen (ww)	欢迎	huān yíng
Hoe gaat het?	你好吗?	nǐ hǎo ma?
Is er nog nieuws?	有 什么 新 消息?	yǒu shénme xīn xiāoxi?

Dag! Tot ziens!	再见!	zai jiàn!
Tot snel! Tot ziens!	回头见!	huí tóu jiàn!
Vaarwel!	再见!	zai jiàn!
afscheid nemen (ww)	说再见	shuō zài jiàn
Tot kijk!	回头见!	huí tóu jiàn!

Dank u!	谢谢!	xièxie!
Dank u wel!	多谢!	duō xiè!
Graag gedaan	不客气	bù kè qi
Geen dank!	不用谢谢!	búyòng xièxie!
Geen moeite.	没什么	méi shén me

Excuseer me, ...	请原谅	qǐng yuán liàng
zich verontschuldigen	道歉	dào qiàn
Mijn excuses.	我道歉	wǒ dào qiàn

Het spijt me!	对不起!	duì bu qǐ!
vergeven (ww)	原谅	yuán liàng
alsjeblieft	请	qǐng

Vergeet het niet!	别忘了!	bié wàng le!
Natuurlijk!	当然!	dāng rán!
Natuurlijk niet!	当然不是!	dāng rán bù shì!
Akkoord!	同意!	tóng yì!
Zo is het genoeg!	够了!	gòu le!

3. Hoe aan te spreken

meneer	先生	xiān sheng
mevrouw	夫人	fū ren
juffrouw	姑娘	gū niang
jongeman	年轻人	nián qīng rén
jongen	小男孩	xiǎo nán hái
meisje	小女孩	xiǎo nǚ hái

4. Kardinale getallen. Deel 1

nul	零	líng
een	一	yī
twee	二	èr
drie	三	sān
vier	四	sì

vijf	五	wǔ
zes	六	liù
zeven	七	qī
acht	八	bā
negen	九	jiǔ

tien	十	shí
elf	十一	shí yī
twaalf	十二	shí èr
dertien	十三	shí sān
veertien	十四	shí sì

vijftien	十五	shí wǔ
zestien	十六	shí liù
zeventien	十七	shí qī
achttien	十八	shí bā
negentien	十九	shí jiǔ

twintig	二十	èrshí
eenentwintig	二十一	èrshí yī
tweeëntwintig	二十二	èrshí èr
drieëntwintig	二十三	èrshí sān

| dertig | 三十 | sānshí |
| eenendertig | 三十一 | sānshí yī |

tweeëndertig	三十二	sānshí èr
drieëndertig	三十三	sānshí sān
veertig	四十	sìshí
eenenveertig	四十一	sìshí yī
tweeënveertig	四十二	sìshí èr
drieënveertig	四十三	sìshí sān
vijftig	五十	wǔshí
eenenvijftig	五十一	wǔshí yī
tweeënvijftig	五十二	wǔshí èr
drieënvijftig	五十三	wǔshí sān
zestig	六十	liùshí
eenenzestig	六十一	liùshí yī
tweeënzestig	六十二	liùshí èr
drieënzestig	六十三	liùshí sān
zeventig	七十	qīshí
eenenzeventig	七十一	qīshí yī
tweeënzeventig	七十二	qīshí èr
drieënzeventig	七十三	qīshí sān
tachtig	八十	bāshí
eenentachtig	八十一	bāshí yī
tweeëntachtig	八十二	bāshí èr
drieëntachtig	八十三	bāshí sān
negentig	九十	jiǔshí
eenennegentig	九十一	jiǔshí yī
tweeënnegentig	九十二	jiǔshí èr
drieënnegentig	九十三	jiǔshí sān

5. Kardinale getallen. Deel 2

honderd	一百	yī bǎi
tweehonderd	两百	liǎng bǎi
driehonderd	三百	sān bǎi
vierhonderd	四百	sì bǎi
vijfhonderd	五百	wǔ bǎi
zeshonderd	六百	liù bǎi
zevenhonderd	七百	qī bǎi
achthonderd	八百	bā bǎi
negenhonderd	九百	jiǔ bǎi
duizend	一千	yī qiān
tweeduizend	两千	liǎng qiān
drieduizend	三千	sān qiān
tienduizend	一万	yī wàn
honderdduizend	十万	shí wàn
miljoen (het)	百万	bǎi wàn
miljard (het)	十亿	shíyì

6. Ordinale getallen

eerste (bn)	第一	dì yī
tweede (bn)	第二	dì èr
derde (bn)	第三	dì sān
vierde (bn)	第四	dì sì
vijfde (bn)	第五	dì wǔ
zesde (bn)	第六	dì liù
zevende (bn)	第七	dì qī
achtste (bn)	第八	dì bā
negende (bn)	第九	dì jiǔ
tiende (bn)	第十	dì shí

7. Getallen. Breuken

breukgetal (het)	分数	fēnshù
half	二分之一	èrfēn zhīyī
een derde	三分之一	sānfēn zhīyī
kwart	四分之一	sìfēn zhīyī
een achtste	八分之一	bāfēn zhīyī
een tiende	十分之一	shífēn zhīyī
twee derde	三分之二	sānfēn zhīèr
driekwart	四分之三	sìfēn zhīsān

8. Getallen. Eenvoudige berekeningen

aftrekking (de)	减法	jiǎn fǎ
aftrekken (ww)	减, 减去	jiǎn, jiǎn qù
deling (de)	除法	chú fǎ
delen (ww)	除	chú
optelling (de)	加法	jiā fǎ
erbij optellen (bij elkaar voegen)	加	jiā
optellen (ww)	加	jiā
vermenigvuldiging (de)	乘法	chéng fǎ
vermenigvuldigen (ww)	乘	chéng

9. Getallen. Diversen

cijfer (het)	数字	shù zì
nummer (het)	数	shù
telwoord (het)	数词	shù cí
minteken (het)	负号	fù hào
plusteken (het)	正号	zhèng hào
formule (de)	公式	gōng shì
berekening (de)	计算	jì suàn

tellen (ww)	计算	jì suàn
bijrekenen (ww)	结算	jié suàn
vergelijken (ww)	比较	bǐ jiào

Hoeveel?	多少?	duōshao?
som (de), totaal (het)	和	hé
uitkomst (de)	结果	jié guǒ
rest (de)	余数	yú shù

enkele (bijv. ~ minuten)	几个	jǐ gè
weinig (bw)	不多	bù duō
restant (het)	剩下的	shèng xià de
anderhalf	一个半	yī gè bàn
dozijn (het)	一打	yī dá

middendoor (bw)	成两半	chéng liǎng bàn
even (bw)	平均地	píng jūn de
helft (de)	一半	yī bàn
keer (de)	次	cì

10. De belangrijkste werkwoorden. Deel 1

aanbevelen (ww)	推荐	tuī jiàn
aandringen (ww)	坚持	jiān chí
aankomen (per auto, enz.)	来到	lái dào
aanraken (ww)	摸	mō
adviseren (ww)	建议	jià nyì

afdalen (on.ww.)	下来	xià lai
afslaan (naar rechts ~)	转弯	zhuǎn wān
antwoorden (ww)	回答	huí dá
bang zijn (ww)	害怕	hài pà
bedreigen (bijv. met een pistool)	威胁	wēi xié

bedriegen (ww)	骗	piàn
beëindigen (ww)	结束	jié shù
beginnen (ww)	开始	kāi shǐ
begrijpen (ww)	明白	míng bai
beheren (managen)	管理	guǎn lǐ

beledigen (met scheldwoorden)	侮辱	wǔ rǔ
beloven (ww)	承诺	chéng nuò
bereiden (koken)	做饭	zuò fàn
bespreken (spreken over)	讨论	tǎo lùn

bestellen (eten ~)	订	dìng
bestraffen (een stout kind ~)	惩罚	chéng fá
betalen (ww)	付，支付	fù, zhī fù
betekenen (beduiden)	表示	biǎo shì
betreuren (ww)	后悔	hòu huǐ
bevallen (prettig vinden)	喜欢	xǐ huan
bevelen (mil.)	命令	mìng lìng

18

bevrijden (stad, enz.)	解放	jiě fàng
bewaren (ww)	保存	bǎo cún
bezitten (ww)	拥有	yōng yǒu

bidden (praten met God)	祈祷	qí dǎo
binnengaan (een kamer ~)	进来	jìn lái
breken (ww)	打破	dǎ pò
controleren (ww)	控制	kòng zhì
creëren (ww)	创造	chuàng zào

deelnemen (ww)	参与	cān yù
denken (ww)	想	xiǎng
doden (ww)	杀死	shā sǐ
doen (ww)	做	zuò
dorst hebben (ww)	渴	kě

11. De belangrijkste werkwoorden. Deel 2

een hint geven	暗示	àn shì
eisen (met klem vragen)	要求	yāo qiú
existeren (bestaan)	存在	cún zài
gaan (te voet)	走	zǒu

gaan zitten (ww)	坐下	zuò xia
gaan zwemmen	去游泳	qù yóu yǒng
geven (ww)	给	gěi
glimlachen (ww)	微笑	wēi xiào
goed raden (ww)	猜中	cāi zhòng

| grappen maken (ww) | 开玩笑 | kāi wán xiào |
| graven (ww) | 挖 | wā |

hebben (ww)	有	yǒu
helpen (ww)	帮助	bāng zhù
herhalen (opnieuw zeggen)	重复	chóng fù
honger hebben (ww)	饿	è

hopen (ww)	希望	xī wàng
horen (waarnemen met het oor)	听见	tīng jiàn
huilen (wenen)	哭	kū
huren (huis, kamer)	租房	zū fáng
informeren (informatie geven)	通知	tōng zhī

instemmen (akkoord gaan)	同意	tóng yì
jagen (ww)	打猎	dǎ liè
kennen (kennis hebben van iemand)	认识	rèn shi
kiezen (ww)	选	xuǎn
klagen (ww)	抱怨	bào yuàn

kosten (ww)	价钱为	jià qian wèi
kunnen (ww)	能	néng
lachen (ww)	笑	xiào

| laten vallen (ww) | 掉 | diào |
| lezen (ww) | 读 | dú |

liefhebben (ww)	爱	ài
lunchen (ww)	吃午饭	chī wǔ fàn
nemen (ww)	拿	ná
nodig zijn (ww)	需要	xū yào

12. De belangrijkste werkwoorden. Deel 3

onderschatten (ww)	轻视	qīng shì
ondertekenen (ww)	签名	qiān míng
ontbijten (ww)	吃早饭	chī zǎo fàn
openen (ww)	开	kāi
ophouden (ww)	停止	tíng zhǐ
opmerken (zien)	注意到	zhù yì dào

opscheppen (ww)	自夸	zì kuā
opschrijven (ww)	记录	jì lù
plannen (ww)	计划	jì huà
prefereren (verkiezen)	宁愿	nìng yuàn
proberen (trachten)	试图	shì tú
redden (ww)	救出	jiù chū

rekenen op ...	指望	zhǐ wàng
rennen (ww)	跑	pǎo
reserveren (een hotelkamer ~)	预订	yù dìng
roepen (om hulp)	呼	hū

| schieten (ww) | 射击 | shè jī |
| schreeuwen (ww) | 叫喊 | jiào hǎn |

schrijven (ww)	写	xiě
souperen (ww)	吃晚饭	chī wǎn fàn
spelen (kinderen)	玩	wán
spreken (ww)	说	shuō

| stelen (ww) | 偷窃 | tōu qiè |
| stoppen (pauzeren) | 停 | tíng |

studeren (Nederlands ~)	学习	xué xí
sturen (zenden)	寄	jì
tellen (optellen)	计算	jì suàn
toebehoren ...	属于	shǔ yú

| toestaan (ww) | 允许 | yǔn xǔ |
| tonen (ww) | 展示 | zhǎn shì |

twijfelen (onzeker zijn)	怀疑	huái yí
uitgaan (ww)	走出去	zǒu chū qù
uitnodigen (ww)	邀请	yāo qǐng
uitspreken (ww)	发音	fā yīn
uitvaren tegen (ww)	责骂	zé mà

13. De belangrijkste werkwoorden. Deel 4

vallen (ww)	跌倒	diē dǎo
vangen (ww)	抓住	zhuā zhù
veranderen (anders maken)	改变	gǎi biàn
verbaasd zijn (ww)	吃惊	chī jīng
verbergen (ww)	藏	cáng
verdedigen (je land ~)	保卫	bǎo wèi
verenigen (ww)	联合	lián hé
vergelijken (ww)	比较	bǐ jiào
vergeten (ww)	忘	wàng
vergeven (ww)	原谅	yuán liàng
verklaren (uitleggen)	说明	shuō míng
verkopen (per stuk ~)	卖	mài
vermelden (praten over)	提到	tí dào
versieren (decoreren)	装饰	zhuāng shì
vertalen (ww)	翻译	fān yì
vertrouwen (ww)	信任	xìn rèn
vervolgen (ww)	继续	jì xù
verwarren (met elkaar ~)	混淆	hùn xiáo
verzoeken (ww)	请求	qǐng qiú
verzuimen (school, enz.)	错过	cuò guò
vinden (ww)	找到	zhǎo dào
vliegen (ww)	飞	fēi
volgen (ww)	跟随	gēn suí
voorstellen (ww)	提议	tí yì
voorzien (verwachten)	预见	yù jiàn
vragen (ww)	问	wèn
waarnemen (ww)	观察	guān chá
waarschuwen (ww)	警告	jǐng gào
wachten (ww)	等	děng
weerspreken (ww)	反对	fǎn duì
weigeren (ww)	拒绝	jù jué
werken (ww)	工作	gōng zuò
weten (ww)	知道	zhī dào
willen (verlangen)	想，想要	xiǎng, xiǎng yào
zeggen (ww)	说	shuō
zich haasten (ww)	赶紧	gǎn jǐn
zich interesseren voor ...	对 … 感兴趣	duì ... gǎn xìng qù
zich vergissen (ww)	犯错	fàn cuò
zich verontschuldigen	道歉	dào qiàn
zien (ww)	见，看见	jiàn, kàn jiàn
zijn (ww)	当	dāng
zoeken (ww)	寻找	xún zhǎo
zwemmen (ww)	游泳	yóuyǒng
zwijgen (ww)	沉默	chén mò

14. Kleuren

kleur (de)	颜色	yán sè
tint (de)	色调	sè diào
kleurnuance (de)	色调	sè diào
regenboog (de)	彩虹	cǎi hóng
wit (bn)	白的	bái de
zwart (bn)	黑色的	hēi sè de
grijs (bn)	灰色的	huī sè de
groen (bn)	绿色的	lǜ sè de
geel (bn)	黄色的	huáng sè de
rood (bn)	红色的	hóng sè de
blauw (bn)	蓝色的	lán sè
lichtblauw (bn)	天蓝色的	tiānlán sè
roze (bn)	粉红色的	fěnhóng sè
oranje (bn)	橙色的	chéng sè de
violet (bn)	紫色的	zǐ sè de
bruin (bn)	棕色的	zōng sè de
goud (bn)	金色的	jīn sè de
zilverkleurig (bn)	银白色的	yín bái sè de
beige (bn)	浅棕色的	qiǎn zōng sè de
roomkleurig (bn)	奶油色的	nǎi yóu sè de
turkoois (bn)	青绿色的	qīng lǜ sè de
kersrood (bn)	樱桃色的	yīng táo sè de
lila (bn)	淡紫色的	dànzǐ sè de
karmijnrood (bn)	深红色的	shēn hóng sè de
licht (bn)	淡色的	dàn sè de
donker (bn)	深色的	shēn sè de
fel (bn)	鲜艳的	xiān yàn de
kleur-, kleurig (bn)	有色的	yǒu sè de
kleuren- (abn)	彩色的	cǎi sè de
zwart-wit (bn)	黑白色的	hēi bái sè de
eenkleurig (bn)	单色的	dān sè de
veelkleurig (bn)	杂色的	zá sè de

15. Vragen

Wie?	谁?	shéi?
Wat?	什么?	shén me?
Waar?	在哪儿?	zài nǎr?
Waarheen?	到哪儿?	dào nǎr?
Waar ... vandaan?	从哪儿来?	cóng nǎr lái?
Wanneer?	什么时候?	shénme shíhou?
Waarom?	为了什么目的?	wèile shénme mùdì?
Waarom?	为什么?	wèi shénme?
Waarvoor dan ook?	为了什么目的?	wèile shénme mùdì?

| Hoe? | 如何? | rú hé? |
| Welk? | 哪个? | nǎ ge? |

Aan wie?	给谁?	gěi shéi?
Over wie?	关于谁?	guān yú shéi?
Waarover?	关于什么?	guān yú shénme?
Met wie?	跟谁?	gēns héi?

| Hoeveel? | 多少? | duōshao? |
| Van wie? | 谁的? | shéi de? |

16. Voorzetsels

met (bijv. ~ beleg)	和，跟	hé, gēn
zonder (~ accent)	没有	méi yǒu
naar (in de richting van)	往	wǎng
over (praten ~)	关于	guān yú
voor (in tijd)	在 … 之前	zài … zhī qián
voor (aan de voorkant)	在 … 前面	zài … qián mian

onder (lager dan)	在 … 下面	zài … xià mian
boven (hoger dan)	在 … 上方	zài … shàng fāng
op (bovenop)	在 … 上	zài … shàng
van (uit, afkomstig van)	从	cóng
van (gemaakt van)	… 做的	… zuò de

| over (bijv. ~ een uur) | 在 … 之后 | zài … zhī hòu |
| over (over de bovenkant) | 跨过 | kuà guò |

17. Functiewoorden. Bijwoorden. Deel 1

Waar?	在哪儿?	zài nǎr?
hier (bw)	在这儿	zài zhèr
daar (bw)	那儿	nàr

| ergens (bw) | 某处 | mǒu chù |
| nergens (bw) | 无处 | wú chù |

| bij … (in de buurt) | 在 … 旁边 | zài … páng biān |
| bij het raam | 在窗户旁边 | zài chuānghu páng biān |

Waarheen?	到哪儿?	dào nǎr?
hierheen (bw)	到这儿	dào zhèr
daarheen (bw)	往那边	wǎng nà bian
hiervandaan (bw)	从这里	cóng zhè lǐ
daarvandaan (bw)	从那里	cóng nà lǐ

| dichtbij (bw) | 附近 | fù jìn |
| ver (bw) | 远 | yuǎn |

| in de buurt (van …) | 在 … 附近 | zài … fù jìn |
| vlakbij (bw) | 在附近，在近处 | zài fù jìn, zài jìn chù |

niet ver (bw)	不远	bù yuǎn
linker (bn)	左边的	zuǒ bian de
links (bw)	在左边	zài zuǒ bian
linksaf, naar links (bw)	往左	wàng zuǒ
rechter (bn)	右边的	yòu bian de
rechts (bw)	在右边	zài yòu bian
rechtsaf, naar rechts (bw)	往右	wàng yòu
vooraan (bw)	在前面	zài qián miàn
voorste (bn)	前 …，前面的	qián …, qián miàn de
vooruit (bw)	先走	xiān zǒu
achter (bw)	在后面	zài hòu miàn
van achteren (bw)	从后面	cóng hòu miàn
achteruit (naar achteren)	往后	wàng hòu
midden (het)	中间	zhōng jiān
in het midden (bw)	在中间	zài zhōng jiān
opzij (bw)	在一边	zài yī biān
overal (bw)	到处	dào chù
omheen (bw)	周围	zhōu wéi
binnenuit (bw)	从里面	cóng lǐ miàn
naar ergens (bw)	往某处	wàng mǒu chù
rechtdoor (bw)	径直地	jìng zhí de
terug (bijv. ~ komen)	往后	wàng hòu
ergens vandaan (bw)	从任何地方	cóng rèn hé de fāng
ergens vandaan	从某处	cóng mǒu chù
(en dit geld moet ~ komen)		
ten eerste (bw)	第一	dì yī
ten tweede (bw)	第二	dì èr
ten derde (bw)	第三	dì sān
plotseling (bw)	忽然	hū rán
in het begin (bw)	最初	zuì chū
voor de eerste keer (bw)	初次	chū cì
lang voor … (bw)	… 之前很久	… zhī qián hěn jiǔ
opnieuw (bw)	重新	chóng xīn
voor eeuwig (bw)	永远	yǒng yuǎn
nooit (bw)	从未	cóng wèi
weer (bw)	再	zài
nu (bw)	目前	mù qián
vaak (bw)	经常	jīng cháng
toen (bw)	当时	dāng shí
urgent (bw)	紧急地	jǐn jí de
meestal (bw)	通常	tōng cháng
trouwens, …	顺便	shùn biàn
(tussen haakjes)		
mogelijk (bw)	可能	kě néng
waarschijnlijk (bw)	大概	dà gài

misschien (bw)	可能	kě néng
trouwens (bw)	再说 ···	zài shuō …
daarom …	所以 ···	suǒ yǐ …
in weerwil van …	尽管 ···	jǐn guǎn …
dankzij …	由于 ···	yóu yú …
wat (vn)	什么	shén me
iets (vn)	某物	mǒu wù
iets	任何事	rèn hé shì
niets (vn)	毫不，决不	háo bù, jué bù
wie (~ is daar?)	谁	shéi
iemand (een onbekende)	有人	yǒu rén
iemand	某人	mǒu rén
(een bepaald persoon)		
niemand (vn)	无人	wú rén
nergens (bw)	哪里都不	nǎ lǐ dōu bù
niemands (bn)	无人的	wú rén de
iemands (bn)	某人的	mǒu rén de
zo (Ik ben ~ blij)	这么	zhè me
ook (evenals)	也	yě
alsook (eveneens)	也	yě

18. Functiewoorden. Bijwoorden. Deel 2

Waarom?	为什么?	wèi shénme?
om een bepaalde reden	由于某种原因	yóu yú mǒu zhǒng yuán yīn
omdat …	因为 ···	yīn wèi ,,,
voor een bepaald doel	不知为什么	bùzhī wèi shénme
en (vw)	和	hé
of (vw)	或者，还是	huò zhě, hái shì
maar (vw)	但	dàn
voor (vz)	为	wèi
te (~ veel mensen)	太	tài
alleen (bw)	只	zhǐ
precies (bw)	精确地	jīng què de
ongeveer (~ 10 kg)	大约	dà yuē
omstreeks (bw)	大概	dà gài
bij benadering (bn)	大概的	dà gài de
bijna (bw)	差不多	chà bu duō
rest (de)	剩下的	shèng xià de
elk (bn)	每个的	měi gè de
om het even welk	任何	rèn hé
veel (grote hoeveelheid)	许多	xǔ duō
veel mensen	很多人	hěn duō rén
iedereen (alle personen)	都	dōu
in ruil voor …	作为交换	zuò wéi jiāo huàn
in ruil (bw)	作为交换	zuò wéi jiāo huàn

met de hand (bw)	手工	shǒu gōng
onwaarschijnlijk (bw)	几乎不	jī hū bù
waarschijnlijk (bw)	可能	kě néng
met opzet (bw)	故意	gù yì
toevallig (bw)	偶然的	ǒu rán de
zeer (bw)	很	hěn
bijvoorbeeld (bw)	例如	lì rú
tussen (~ twee steden)	之间	zhī jiān
tussen (te midden van)	在 … 中	zài … zhōng
zoveel (bw)	这么多	zhè me duō
vooral (bw)	特别	tè bié

Basisbegrippen Deel 2

19. Dagen van de week

maandag (de)	星期一	xīng qī yī
dinsdag (de)	星期二	xīng qī èr
woensdag (de)	星期三	xīng qī sān
donderdag (de)	星期四	xīng qī sì
vrijdag (de)	星期五	xīng qī wǔ
zaterdag (de)	星期六	xīng qī liù
zondag (de)	星期天	xīng qī tiān
vandaag (bw)	今天	jīn tiān
morgen (bw)	明天	míng tiān
overmorgen (bw)	后天	hòu tiān
gisteren (bw)	昨天	zuó tiān
eergisteren (bw)	前天	qián tiān
dag (de)	白天	bái tiān
werkdag (de)	工作日	gōng zuò rì
feestdag (de)	节日	jié rì
verlofdag (de)	休假日	xiū jià rì
weekend (het)	周末	zhōu mò
de hele dag (bw)	一整天	yī zhěng tiān
de volgende dag (bw)	次日	cì rì
twee dagen geleden	两天前	liǎng tiān qián
aan de vooravond (bw)	前一天	qián yī tiān
dag-, dagelijks (bn)	每天的	měi tiān de
elke dag (bw)	每天地	měi tiān de
week (de)	星期	xīng qī
vorige week (bw)	上星期	shàng xīng qī
volgende week (bw)	次周	cì zhōu
wekelijks (bn)	每周的	měi zhōu de
elke week (bw)	每周	měi zhōu
twee keer per week	一周两次	yīzhōu liǎngcì
elke dinsdag	每个星期二	měi gè xīng qī èr

20. Uren. Dag en nacht

morgen (de)	早晨	zǎo chén
's morgens (bw)	在上午	zài shàng wǔ
middag (de)	中午	zhōng wǔ
's middags (bw)	在下午	zài xià wǔ
avond (de)	晚间	wǎn jiān
's avonds (bw)	在晚上	zài wǎn shang

nacht (de)	夜晚	yè wǎn
's nachts (bw)	夜间	yè jiān
middernacht (de)	午夜	wǔ yè

seconde (de)	秒	miǎo
minuut (de)	分钟	fēn zhōng
uur (het)	小时	xiǎo shí
halfuur (het)	半小时	bàn xiǎo shí
kwartier (het)	一刻钟	yī kè zhōng
vijftien minuten	十五分钟	shíwǔ fēn zhōng
etmaal (het)	昼夜	zhòuyè

zonsopgang (de)	日出	rì chū
dageraad (de)	黎明	lí míng
vroege morgen (de)	清晨	qīng chén
zonsondergang (de)	日落	rì luò

's morgens vroeg (bw)	一大早地	yī dà zǎo de
vanmorgen (bw)	今天早上	jīntiān zǎo shang
morgenochtend (bw)	明天早上	míngtiān zǎo shang

vanmiddag (bw)	今天下午	jīntiān xià wǔ
's middags (bw)	在下午	zài xià wǔ
morgenmiddag (bw)	明天下午	míngtiān xià wǔ

| vanavond (bw) | 今晚 | jīn wǎn |
| morgenavond (bw) | 明天晚上 | míngtiān wǎn shang |

ongeveer vier uur	快到四点钟了	kuài dào sì diǎnzhōng le
tegen twaalf uur	十二点钟	shí èr diǎnzhōng
over twintig minuten	二十分钟 以后	èrshí fēnzhōng yǐhòu
over een uur	在一个小时	zài yī gè xiǎo shí
op tijd (bw)	按时	àn shí

kwart voor ...	差一刻	chà yī kè
binnen een uur	一小时内	yī xiǎo shí nèi
elk kwartier	每个十五分钟	měi gè shíwǔ fēnzhōng
de klok rond	日夜	rì yè

21. Maanden. Seizoenen

januari (de)	一月	yī yuè
februari (de)	二月	èr yuè
maart (de)	三月	sān yuè
april (de)	四月	sì yuè
mei (de)	五月	wǔ yuè
juni (de)	六月	liù yuè

juli (de)	七月	qī yuè
augustus (de)	八月	bā yuè
september (de)	九月	jiǔ yuè
oktober (de)	十月	shí yuè
november (de)	十一月	shí yī yuè
december (de)	十二月	shí èr yuè

lente (de)	春季，春天	chūn jì
in de lente (bw)	在春季	zài chūn jì
lente- (abn)	春天的	chūn tiān de
zomer (de)	夏天	xià tiān
in de zomer (bw)	在夏天	zài xià tiān
zomer-, zomers (bn)	夏天的	xià tiān de
herfst (de)	秋天	qiū tiān
in de herfst (bw)	在秋季	zài qiū jì
herfst- (abn)	秋天的	qiū tiān de
winter (de)	冬天	dōng tiān
in de winter (bw)	在冬季	zài dōng jì
winter- (abn)	冬天的	dōng tiān de
maand (de)	月，月份	yuè, yuèfèn
deze maand (bw)	本月	běn yuè
volgende maand (bw)	次月	cì yuè
vorige maand (bw)	上个月	shàng gè yuè
een maand geleden (bw)	一个月前	yī gè yuè qián
over een maand (bw)	在一个月	zài yī gè yuè
over twee maanden (bw)	过两个月	guò liǎng gè yuè
de hele maand (bw)	整个月	zhěnggè yuè
een volle maand (bw)	整个月	zhěnggè yuè
maand-, maandelijks (bn)	每月的	měi yuè de
maandelijks (bw)	每月	měi yuè
elke maand (bw)	每月	měi yuè
twee keer per maand	一个月两次	yī gè yuè liǎngcì
jaar (het)	年	nián
dit jaar (bw)	今年，本年度	jīn nián, běn nián dù
volgend jaar (bw)	次年	cì nián
vorig jaar (bw)	去年	qù nián
een jaar geleden (bw)	一年前	yī nián qián
over een jaar	在一年	zài yī nián
over twee jaar	过两年	guò liǎng nián
het hele jaar	一整年	yī zhěng nián
een vol jaar	表示一整年	biǎo shì yī zhěng nián
elk jaar	每年	měi nián
jaar-, jaarlijks (bn)	每年的	měi nián de
jaarlijks (bw)	每年	měi nián
4 keer per jaar	一年四次	yī nián sì cì
datum (de)	日期	rìqī
datum (de)	日期	rìqī
kalender (de)	日历	rìlì
een half jaar	半年	bàn nián
zes maanden	半年	bàn nián
seizoen (bijv. lente, zomer)	季节	jì jié
eeuw (de)	世纪	shì jì

22. Tijd. Diversen

tijd (de)	时间	shí jiān
ogenblik (het)	瞬间	shùn jiān
moment (het)	瞬间	shùn jiān
ogenblikkelijk (bn)	瞬间的	shùn jiān de
tijdsbestek (het)	时期	shí qī
leven (het)	一生	yī shēng
eeuwigheid (de)	永恒	yǒng héng
epoche (de), tijdperk (het)	时代	shí dài
era (de), tijdperk (het)	纪元	jì yuán
cyclus (de)	周期	zhōu qī
periode (de)	时期	shí qī
termijn (vastgestelde periode)	期限	qī xiàn
toekomst (de)	未来	wèi lái
toekomstig (bn)	未来的	wèi lái de
de volgende keer	下次	xià cì
verleden (het)	过去	guò qù
vorig (bn)	过去的	guò qu de
de vorige keer	上次	shàng cì
later (bw)	后来	hòu lái
na (~ het diner)	在 ··· 以后	zài … yǐ hòu
tegenwoordig (bw)	目前	mù qián
nu (bw)	现在	xiàn zài
onmiddellijk (bw)	立即	lì jí
snel (bw)	很快	hěn kuài
bij voorbaat (bw)	预先	yù xiān
lang geleden (bw)	很久以前	hěn jiǔ yǐ qián
kort geleden (bw)	最近	zuì jìn
noodlot (het)	命运	mìng yùn
herinneringen (mv.)	记忆力	jì yì lì
archief (het)	档案馆	dàng àn guǎn
tijdens ... (ten tijde van)	在 ··· 期间	zài … qī jiān
lang (bw)	长时间的	cháng shí jiān de
niet lang (bw)	不长	bù cháng
vroeg (bijv. ~ in de ochtend)	早	zǎo
laat (bw)	晚	wǎn
voor altijd (bw)	永远	yǒng yuǎn
beginnen (ww)	开始	kāi shǐ
uitstellen (ww)	推迟	tuī chí
tegelijkertijd (bw)	同时	tóng shí
voortdurend (bw)	长期不变地	chángqī bùbiàn de
constant (bijv. ~ lawaai)	不断的	bù duàn de
tijdelijk (bn)	暂时的	zàn shí de
soms (bw)	有时	yǒu shí
zelden (bw)	少见地	shǎo jiàn dì
vaak (bw)	经常	jīng cháng

23. Tegenovergestelden

rijk (bn)	富裕的	fù yù de
arm (bn)	贫穷的	pín qióng de
ziek (bn)	生病的	shēng bìng de
gezond (bn)	健康的	jiàn kāng de
groot (bn)	大的	dà de
klein (bn)	小的	xiǎo de
snel (bw)	快	kuài
langzaam (bw)	慢慢地	màn màn de
snel (bn)	快的	kuài de
langzaam (bn)	慢的	màn de
vrolijk (bn)	快乐的	kuài lè de
treurig (bn)	悲哀的	bēi āi de
samen (bw)	一起	yī qǐ
apart (bw)	分别地	fēn bié de
hardop (~ lezen)	出声地	chū shēng de
stil (~ lezen)	看书	kàn shū
hoog (bn)	高的	gāo de
laag (bn)	低的	dī de
diep (bn)	深的	shēn de
ondiep (bn)	浅的	qiǎn de
ja	是	shì
nee	不	bù
ver (bn)	远的	yuǎn de
dicht (bn)	近的	jìn de
ver (bw)	远	yuǎn
dichtbij (bw)	附近	fù jìn
lang (bn)	长的	cháng de
kort (bn)	短的	duǎn de
vriendelijk (goedhartig)	良好的	liáng hǎo de
kwaad (bn)	凶恶的	xiōng è de
gehuwd (mann.)	已婚的	yǐ hūn de
ongehuwd (mann.)	独身的	dú shēn de
verbieden (ww)	禁止	jìn zhǐ
toestaan (ww)	允许	yǔn xǔ
einde (het)	末尾	mò wěi
begin (het)	起点	qǐ diǎn

linker (bn)	左边的	zuǒ bian de
rechter (bn)	右边的	yòu bian de
eerste (bn)	第一的	dì yī de
laatste (bn)	最后的	zuì hòu de
misdaad (de)	罪行	zuì xíng
bestraffing (de)	惩罚	chéng fá
bevelen (ww)	命令	mìng lìng
gehoorzamen (ww)	服从	fú cóng
recht (bn)	直的	zhí de
krom (bn)	弯曲的	wān qū de
paradijs (het)	天堂	tiān táng
hel (de)	地狱	dì yù
geboren worden (ww)	出生	chū shēng
sterven (ww)	死，死亡	sǐ, sǐ wáng
sterk (bn)	强壮的	qiáng zhuàng de
zwak (bn)	微弱的	wēi ruò de
oud (bn)	老的	lǎo de
jong (bn)	年轻的	nián qīng de
oud (bn)	旧的	jiù de
nieuw (bn)	新的	xīn de
hard (bn)	硬的	yìng de
zacht (bn)	软的	ruǎn de
warm (bn)	暖和的	nuǎn huo de
koud (bn)	冷的	lěng de
dik (bn)	胖的	pàng de
dun (bn)	瘦的	shòu de
smal (bn)	窄的	zhǎi de
breed (bn)	宽的	kuān de
goed (bn)	好的	hǎo de
slecht (bn)	坏的	huài de
moedig (bn)	勇敢的	yǒng gǎn de
laf (bn)	怯懦的	qiè nuò de

24. Lijnen en vormen

vierkant (het)	正方形	zhèng fāng xíng
vierkant (bn)	正方形的	zhèng fāng xíng de
cirkel (de)	圆，圆形	yuán, yuán xíng
rond (bn)	圆的	yuán de

| driehoek (de) | 三角形 | sān jiǎo xíng |
| driehoekig (bn) | 三角形的 | sān jiǎo xíng de |

ovaal (het)	卵形线	luǎn xíng xiàn
ovaal (bn)	卵形的	luǎn xíng de
rechthoek (de)	矩形	jǔ xíng
rechthoekig (bn)	矩形的	jǔ xíng de

piramide (de)	角椎体	jiǎo zhuī tǐ
ruit (de)	菱形	líng xíng
trapezium (het)	梯形	tī xíng
kubus (de)	立方体	lì fāng tǐ
prisma (het)	棱柱体	léng zhù tǐ

omtrek (de)	周长	zhōu cháng
bol, sfeer (de)	球形	qiú xíng
bal (de)	球体	qiú tǐ
diameter (de)	直径	zhí jìng
straal (de)	半径	bàn jìng
omtrek (~ van een cirkel)	周长	zhōu cháng
middelpunt (het)	中间	zhōng jiān

horizontaal (bn)	横的	héng de
verticaal (bn)	竖直的	shù zhí de
parallel (de)	平行线	píng xíng xiàn
parallel (bn)	平行的	píng xíng de

lijn (de)	线	xiàn
streep (de)	笔画	bǐ huà
rechte lijn (de)	直线	zhí xiàn
kromme (de)	曲线	qū xiàn
dun (bn)	薄的	báo de
omlijning (de)	外形	wài xíng

snijpunt (het)	交点	jiāo diǎn
rechte hoek (de)	直角	zhí jiǎo
segment (het)	弓形	gōng xíng
sector (de)	扇形	shàn xíng
zijde (de)	边	biān
hoek (de)	角	jiāo

25. Meeteenheden

gewicht (het)	重量	zhòng liàng
lengte (de)	长, 长度	cháng, cháng dù
breedte (de)	宽度	kuān dù
hoogte (de)	高度	gāo dù
diepte (de)	深度	shēn dù
volume (het)	容量	róng liàng
oppervlakte (de)	面积	miàn jī

gram (het)	克	kè
milligram (het)	毫克	háo kè
kilogram (het)	公斤	gōng jīn

ton (duizend kilo)	吨	dūn
pond (het)	磅	bàng
ons (het)	盎司	àng sī

meter (de)	米	mǐ
millimeter (de)	毫米	háo mǐ
centimeter (de)	厘米	límǐ
kilometer (de)	公里	gōng lǐ
mijl (de)	英里	yīng lǐ

duim (de)	英寸	yīng cùn
voet (de)	英尺	yīng chǐ
yard (de)	码	mǎ

| vierkante meter (de) | 平方米 | píng fāng mǐ |
| hectare (de) | 公顷 | gōng qǐng |

liter (de)	升	shēng
graad (de)	度	dù
volt (de)	伏，伏特	fú, fú tè
ampère (de)	安培	ān péi
paardenkracht (de)	马力	mǎ lì

hoeveelheid (de)	量	liàng
een beetje …	一点	yī diǎn
helft (de)	一半	yī bàn
dozijn (het)	一打	yī dá
stuk (het)	个	gè

| afmeting (de) | 大小 | dà xiǎo |
| schaal (bijv. ~ van 1 op 50) | 比例 | bǐ lì |

minimaal (bn)	最低的	zuì dī de
minste (bn)	最小的	zuì xiǎo de
medium (bn)	中等的	zhōng děng de
maximaal (bn)	最多的	zuì duō de
grootste (bn)	最大的	zuì dà de

26. Containers

glazen pot (de)	玻璃罐	bōli guàn
blik (conserven~)	罐头	guàn tou
emmer (de)	吊桶	diào tǒng
ton (bijv. regenton)	桶	tǒng

ronde waterbak (de)	盆	pén
tank (bijv. watertank-70-ltr)	箱	xiāng
heupfles (de)	小酒壶	xiǎo jiǔ hú
jerrycan (de)	汽油罐	qì yóu guàn
tank (bijv. ketelwagen)	储水箱	chǔ shuǐ xiāng

beker (de)	马克杯	mǎkè bēi
kopje (het)	杯子	bēi zi
schoteltje (het)	碟子	dié zi

glas (het)	杯子	bēi zi
wijnglas (het)	酒杯	jiǔ bēi
steelpan (de)	炖锅	dùn guō

| fles (de) | 瓶子 | píng zi |
| flessenhals (de) | 瓶颈 | píng jǐng |

karaf (de)	长颈玻璃瓶	chángjǐng bōli píng
kruik (de)	粘土壶	nián tǔ hú
vat (het)	器皿	qì mǐn
pot (de)	花盆	huā pén
vaas (de)	花瓶	huā píng

flacon (de)	小瓶	xiǎo píng
flesje (het)	小玻璃瓶	xiǎo bōli píng
tube (bijv. ~ tandpasta)	软管	ruǎn guǎn

zak (bijv. ~ aardappelen)	麻袋	má dài
tasje (het)	袋	dài
pakje (~ sigaretten, enz.)	包，盒	bāo, hé

doos (de)	盒子	hé zi
kist (de)	箱子	xiāng zi
mand (de)	篮子	lán zi

27. Materialen

materiaal (het)	材料	cái liào
hout (het)	木头	mù tou
houten (bn)	木头的	mù tou de

| glas (het) | 玻璃 | bō li |
| glazen (bn) | 玻璃的 | bō li de |

| steen (de) | 石头，石料 | shí tou, shí liào |
| stenen (bn) | 石头的 | shí tou de |

| plastic (het) | 塑料 | sù liào |
| plastic (bn) | 塑料的 | sù liào de |

| rubber (het) | 橡胶 | xiàng jiāo |
| rubber-, rubberen (bn) | 橡胶的 | xiàng jiāo de |

| stof (de) | 布料 | bùliào |
| van stof (bn) | 用布料作的 | yòng bùliào zuò de |

| papier (het) | 纸 | zhǐ |
| papieren (bn) | 用纸作的 | yòng zhǐ zuò de |

| karton (het) | 硬纸板 | yìng zhǐ bǎn |
| kartonnen (bn) | 硬纸板制的 | yìng zhǐ bǎn zhì de |

| polyethyleen (het) | 聚乙烯 | jù yǐ xī |
| cellofaan (het) | 玻璃纸 | bōli zhǐ |

multiplex (het)	胶合板	jiāo hé bǎn
porselein (het)	瓷	cí
porseleinen (bn)	瓷的	cí de
klei (de)	粘土	nián tǔ
klei-, van klei (bn)	粘土的	nián tǔ de
keramiek (de)	陶瓷	táo cí
keramieken (bn)	陶瓷的	táo cí de

28. Metalen

metaal (het)	金属	jīn shǔ
metalen (bn)	金属的	jīn shǔ de
legering (de)	合金	hé jīn

goud (het)	黄金	huáng jīn
gouden (bn)	金的	jīn de
zilver (het)	银	yín
zilveren (bn)	银的	yín de

IJzer (het)	铁	tiě
IJzeren (bn)	铁的	tiě de
staal (het)	钢铁	gāng tiě
stalen (bn)	钢铁的	gāng tiě de
koper (het)	铜	tóng
koperen (bn)	铜的	tóng de

aluminium (het)	铝	lǚ
aluminium (bn)	铝 ⋯ , 铝的	lǚ ..., lǚde
brons (het)	青铜	qīng tóng
bronzen (bn)	青铜的	qīng tóng de

messing (het)	黄铜	huáng tóng
nikkel (het)	镍	niè
platina (het)	白金	bái jīn
kwik (het)	水银	shuǐ yín
tin (het)	锡	xī
lood (het)	铅	qiān
zink (het)	锌	xīn

MENS

Mens. Het lichaam

29. Mensen. Basisbegrippen

mens (de)	人	rén
man (de)	男人	nán rén
vrouw (de)	女人	nǚ rén
kind (het)	孩子	hái zi
meisje (het)	女孩	nǚ hái
jongen (de)	男孩	nán hái
tiener, adolescent (de)	少年	shào nián
oude man (de)	老先生	lǎo xiān sheng
oude vrouw (de)	老妇人	lǎo fù rén

30. Menselijke anatomie

organisme (het)	人体	rén tǐ
hart (het)	心，心脏	xīn, xīn zàng
bloed (het)	血	xuè
slagader (de)	动脉	dòng mài
ader (de)	静脉	jìng mài
hersenen (mv.)	脑	nǎo
zenuw (de)	神经	shén jīng
zenuwen (mv.)	神经	shén jīng
wervel (de)	椎骨	zhuī gǔ
ruggengraat (de)	脊柱	jǐ zhù
maag (de)	胃	wèi
darmen (mv.)	肠	cháng
darm (de)	肠	cháng
lever (de)	肝，肝脏	gān, gān zàng
nier (de)	肾	shèn
been (deel van het skelet)	骨头	gǔtou
skelet (het)	骨骼	gǔ gé
rib (de)	肋骨	lèi gǔ
schedel (de)	头骨	tóu gǔ
spier (de)	肌肉	jī ròu
biceps (de)	二头肌	èr tóu jī
triceps (de)	三头肌	sān tóu jī
pees (de)	腱，肌腱	jiàn, jī jiàn
gewricht (het)	关节	guān jié

longen (mv.)	肺	fèi
geslachtsorganen (mv.)	生殖器	shēng zhí qì
huid (de)	皮肤	pí fū

31. Hoofd

hoofd (het)	头	tóu
gezicht (het)	脸，面孔	liǎn, miàn kǒng
neus (de)	鼻子	bí zi
mond (de)	口，嘴	kǒu, zuǐ

oog (het)	眼	yǎn
ogen (mv.)	眼睛	yǎn jing
pupil (de)	瞳孔	tóng kǒng
wenkbrauw (de)	眉毛	méi mao
wimper (de)	睫毛	jié máo
ooglid (het)	眼皮	yǎn pí

tong (de)	舌，舌头	shé, shé tou
tand (de)	牙，牙齿	yá, yá chǐ
lippen (mv.)	唇	chún
jukbeenderen (mv.)	颧骨	quán gǔ
tandvlees (het)	齿龈	chǐ yín
gehemelte (het)	腭	è

neusgaten (mv.)	鼻孔	bí kǒng
kin (de)	颏	kē
kaak (de)	下颌	xià hé
wang (de)	脸颊	liǎn jiá

voorhoofd (het)	前额	qián é
slaap (de)	太阳穴	tài yáng xué
oor (het)	耳朵	ěr duo
achterhoofd (het)	后脑勺儿	hòu nǎo sháo r
hals (de)	颈	jǐng
keel (de)	喉部	hóu bù

haren (mv.)	头发	tóu fa
kapsel (het)	发型	fà xíng
haarsnit (de)	发式	fà shì
pruik (de)	假发	jiǎ fà

snor (de)	胡子	hú zi
baard (de)	胡须	hú xū
dragen (een baard, enz.)	蓄着	xù zhuó
vlecht (de)	辫子	biàn zi
bakkebaarden (mv.)	鬓角	bìn jiāo

ros (roodachtig, rossig)	红发的	hóng fà de
grijs (~ haar)	灰白的	huī bái de
kaal (bn)	秃头的	tū tóu de
kale plek (de)	秃头	tū tóu
paardenstaart (de)	马尾辫	mǎ wěi biàn
pony (de)	刘海	liú hǎi

32. Menselijk lichaam

hand (de)	手	shǒu
arm (de)	胳膊	gēbo
vinger (de)	手指	shǒu zhǐ
duim (de)	拇指	mǔ zhǐ
pink (de)	小指	xiǎo zhǐ
nagel (de)	指甲	zhǐ jia
vuist (de)	拳	quán
handpalm (de)	手掌	shǒu zhǎng
pols (de)	腕	wàn
voorarm (de)	前臂	qián bì
elleboog (de)	肘	zhǒu
schouder (de)	肩膀	jiān bǎng
been (rechter ~)	腿	tuǐ
voet (de)	脚，足	jiǎo, zú
knie (de)	膝，膝盖	xī, xī gài
kuit (de)	小腿肚	xiǎo tuǐ dù
heup (de)	臀部	tún bù
hiel (de)	后跟	hòu gēn
lichaam (het)	身体	shēntǐ
buik (de)	腹，腹部	fù, fù bù
borst (de)	胸	xiōng
borst (de)	乳房	rǔ fáng
zijde (de)	体侧	tǐ cè
rug (de)	背	bèi
lage rug (de)	下背	xià bèi
taille (de)	腰	yāo
navel (de)	肚脐	dù qí
billen (mv.)	臀部，屁股	tún bù, pì gu
achterwerk (het)	屁股	pì gu
huidvlek (de)	痣	zhì
moedervlek (de)	胎痣	tāi zhì
tatoeage (de)	文身	wén shēn
litteken (het)	疤	bā

Kleding en accessoires

33. Bovenkleding. Jassen

kleren (mv.), kleding (de)	服装	fú zhuāng
bovenkleding (de)	外衣，上衣	wài yī, shàng yī
winterkleding (de)	寒衣	hán yī
jas (de)	大衣	dà yī
bontjas (de)	皮大衣	pí dà yī
bontjasje (het)	皮草短外套	pí cǎo duǎn wài tào
donzen jas (de)	羽绒服	yǔ róng fú
jasje (bijv. een leren ~)	茄克衫	jiā kè shān
regenjas (de)	雨衣	yǔ yī
waterdicht (bn)	不透水的	bù tòu shuǐ de

34. Heren & dames kleding

overhemd (het)	衬衫	chèn shān
broek (de)	裤子	kù zi
jeans (de)	牛仔裤	niú zǎi kù
colbert (de)	西服上衣	xī fú shàng yī
kostuum (het)	套装	tào zhuāng
jurk (de)	连衣裙	lián yī qún
rok (de)	裙子	qún zi
blouse (de)	女衬衫	nǚ chèn shān
wollen vest (de)	针织毛衣	zhēn zhī máo yī
blazer (kort jasje)	茄克衫	jiā kè shān
T-shirt (het)	T桖	T xù
shorts (mv.)	短裤	duǎn kù
trainingspak (het)	运动服	yùn dòng fú
badjas (de)	浴衣	yù yī
pyjama (de)	睡衣	shuì yī
sweater (de)	毛衣	máo yī
pullover (de)	套头衫	tào tóu shān
gilet (het)	马甲	mǎ jiǎ
rokkostuum (het)	燕尾服	yàn wěi fú
smoking (de)	无尾礼服	wú wěi lǐ fú
uniform (het)	制服	zhì fú
werkkleding (de)	工作服	gōng zuò fú
overall (de)	连体服	lián tǐ fú
doktersjas (de)	医师服	yī shī fú

35. Kleding. Ondergoed

ondergoed (het)	内衣	nèi yī
onderhemd (het)	汗衫	hàn shān
sokken (mv.)	短袜	duǎn wà
nachthemd (het)	睡衣	shuì yī
beha (de)	乳罩	rǔ zhào
kniekousen (mv.)	膝上袜	xī shàng wà
panty (de)	连裤袜	lián kù wà
nylonkousen (mv.)	长筒袜	cháng tǒng wà
badpak (het)	游泳衣	yóu yǒng yī

36. Hoofddeksels

hoed (de)	帽子	mào zi
deukhoed (de)	礼帽	lǐ mào
honkbalpet (de)	棒球帽	bàng qiú mào
kleppet (de)	鸭舌帽	yā shé mào
baret (de)	贝雷帽	bèi léi mào
kap (de)	风帽	fēng mào
panamahoed (de)	巴拿马草帽	bānámǎ cǎo mào
gebreide muts (de)	针织帽	zhēn zhī mào
hoofddoek (de)	头巾	tóujīn
dameshoed (de)	女式帽	nǚshì mào
veiligheidshelm (de)	安全帽	ān quán mào
veldmuts (de)	船形帽	chuán xíng mào
helm, valhelm (de)	头盔	tóu kuī
bolhoed (de)	圆顶礼帽	yuán dǐng lǐ mào
hoge hoed (de)	大礼帽	dà lǐ mào

37. Schoeisel

schoeisel (het)	鞋类	xié lèi
schoenen (mv.)	短靴	duǎn xuē
vrouwenschoenen (mv.)	翼尖鞋	yì jiān xié
laarzen (mv.)	靴子	xuē zi
pantoffels (mv.)	拖鞋	tuō xié
sportschoenen (mv.)	运动鞋	yùndòng xié
sneakers (mv.)	胶底运动鞋	jiāodǐ yùndòng xié
sandalen (mv.)	凉鞋	liáng xié
schoenlapper (de)	鞋匠	xié jiàng
hiel (de)	鞋后跟	xié hòu gēn
paar (een ~ schoenen)	一双	yī shuāng
veter (de)	鞋带	xié dài

rijgen (schoenen ~)	系鞋带	jì xié dài
schoenlepel (de)	鞋拔	xié bá
schoensmeer (de/het)	鞋油	xié yóu

38. Textiel. Weefsel

katoen (de/het)	棉布	mián bù
katoenen (bn)	棉布	mián bù
vlas (het)	亚麻	yà má
vlas-, van vlas (bn)	亚麻制的	yà má zhì de

zijde (de)	丝	sī
zijden (bn)	丝 … , 丝的	sī …, sī de
wol (de)	羊毛	yáng máo
wollen (bn)	羊毛的	yáng máo de

fluweel (het)	丝绒	sī róng
suède (de)	绒面革	róng miàn gé
ribfluweel (het)	绒布	róng bù

nylon (de/het)	尼龙	ní lóng
nylon-, van nylon (bn)	尼龙的	ní lóng de
polyester (het)	聚酯纤维	jù zhǐ xiān wéi
polyester- (abn)	聚酯纤维的	jù zhǐ xiān wéi de

leer (het)	皮革	pí gé
leren (van leer gemaak)	皮革 … , 皮的	pí gé …, pí de
bont (het)	毛皮	máo pí
bont- (abn)	毛皮的	máo pí de

39. Persoonlijke accessoires

handschoenen (mv.)	手套	shǒu tào
wanten (mv.)	连指手套	lián zhǐ shǒu tào
sjaal (fleece ~)	围巾	wéi jīn

bril (de)	眼镜	yǎn jìng
brilmontuur (het)	眼镜框	yǎn jìng kuàng
paraplu (de)	雨伞	yǔ sǎn
wandelstok (de)	手杖	shǒu zhàng
haarborstel (de)	梳子	shū zi
waaier (de)	扇子	shàn zi

das (de)	领带	lǐng dài
strikje (het)	领结	lǐng jié
bretels (mv.)	吊裤带	diào kù dài
zakdoek (de)	手帕	shǒu pà

kam (de)	梳子	shū zi
haarspeldje (het)	发夹	fà jiā
schuifspeldje (het)	发针	fà zhēn
gesp (de)	皮带扣	pí dài kòu

| broekriem (de) | 腰带 | yāo dài |
| draagriem (de) | 肩带 | jiān dài |

handtas (de)	包	bāo
damestas (de)	女手提包	nǚ shǒutí bāo
rugzak (de)	背包	bēi bāo

40. Kleding. Diversen

mode (de)	时装	shí zhuāng
de mode (bn)	正在流行	zhèng zài liú xíng
kledingstilist (de)	时装设计师	shízhuāng shèjìshī

kraag (de)	衣领，领子	yī lǐng, lǐng zi
zak (de)	口袋	kǒu dài
zak- (abn)	口袋的	kǒu dài de
mouw (de)	袖子	xiù zi
lusje (het)	挂衣环	guà yī huán
gulp (de)	前开口	qián kāi kǒu

rits (de)	拉链	lā liàn
sluiting (de)	扣子	kòu zi
knoop (de)	纽扣	niǔ kòu
knoopsgat (het)	钮扣孔	niǔ kòu kǒng
losraken (bijv. knopen)	掉	diào

naaien (kleren, enz.)	缝纫	féng rèn
borduren (ww)	绣	xiù
borduursel (het)	绣花	xiù huā
naald (de)	针	zhēn
draad (de)	线	xiàn
naad (de)	线缝	xiàn féng

vies worden (ww)	弄脏	nòng zāng
vlek (de)	污点，污迹	wū diǎn, wū jì
gekreukt raken (ov. kleren)	起皱	qǐ zhòu
scheuren (ov.ww.)	扯破	chě pò
mot (de)	衣蛾	yī é

41. Persoonlijke verzorging. Schoonheidsmiddelen

tandpasta (de)	牙膏	yá gāo
tandenborstel (de)	牙刷	yá shuā
tanden poetsen (ww)	刷牙	shuā yá

scheermes (het)	剃须刀	tì xū dāo
scheerschuim (het)	剃须膏	tì xū gāo
zich scheren (ww)	刮脸	guā liǎn

zeep (de)	肥皂	féi zào
shampoo (de)	洗发液	xǐ fā yè
schaar (de)	剪子，剪刀	jiǎn zi, jiǎndāo

nagelvijl (de)	指甲锉	zhǐ jia cuò
nagelknipper (de)	指甲钳	zhǐ jia qián
pincet (het)	镊子	niè zi

cosmetica (de)	化妆品	huà zhuāng pǐn
masker (het)	面膜	miàn mó
manicure (de)	美甲	měi jiǎ
manicure doen	修指甲	xiū zhǐ jia
pedicure (de)	足部护理	zú bù hù lǐ

cosmetica tasje (het)	化妆包	huà zhuāng bāo
poeder (de/het)	粉	fěn
poederdoos (de)	粉盒	fěn hé
rouge (de)	胭脂	yān zhī

parfum (de/het)	香水	xiāng shuǐ
eau de toilet (de)	香水	xiāng shuǐ
lotion (de)	润肤液	rùn fū yè
eau de cologne (de)	古龙水	gǔ lóng shuǐ

oogschaduw (de)	眼影	yǎn yǐng
oogpotlood (het)	眼线笔	yǎn xiàn bǐ
mascara (de)	睫毛膏	jié máo gāo

lippenstift (de)	口红	kǒu hóng
nagellak (de)	指甲油	zhǐjia yóu
haarlak (de)	喷雾发胶	pēn wù fà jiāo
deodorant (de)	除臭剂	chú chòu jì

crème (de)	护肤霜	hù fū shuāng
gezichtscrème (de)	面霜	miàn shuāng
handcrème (de)	护手霜	hù shǒu shuāng
antirimpelcrème (de)	抗皱霜	kàng zhòu shuāng
dag- (abn)	白天的	bái tiān de
nacht- (abn)	夜间的	yè jiān de

tampon (de)	卫生棉条	wèi shēng mián tiáo
toiletpapier (het)	卫生纸	wèi shēng zhǐ
föhn (de)	吹风机	chuī fēng jī

42. Juwelen

sieraden (mv.)	珠宝	zhū bǎo
edel (bijv. ~ stenen)	宝 ⋯ ，宝贵的	bǎo …, bǎoguì de
keurmerk (het)	印记	yìn jì

ring (de)	戒指	jièzhi
trouwring (de)	结婚戒指	jiéhūn jièzhi
armband (de)	手镯	shǒu zhuó

oorringen (mv.)	耳环	ěr huán
halssnoer (het)	项链	xiàng liàn
kroon (de)	王冠	wáng guān
kralen snoer (het)	珠串项链	zhū chuàn xiàng liàn

diamant (de)	钻石	zuàn shí
smaragd (de)	绿宝石	lǜ bǎo shí
robijn (de)	红宝石	hóng bǎo shí
saffier (de)	蓝宝石	lán bǎo shí
parel (de)	珍珠	zhēn zhū
barnsteen (de)	琥珀	hǔpò

43. Horloges. Klokken

polshorloge (het)	手表	shǒu biǎo
wijzerplaat (de)	钟面	zhōng miàn
wijzer (de)	指针	zhǐ zhēn
metalen horlogeband (de)	手表链	shǒu biǎo liàn
horlogebandje (het)	表带	biǎo dài

batterij (de)	电池	diàn chí
leeg zijn (ww)	没电	méi diàn
batterij vervangen	换电池	huàn diàn chí
voorlopen (ww)	快	kuài
achterlopen (ww)	慢	màn

wandklok (de)	挂钟	guà zhōng
zandloper (de)	沙漏	shā lòu
zonnewijzer (de)	日规	rì guī
wekker (de)	闹钟	nào zhōng
horlogemaker (de)	钟表匠	zhōng biǎo jiàng
repareren (ww)	修理	xiū lǐ

Voedsel. Voeding

44. Voedsel

vlees (het)	肉	ròu
kip (de)	鸡肉	jī ròu
kuiken (het)	小鸡	xiǎo jī
eend (de)	鸭子	yā zi
gans (de)	鹅肉	é ròu
wild (het)	猎物	liè wù
kalkoen (de)	火鸡	huǒ jī
varkensvlees (het)	猪肉	zhū ròu
kalfsvlees (het)	小牛肉	xiǎo niú ròu
schapenvlees (het)	羊肉	yáng ròu
rundvlees (het)	牛肉	niú ròu
konijnenvlees (het)	兔肉	tù ròu
worst (de)	香肠	xiāng cháng
saucijs (de)	小灌肠	xiǎo guàn cháng
spek (het)	腊肉	là ròu
ham (de)	火腿	huǒ tuǐ
gerookte achterham (de)	熏火腿	xūn huǒ tuǐ
paté, pastei (de)	鹅肝酱	é gān jiàng
lever (de)	肝	gān
varkensvet (het)	猪油	zhū yóu
gehakt (het)	碎牛肉	suì niú ròu
tong (de)	口条	kǒu tiáo
ei (het)	鸡蛋	jī dàn
eieren (mv.)	鸡蛋	jī dàn
eiwit (het)	蛋白	dàn bái
eigeel (het)	蛋黄	dàn huáng
vis (de)	鱼	yú
zeevruchten (mv.)	海鲜	hǎi xiān
kaviaar (de)	鱼子酱	yúzǐ jiàng
krab (de)	螃蟹	páng xiè
garnaal (de)	虾，小虾	xiā, xiǎo xiā
oester (de)	牡蛎	mǔ lì
langoest (de)	龙虾	lóng xiā
octopus (de)	章鱼	zhāng yú
inktvis (de)	鱿鱼	yóu yú
steur (de)	鲟鱼	xú nyú
zalm (de)	鲑鱼	guī yú
heilbot (de)	比目鱼	bǐ mù yú
kabeljauw (de)	鳕鱼	xuě yú

makreel (de)	鲭鱼	qīng yú
tonijn (de)	金枪鱼	jīn qiāng yú
paling (de)	鳗鱼，鳝鱼	mán yú, shàn yú
forel (de)	鳟鱼	zūn yú
sardine (de)	沙丁鱼	shā dīng yú
snoek (de)	狗鱼	gǒu yú
haring (de)	鲱鱼	fēi yú
brood (het)	面包	miàn bāo
kaas (de)	奶酪	nǎi lào
suiker (de)	糖	táng
zout (het)	盐，食盐	yán, shí yán
rijst (de)	米	mǐ
pasta (de)	通心粉	tōng xīn fěn
noedels (mv.)	面条	miàn tiáo
boter (de)	黄油	huáng yóu
plantaardige olie (de)	植物油	zhí wù yóu
zonnebloemolie (de)	向日葵油	xiàng rì kuí yóu
margarine (de)	人造奶油	rénzào nǎi yóu
olijven (mv.)	橄榄	gǎn lǎn
olijfolie (de)	橄榄油	gǎn lǎn yóu
melk (de)	牛奶	niú nǎi
gecondenseerde melk (de)	炼乳	liàn rǔ
yoghurt (de)	酸奶	suān nǎi
zure room (de)	酸奶油	suān nǎi yóu
room (de)	奶油	nǎi yóu
mayonaise (de)	蛋黄酱	dàn huáng jiàng
crème (de)	乳脂	rǔ zhī
graan (het)	谷粒	gǔ lì
meel (het), bloem (de)	面粉	miàn fěn
conserven (mv.)	罐头食品	guàn tou shí pǐn
maïsvlokken (mv.)	玉米片	yù mǐ piàn
honing (de)	蜂蜜	fēng mì
jam (de)	果冻	guǒ dòng
kauwgom (de)	口香糖	kǒu xiāng táng

45. Drankjes

water (het)	水	shuǐ
drinkwater (het)	饮用水	yǐn yòng shuǐ
mineraalwater (het)	矿泉水	kuàng quán shuǐ
zonder gas	无气的	wú qì de
koolzuurhoudend (bn)	苏打 …	sū dá …
bruisend (bn)	汽水	qì shuǐ
IJs (het)	冰	bīng

met ijs	加冰的	jiā bīng de
alcohol vrij (bn)	不含酒精的	bù hán jiǔ jīng de
alcohol vrije drank (de)	软性饮料	ruǎn xìng yǐn liào
frisdrank (de)	清凉饮料	qīng liáng yǐn liào
limonade (de)	柠檬水	níng méng shuǐ
alcoholische dranken (mv.)	烈酒	liè jiǔ
likeur (de)	甜酒	tián jiǔ
champagne (de)	香槟	xiāng bīn
vermout (de)	苦艾酒	kǔ ài jiǔ
whisky (de)	威士忌酒	wēi shì jì jiǔ
wodka (de)	伏特加	fú tè jiā
gin (de)	杜松子酒	dù sōng zǐ jiǔ
cognac (de)	法国白兰地	fǎguó báilándì
rum (de)	朗姆酒	lǎng mǔ jiǔ
koffie (de)	咖啡	kāfēi
zwarte koffie (de)	黑咖啡	hēi kāfēi
koffie (de) met melk	加牛奶的咖啡	jiāniúnǎide kāfēi
cappuccino (de)	卡布奇诺	kǎ bù jī nuò
oploskoffie (de)	速溶咖啡	sùróng kāfēi
melk (de)	牛奶	niú nǎi
cocktail (de)	鸡尾酒	jī wěi jiǔ
milkshake (de)	奶昔	nǎi xī
sap (het)	果汁	guǒzhī
tomatensap (het)	番茄汁	fān qié zhī
sinaasappelsap (het)	橙子汁	chéng zi zhī
vers geperst sap (het)	新鲜果汁	xīnxiān guǒzhī
bier (het)	啤酒	píjiǔ
licht bier (het)	淡啤酒	dàn píjiǔ
donker bier (het)	黑啤酒	hēi píjiǔ
thee (de)	茶	chá
zwarte thee (de)	红茶	hóng chá
groene thee (de)	绿茶	lǜ chá

46. Groenten

groenten (mv.)	蔬菜	shū cài
verse kruiden (mv.)	青菜	qīng cài
tomaat (de)	西红柿	xī hóng shì
augurk (de)	黄瓜	huáng guā
wortel (de)	胡萝卜	hú luó bo
aardappel (de)	土豆	tǔ dòu
ui (de)	洋葱	yáng cōng
knoflook (de)	大蒜	dà suàn
kool (de)	洋白菜	yáng bái cài
bloemkool (de)	菜花	cài huā

| spruitkool (de) | 球芽甘蓝 | qiú yá gān lán |
| broccoli (de) | 西蓝花 | xī lán huā |

rode biet (de)	甜菜	tiáncài
aubergine (de)	茄子	qié zi
courgette (de)	西葫芦	xī hú lu
pompoen (de)	南瓜	nán guā
raap (de)	蔓菁	mán jing

peterselie (de)	欧芹	ōu qín
dille (de)	莳萝	shì luó
sla (de)	生菜, 莴苣	shēng cài, wō jù
selderij (de)	芹菜	qín cài
asperge (de)	芦笋	lú sǔn
spinazie (de)	菠菜	bō cài

erwt (de)	豌豆	wān dòu
bonen (mv.)	豆子	dòu zi
maïs (de)	玉米	yù mǐ
boon (de)	四季豆	sì jì dòu

peper (de)	胡椒, 辣椒	hú jiāo, là jiāo
radijs (de)	水萝卜	shuǐ luó bo
artisjok (de)	朝鲜蓟	cháo xiǎn jì

47. Vruchten. Noten

vrucht (de)	水果	shuǐ guǒ
appel (de)	苹果	píng guǒ
peer (de)	梨	lí
citroen (de)	柠檬	níng méng
sinaasappel (de)	橙子	chén zi
aardbei (de)	草莓	cǎo méi

mandarijn (de)	橘子	jú zi
pruim (de)	李子	lǐ zi
perzik (de)	桃子	táo zi
abrikoos (de)	杏子	xìng zi
framboos (de)	覆盆子	fù pén zi
ananas (de)	菠萝	bō luó

banaan (de)	香蕉	xiāng jiāo
watermeloen (de)	西瓜	xī guā
druif (de)	葡萄	pú tao
zure kers (de)	樱桃	yīngtáo
zoete kers (de)	欧洲甜樱桃	oūzhōu tián yīngtáo
meloen (de)	瓜, 甜瓜	guā, tián guā

grapefruit (de)	葡萄柚	pú tao yòu
avocado (de)	鳄梨	è lí
papaja (de)	木瓜	mù guā
mango (de)	芒果	máng guǒ
granaatappel (de)	石榴	shí liú
rode bes (de)	红醋栗	hóng cù lì

zwarte bes (de)	黑醋栗	hēi cù lì
kruisbes (de)	醋栗	cù lì
bosbes (de)	越橘	yuè jú
braambes (de)	黑莓	hēi méi
rozijn (de)	葡萄干	pútao gān
vijg (de)	无花果	wú huā guǒ
dadel (de)	海枣	hǎi zǎo
pinda (de)	花生	huā shēng
amandel (de)	杏仁	xìng rén
walnoot (de)	核桃	hé tao
hazelnoot (de)	榛子	zhēn zi
kokosnoot (de)	椰子	yē zi
pistaches (mv.)	开心果	kāi xīn guǒ

48. Brood. Snoep

suikerbakkerij (de)	油酥面饼	yóu sū miàn bǐng
brood (het)	面包	miàn bāo
koekje (het)	饼干	bǐng gān
chocolade (de)	巧克力	qiǎo kè lì
chocolade- (abn)	巧克力的	qiǎo kè lì de
snoepje (het)	糖果	táng guǒ
cakeje (het)	小蛋糕	xiǎo dàngāo
taart (bijv. verjaardags~)	蛋糕	dàngāo
pastei (de)	大馅饼	dà xiàn bǐng
vulling (de)	馅	xiàn
confituur (de)	果酱	guǒ jiàng
marmelade (de)	酸果酱	suān guǒ jiàng
wafel (de)	华夫饼干	huá fū bǐng gān
IJsje (het)	冰淇淋	bīng qí lín

49. Bereide gerechten

gerecht (het)	菜	cài
keuken (bijv. Franse ~)	菜肴	cài yáo
recept (het)	烹饪法	pēng rèn fǎ
portie (de)	一份	yī fèn
salade (de)	沙拉	shā lā
soep (de)	汤	tāng
bouillon (de)	清汤	qīng tāng
boterham (de)	三明治	sān míng zhì
spiegelei (het)	煎蛋	jiān dàn
hamburger (de)	肉饼	ròu bǐng
hamburger (de)	汉堡	hàn bǎo

| biefstuk (de) | 牛排 | niú pái |
| hutspot (de) | 烤肉 | kǎo ròu |

garnering (de)	配菜	pèi cài
spaghetti (de)	意大利面条	yì dà lì miàn tiáo
aardappelpuree (de)	土豆泥	tǔ dòu ní
pizza (de)	比萨饼	bǐ sà bǐng
pap (de)	麦片粥	mài piàn zhōu
omelet (de)	鸡蛋饼	jīdàn bǐng

gekookt (in water)	煮熟的	zhǔ shóu de
gerookt (bn)	熏烤的	xūn kǎo de
gebakken (bn)	油煎的	yóu jiān de
gedroogd (bn)	干的	gān de
diepvries (bn)	冷冻的	lěng dòng de
gemarineerd (bn)	醋渍的	cù zì de

zoet (bn)	甜的	tián de
gezouten (bn)	咸的	xián de
koud (bn)	冷的	lěng de
heet (bn)	烫的	tàng de
bitter (bn)	苦的	kǔ de
lekker (bn)	美味的	měi wèi de

koken (in kokend water)	做饭	zuò fàn
bereiden (avondmaaltijd ~)	做饭	zuò fàn
bakken (ww)	油煎	yóu jiān
opwarmen (ww)	加热	jiā rè

zouten (ww)	加盐	jiā yán
peperen (ww)	加胡椒	jiā hú jiāo
raspen (ww)	磨碎	mò suì
schil (de)	皮	pí
schillen (ww)	剥皮	bāo pí

50. Kruiden

zout (het)	盐，食盐	yán, shí yán
gezouten (bn)	含盐的	hán yán de
zouten (ww)	加盐	jiā yán

zwarte peper (de)	黑胡椒	hēi hú jiāo
rode peper (de)	红辣椒粉	hóng là jiāo fěn
mosterd (de)	芥末	jiè mo
mierikswortel (de)	辣根汁	là gēn zhī

condiment (het)	调味品	diào wèi pǐn
specerij , kruiderij (de)	香料	xiāng liào
saus (de)	调味汁	tiáo wèi zhī
azijn (de)	醋	cù

anijs (de)	茴芹	huí qín
basilicum (de)	罗勒	luó lè
kruidnagel (de)	丁香	dīng xiāng

gember (de)	姜	jiāng
koriander (de)	芫荽	yuán suī
kaneel (de/het)	肉桂	ròu guì

sesamzaad (het)	芝麻	zhī ma
laurierblad (het)	月桂叶	yuè guì yè
paprika (de)	红甜椒粉	hóng tián jiāo fěn
komijn (de)	葛缕子	gélǚ zi
saffraan (de)	番红花	fān hóng huā

51. Maaltijden

| eten (het) | 食物 | shí wù |
| eten (ww) | 吃 | chī |

ontbijt (het)	早饭	zǎo fàn
ontbijten (ww)	吃早饭	chī zǎo fàn
lunch (de)	午饭	wǔ fàn
lunchen (ww)	吃午饭	chī wǔ fàn

| avondeten (het) | 晚餐 | wǎn cān |
| souperen (ww) | 吃晚饭 | chī wǎn fàn |

| eetlust (de) | 胃口 | wèi kǒu |
| Eet smakelijk! | 请慢用! | qǐng màn yòng! |

openen (een fles ~)	打开	dǎ kāi
morsen (koffie, enz.)	洒出	sǎ chū
zijn gemorst	洒出	sǎ chū

koken (water kookt bij 100°C)	煮开	zhǔ kāi
koken (Hoe om water te ~)	烧开	shāo kāi
gekookt (~ water)	煮开过的	zhǔ kāi guò de

| afkoelen (koeler maken) | 变凉 | biàn liáng |
| afkoelen (koeler worden) | 变凉 | biàn liáng |

| smaak (de) | 味道 | wèi dào |
| nasmaak (de) | 回味，余味 | huí wèi, yú wèi |

volgen een dieet	减肥	jiǎn féi
dieet (het)	日常饮食	rì cháng yǐn shí
vitamine (de)	维生素	wéi shēng sù
calorie (de)	卡路里	kǎlùlǐ

| vegetariër (de) | 素食者 | sù shí zhě |
| vegetarisch (bn) | 素的 | sù de |

vetten (mv.)	脂肪	zhī fáng
eiwitten (mv.)	蛋白质	dàn bái zhì
koolhydraten (mv.)	碳水化合物	tàn shuǐ huà hé wù
snede (de)	一片	yī piàn
stuk (bijv. een ~ taart)	一块	yī kuài
kruimel (de)	面包屑	miàn bāo xiè

52. Tafelschikking

lepel (de)	勺子	sháo zi
mes (het)	刀, 刀子	dāo, dāo zi
vork (de)	叉, 餐叉	chā, cān chā
kopje (het)	杯子	bēi zi
bord (het)	盘子	pán zi
schoteltje (het)	碟子	dié zi
servet (het)	餐巾	cān jīn
tandenstoker (de)	牙签	yá qiān

53. Restaurant

restaurant (het)	饭馆	fàn guǎn
koffiehuis (het)	咖啡馆	kāfēi guǎn
bar (de)	酒吧	jiǔ bā
tearoom (de)	茶馆	chá guǎn
kelner, ober (de)	服务员	fú wù yuán
serveerster (de)	女服务员	nǚ fú wù yuán
barman (de)	酒保	jiǔ bǎo
menu (het)	菜单	cài dān
wijnkaart (de)	酒单	jiǔ dān
een tafel reserveren	订桌子	dìng zhuō zi
gerecht (het)	菜	cài
bestellen (eten ~)	订菜	dìng cài
een bestelling maken	订菜	dìng cài
aperitief (de/het)	开胃酒	kāi wèi jiǔ
voorgerecht (het)	开胃菜	kāi wèi cài
dessert (het)	甜点心	tián diǎn xīn
rekening (de)	账单	zhàng dān
de rekening betalen	付账	fù zhàng
wisselgeld teruggeven	找零钱	zhǎo líng qián
fooi (de)	小费	xiǎo fèi

Familie, verwanten en vrienden

54. Persoonlijke informatie. Formulieren

naam (de)	名字	míng zi
achternaam (de)	姓	xìng
geboortedatum (de)	出生日期	chū shēng rì qī
geboorteplaats (de)	出生地	chū shēng dì
nationaliteit (de)	国籍	guó jí
woonplaats (de)	住所地	zhù suǒ dì
land (het)	国家	guó jiā
beroep (het)	职业	zhí yè
geslacht (ov. het vrouwelijk ~)	性, 性别	xìng, xìngbié
lengte (de)	身高	shēn gāo
gewicht (het)	重量	zhòng liàng

55. Familieleden. Verwanten

moeder (de)	母亲	mǔ qīn
vader (de)	父亲	fù qīn
zoon (de)	儿子	ér zi
dochter (de)	女儿	nǚ ér
jongste dochter (de)	最小的女儿	zuìxiǎode nǚ ér
jongste zoon (de)	最小的儿子	zuìxiǎode ér zi
oudste dochter (de)	最大的女儿	zuìdàde nǚér
oudste zoon (de)	最大的儿子	zuìdàde ér zi
oudere broer (de)	哥哥	gēge
jongere broer (de)	弟弟	dìdi
oudere zuster (de)	姐姐	jiějie
neef (zoon van oom/tante)	堂兄弟, 表兄弟	tángxiōngdì, biǎoxiōngdì
nicht (dochter van oom/tante)	堂姊妹, 表姊妹	tángzǐmèi, biǎozǐmèi
mama (de)	妈妈	mā ma
papa (de)	爸爸	bàba
ouders (mv.)	父母	fù mǔ
kind (het)	孩子	hái zi
kinderen (mv.)	孩子们	hái zi men
oma (de)	姥姥	lǎo lao
opa (de)	爷爷	yé ye
kleinzoon (de)	孙子	sūn zi
kleindochter (de)	孙女	sūn nǚ
kleinkinderen (mv.)	孙子们	sūn zi men

oom (de)	姑爹	gū diē
tante (de)	姑妈	gū mā
neef (zoon van broer/zus)	侄子	zhí zi
nicht (dochter van broer/zus)	侄女	zhí nǚ
schoonmoeder (de)	岳母	yuè mǔ
schoonvader (de)	公公	gōng gong
schoonzoon (de)	女婿	nǚ xu
stiefmoeder (de)	继母	jì mǔ
stiefvader (de)	继父	jì fù
zuigeling (de)	婴儿	yīng ér
wiegenkind (het)	婴儿	yīng ér
kleuter (de)	小孩	xiǎo hái
vrouw (de)	妻子	qī zi
man (de)	老公	lǎo gōng
echtgenoot (de)	配偶	pèi ǒu
echtgenote (de)	配偶	pèi ǒu
gehuwd (mann.)	结婚的	jié hūn de
gehuwd (vrouw.)	结婚的	jié hūn de
ongehuwd (mann.)	独身的	dú shēn de
vrijgezel (de)	单身汉	dān shēn hàn
gescheiden (bn)	离婚的	lí hūn de
weduwe (de)	寡妇	guǎ fu
weduwnaar (de)	鳏夫	guān fū
familielid (het)	亲戚	qīn qi
dichte familielid (het)	近亲	jìn qīn
verre familielid (het)	远亲	yuǎn qīn
familieleden (mv.)	亲属	qīn shǔ
wees (de), weeskind (het)	孤儿	gū ér
voogd (de)	监护人	jiān hù rén
adopteren (een jongen te ~)	收养	shōu yǎng
adopteren (een meisje te ~)	收养	shōu yǎng

56. Vrienden. Collega's

vriend (de)	朋友	péngyou
vriendin (de)	女性朋友	nǚxìng péngyou
vriendschap (de)	友谊	yǒu yì
bevriend zijn (ww)	交朋友	jiāo péngyou
makker (de)	朋友	péngyou
vriendin (de)	朋友	péngyou
partner (de)	搭档	dā dàng
chef (de)	老板	lǎo bǎn
eigenaar (de)	物主	wù zhǔ
ondergeschikte (de)	下属	xià shǔ
collega (de)	同事	tóng shì
kennis (de)	熟人	shú rén

| medereiziger (de) | 旅伴 | lǚ bàn |
| klasgenoot (de) | 同学 | tóng xué |

buurman (de)	邻居	lín jū
buurvrouw (de)	邻居	lín jū
buren (mv.)	邻居们	lín jū men

57. Man. Vrouw

vrouw (de)	女人	nǚ rén
meisje (het)	姑娘	gū niang
bruid (de)	新娘	xīn niáng

mooi(e) (vrouw, meisje)	漂亮的	piào liang de
groot, grote (vrouw, meisje)	高的	gāo de
slank(e) (vrouw, meisje)	苗条	miáo tiáo
korte, kleine (vrouw, meisje)	矮的	ǎi de

| blondine (de) | 金发女郎 | jīnfà nǚláng |
| brunette (de) | 黑发女人 | hēifà nǚrén |

dames- (abn)	女式	nǚ shì
maagd (de)	处女	chǔ nǚ
zwanger (bn)	怀孕的	huái yùn de

man (de)	男人	nán rén
blonde man (de)	金发男子	jīnfà nánzǐ
bruinharige man (de)	黑发男人	hēifà nánrén
groot (bn)	高的	gāo de
klein (bn)	矮的	ǎi de

onbeleefd (bn)	粗鲁的	cū lǔ de
gedrongen (bn)	结实的	jiē shi de
robuust (bn)	强健的	qiáng jiàn de
sterk (bn)	强壮的	qiáng zhuàng de
sterkte (de)	力气	lìqi

mollig (bn)	肥胖的	féi pàng de
getaand (bn)	黝黑的	yǒu hēi de
slank (bn)	身强力壮的	shēn qiáng lì zhuàng de
elegant (bn)	雅致的	yǎ zhì de

58. Leeftijd

leeftijd (de)	年龄	nián líng
jeugd (de)	青年时期	qīng nián shí qī
jong (bn)	年轻的	nián qīng de

jonger (bn)	… 比 … 小	… bǐ … xiǎo
ouder (bn)	… 比 … 大	… bǐ … dà
jongen (de)	年轻男士	nián qīng nán shì
tiener, adolescent (de)	少年	shào nián

kerel (de)	小伙子	xiǎo huǒ zi
oude man (de)	老先生	lǎo xiān sheng
oude vrouw (de)	老妇人	lǎo fù rén

volwassen (bn)	成年的	chéng nián de
van middelbare leeftijd (bn)	中年的	zhōng nián de
bejaard (bn)	年长的	nián zhǎng de
oud (bn)	老的	lǎo de

pensioen (het)	退休	tuì xiū
met pensioen gaan	退休	tuì xiū
gepensioneerde (de)	退休人员	tuì xiū rén yuán

59. Kinderen

kind (het)	孩子	hái zi
kinderen (mv.)	孩子们	hái zi men
tweeling (de)	孪生儿	luán shēng ér

wieg (de)	摇篮	yáo lán
rammelaar (de)	摇铃	yáo líng
luier (de)	尿布	niào bù

speen (de)	安抚奶嘴	ān fǔ nǎi zuǐ
kinderwagen (de)	婴儿车	yīng ér chē
kleuterschool (de)	幼儿园	yòu ér yuán
babysitter (de)	保姆	bǎo mǔ

kindertijd (de)	童年	tóng nián
pop (de)	娃娃	wá wa
speelgoed (het)	玩具	wán jù
bouwspeelgoed (het)	建筑玩具	jiàn zhù wán jù

welopgevoed (bn)	有教养的	yǒu jiào yǎng de
onopgevoed (bn)	教养差的	jiào yǎng chà de
verwend (bn)	宠坏的	chǒng huài de

stout zijn (ww)	淘气	táoqì
stout (bn)	淘气的	táoqì de
stoutheid (de)	淘气	táoqì
stouterd (de)	淘气的男孩	táoqì de nán hái

gehoorzaam (bn)	听话的	tīnghuà de
ongehoorzaam (bn)	不听话的	bù tīnghuà de
braaf (bn)	温顺的	wēn shùn de
slim (verstandig)	聪明的	cōng ming de
wonderkind (het)	天才儿童	tiān cái ér tóng

60. Gehuwde paren. Gezinsleven

| kussen (een kus geven) | 吻 | wěn |
| elkaar kussen (ww) | 相吻 | xiāng wěn |

gezin (het)	家庭	jiā tíng
gezins- (abn)	家庭的	jiā tíng de
paar (het)	夫妻	fūqī
huwelijk (het)	婚姻	hūn yīn
thuis (het)	家庭	jiā tíng
dynastie (de)	王朝	wáng cháo
date (de)	约会	yuē huì
zoen (de)	吻	wěn
liefde (de)	爱情	ài qíng
liefhebben (ww)	爱	ài
geliefde (bn)	爱人	ài rén
tederheid (de)	温柔	wēn róu
teder (bn)	温柔的	wēn róu de
trouw (de)	忠贞	zhōng zhēn
trouw (bn)	忠贞的	zhōng zhēn de
zorg (bijv. bejaarden~)	关心	guān xīn
zorgzaam (bn)	关心的	guān xīn de
jonggehuwden (mv.)	新婚夫妇	xīn hūn fū fù
wittebroodsweken (mv.)	蜜月	mì yuè
trouwen (vrouw)	结婚	jié hūn
trouwen (man)	结婚	jié hūn
bruiloft (de)	婚礼	hūn lǐ
gouden bruiloft (de)	金婚纪念	jīn hūn jì niàn
verjaardag (de)	周年	zhōu nián
minnaar (de)	情人	qíng rén
minnares (de)	情妇	qíng fù
overspel (het)	通奸	tōng jiān
overspel plegen (ww)	通奸	tōng jiān
jaloers (bn)	吃醋的	chī cù de
jaloers zijn (echtgenoot, enz.)	吃醋	chī cù
echtscheiding (de)	离婚	lí hūn
scheiden (ww)	离婚	lí hūn
ruzie hebben (ww)	吵架	chǎo jià
vrede sluiten (ww)	和解	hé jiě
samen (bw)	一起	yī qǐ
seks (de)	性爱	xìng ài
geluk (het)	幸福	xìng fú
gelukkig (bn)	幸福的	xìng fú de
ongeluk (het)	不幸	bù xìng
ongelukkig (bn)	不幸福的	bù xìng fú de

Karakter. Gevoelens. Emoties

61. Gevoelens. Emoties

gevoel (het)	感情	gǎn qíng
gevoelens (mv.)	感情	gǎn qíng
voelen (ww)	感觉	gǎn jué
honger (de)	饿	è
honger hebben (ww)	饿	è
dorst (de)	渴，口渴	kě, kǒukě
dorst hebben	渴	kě
slaperigheid (de)	睡意	shuì yì
willen slapen	感到困倦	gǎn dào kùn juàn
moeheid (de)	疲劳	pí láo
moe (bn)	疲劳的	pí láo de
vermoeid raken (ww)	疲倦	pí juàn
stemming (de)	心情	xīn qíng
verveling (de)	厌烦	yàn fán
zich vervelen (ww)	过无聊的生活	guòwúliáode shēnghuó
afzondering (de)	隐居	yǐn jū
zich afzonderen (ww)	隐居	yǐn jū
bezorgd maken (ww)	使 … 发愁	shǐ … fā chóu
zich bezorgd maken	担心	dān xīn
zorg (bijv. geld~en)	忧虑	yōu lǜ
ongerustheid (de)	焦虑	jiāo lǜ
ongerust (bn)	忧虑的	yōu lǜ de
zenuwachtig zijn (ww)	紧张	jǐn zhāng
in paniek raken	惊慌	jīng huāng
hoop (de)	希望	xī wàng
hopen (ww)	希望	xī wàng
zekerheid (de)	确定	què dìng
zeker (bn)	确定的	què dìng de
onzekerheid (de)	不确定	bù què dìng
onzeker (bn)	不确定的	bù què dìng de
dronken (bn)	喝醉的	hē zuì de
nuchter (bn)	清醒的	qīng xǐng de
zwak (bn)	体弱	tǐ ruò
gelukkig (bn)	幸运的	xìng yùn de
doen schrikken (ww)	吓唬	xià hu
toorn (de)	暴怒	bào nù
woede (de)	狂怒	kuáng nù
depressie (de)	沮丧	jǔ sàng
ongemak (het)	不方便	bù fāng biàn

gemak, comfort (het)	安逸	ān yì
spijt hebben (ww)	后悔	hòu huǐ
spijt (de)	遗憾	yí hàn
pech (de)	倒霉	dǎo méi
bedroefdheid (de)	悲哀	bēi āi
schaamte (de)	惭愧	cán kuì
pret (de), plezier (het)	欢乐	huān lè
enthousiasme (het)	热情	rè qíng
enthousiasteling (de)	热衷者	rè zhōng zhě
enthousiasme vertonen	表现出热情	biǎoxiàn chū rèqíng

62. Karakter. Persoonlijkheid

karakter (het)	品行	pǐn xíng
karakterfout (de)	缺点	quē diǎn
verstand (het)	头脑	tóunǎo
rede (de)	智力	zhì lì
geweten (het)	良心	liáng xīn
gewoonte (de)	习惯	xí guàn
bekwaamheid (de)	能力	néng lì
kunnen (bijv., ~ zwemmen)	能，会	néng, huì
geduldig (bn)	有耐心的	yǒu nài xīn de
ongeduldig (bn)	不耐烦的	bù nài fán de
nieuwsgierig (bn)	好奇的	hào qí de
nieuwsgierigheid (de)	好奇心	hào qí xīn
bescheidenheid (de)	谦虚	qiān xū
bescheiden (bn)	谦虚的	qiān xū de
onbescheiden (bn)	不谦虚的	bù qiān xū de
luiheid (de)	懒惰	lǎn duò
lui (bn)	懒惰的	lǎn duò de
luiwammes (de)	懒人	lǎn rén
sluwheid (de)	狡猾	jiǎo huá
sluw (bn)	狡猾的	jiǎo huá de
wantrouwen (het)	不信任	bù xìn rèn
wantrouwig (bn)	不信任的	bù xìn rèn de
gulheid (de)	慷慨	kāng kǎi
gul (bn)	慷慨的	kāng kǎi de
talentrijk (bn)	有才能的	yǒu cái néng de
talent (het)	才能	cái néng
moedig (bn)	勇敢的	yǒng gǎn de
moed (de)	勇敢	yǒng gǎn
eerlijk (bn)	诚实的	chéng shí de
eerlijkheid (de)	诚实	chéng shí
voorzichtig (bn)	小心的	xiǎo xīn de
manhaftig (bn)	无畏的	wú wèi de

ernstig (bn)	认真的	rèn zhēn de
streng (bn)	严格的	yán gé de
resoluut (bn)	坚决的	jiān jué de
onzeker, irresoluut (bn)	优柔寡断的	yōu róu guǎ duàn de
schuchter (bn)	羞怯的	xiū qiè de
schuchterheid (de)	羞怯	xiū qiè
vertrouwen (het)	信任	xìn rèn
vertrouwen (ww)	信任	xìn rèn
goedgelovig (bn)	轻信的	qīng xìn de
oprecht (bw)	真诚地	zhēn chéng de
oprecht (bn)	真诚的	zhēn chéng de
oprechtheid (de)	真诚	zhēn chéng
open (bn)	开朗的	kāi lǎng de
rustig (bn)	安静的	ān jìng de
openhartig (bn)	坦白的	tǎn bái de
naïef (bn)	天真的	tiān zhēn de
verstrooid (bn)	心不在焉的	xīn bú zài yān de
leuk, grappig (bn)	可笑的	kě xiào de
gierigheid (de)	贪婪	tān lán
gierig (bn)	贪婪的	tān lán de
inhalig (bn)	小气的	xiǎoqìde
kwaad (bn)	凶恶的	xiōng è de
koppig (bn)	固执的	gù zhí de
onaangenaam (bn)	讨厌的	tǎo yàn de
egoïst (de)	自私的人	zì sī de rén
egoïstisch (bn)	自私的	zì sī de
lafaard (de)	懦夫	nuò fū
laf (bn)	怯懦地	qiè nuò de

63. Slaap. Dromen

slapen (ww)	睡觉	shuì jiào
slaap (in ~ vallen)	睡眠	shuì mián
droom (de)	梦	mèng
dromen (in de slaap)	做梦	zuò mèng
slaperig (bn)	瞌睡的	kě shuì de
bed (het)	床	chuáng
matras (de)	床垫	chuáng diàn
deken (de)	羽绒被	yǔ róng bèi
kussen (het)	枕头	zhěn tou
laken (het)	床单	chuáng dān
slapeloosheid (de)	失眠	shī mián
slapeloos (bn)	失眠的	shī mián de
slaapmiddel (het)	安眠药	ān mián yào
slaapmiddel innemen	服安眠药	fú ān mián yào
willen slapen	感到困倦	gǎn dào kùn juàn

geeuwen (ww)	打哈欠	dǎ hā qian
gaan slapen	去睡觉	qù shuì jiào
het bed opmaken	铺床	pū chuáng
inslapen (ww)	睡着	shuì zháo

nachtmerrie (de)	噩梦	è mèng
gesnurk (het)	鼾声	hān shēng
snurken (ww)	打鼾	dǎ hān

wekker (de)	闹钟	nào zhōng
wekken (ww)	叫醒	jiào xǐng
wakker worden (ww)	醒来	xǐng lái
opstaan (ww)	起床	qǐ chuáng
zich wassen (ww)	洗脸	xǐ liǎn

64. Humor. Gelach. Blijdschap

humor (de)	幽默	yōu mò
gevoel (het) voor humor	幽默感	yōu mò gǎn
plezier hebben (ww)	乐趣	lè qù
vrolijk (bn)	欢乐的	huān lè de
pret (de), plezier (het)	欢乐	huān lè

glimlach (de)	笑容	xiào róng
glimlachen (ww)	微笑	wēi xiào
beginnen te lachen (ww)	开始大笑	kāi shǐ dà xiào
lachen (ww)	笑	xiào
lach (de)	笑	xiào

mop (de)	趣闻	qù wén
grappig (een ~ verhaal)	好笑的	hǎo xiào de
grappig (~e clown)	可笑的	kě xiào de

grappen maken (ww)	开玩笑	kāi wán xiào
grap (de)	笑话	xiào huà
blijheid (de)	欢欣	huān xīn
blij zijn (ww)	高兴	gāo xìng
blij (bn)	高兴的	gāo xìng de

65. Discussie, conversatie. Deel 1

| communicatie (de) | 交往 | jiāo wǎng |
| communiceren (ww) | 沟通 | gōu tōng |

conversatie (de)	谈话	tán huà
dialoog (de)	对话	duì huà
discussie (de)	讨论	tǎo lùn
debat (het)	争论	zhēng lùn
debatteren, twisten (ww)	争论	zhēng lùn

| gesprekspartner (de) | 对话者 | duì huà zhě |
| thema (het) | 话题 | huà tí |

standpunt (het)	观点	guān diǎn
mening (de)	见解	jiàn jiě
toespraak (de)	发言	fā yán

bespreking (de)	谈论	tán lùn
bespreken (spreken over)	讨论	tǎo lùn
gesprek (het)	谈话	tán huà
spreken (converseren)	谈话	tán huà
ontmoeting (de)	会	huì
ontmoeten (ww)	见面	jiàn miàn

spreekwoord (het)	谚语	yàn yǔ
gezegde (het)	俗语	sú yǔ
raadsel (het)	谜语	mí yǔ
een raadsel opgeven	给 … 出谜语	gěi … chū mí yǔ
wachtwoord (het)	口令	kǒu lìng
geheim (het)	秘密	mì mì

eed (de)	誓言	shì yán
zweren (een eed doen)	发誓	fā shì
belofte (de)	诺言	nuò yán
beloven (ww)	承诺	chéng nuò

advies (het)	建议	jià nyì
adviseren (ww)	建议	jià nyì
luisteren (gehoorzamen)	听话	tīng huà

nieuws (het)	新闻	xīn wén
sensatie (de)	轰动	hōng dòng
informatie (de)	消息	xiāo xi
conclusie (de)	结论	jié lùn
stem (de)	声音	shēng yīn
compliment (het)	恭维	gōng wei
vriendelijk (bn)	慈祥的	cí xiáng de

woord (het)	字，单词	zì, dāncí
zin (de), zinsdeel (het)	短语	duǎn yǔ
antwoord (het)	答案	dá àn

| waarheid (de) | 实话 | shí huà |
| leugen (de) | 谎言 | huǎng yán |

| gedachte (de) | 念头 | niàn tou |
| fantasie (de) | 虚构 | xū gòu |

66. Discussie, conversatie. Deel 2

gerespecteerd (bn)	尊敬的	zūn jìng de
respecteren (ww)	尊敬	zūn jìng
respect (het)	尊敬	zūn jìng
Geachte … (brief)	亲爱的	qīn ài de

| kennismaken (met …) | 相识 | xiāng shí |
| intentie (de) | 意向 | yì xiàng |

intentie hebben (ww)	打算	dǎ suàn
wens (de)	祝愿	zhù yuàn
wensen (ww)	祝	zhù
verbazing (de)	惊讶	jīng yà
verbazen (verwonderen)	使惊讶	shǐ jīng yà
verbaasd zijn (ww)	吃惊	chī jīng
geven (ww)	给	gěi
nemen (ww)	拿	ná
teruggeven (ww)	归还	guī huán
retourneren (ww)	归还	guī huán
zich verontschuldigen	道歉	dào qiàn
verontschuldiging (de)	道歉	dào qiàn
vergeven (ww)	原谅	yuán liàng
spreken (ww)	谈话	tán huà
luisteren (ww)	听	tīng
aanhoren (ww)	听完	tīng wán
begrijpen (ww)	明白	míng bai
tonen (ww)	展示	zhǎn shì
kijken naar ...	看	kàn
roepen (vragen te komen)	叫	jiào
storen (lastigvallen)	打扰	dǎ rǎo
doorgeven (ww)	递	dì
verzoek (het)	请求	qǐng qiú
verzoeken (ww)	求	qiú
eis (de)	要求	yāo qiú
eisen (met klem vragen)	要求	yāo qiú
beledigen	戏弄	xì nòng
(beledigende namen geven)		
uitlachen (ww)	嘲笑	cháo xiào
spot (de)	笑柄	xiào bǐng
bijnaam (de)	绰号	chuò hào
zinspeling (de)	暗示	àn shì
zinspelen (ww)	暗示	àn shì
impliceren (duiden op)	意思	yì si
beschrijving (de)	描述	miáo shù
beschrijven (ww)	描写	miáo xiě
lof (de)	称赞	chēng zàn
loven (ww)	称赞	chēng zàn
teleurstelling (de)	失望	shī wàng
teleurstellen (ww)	使失望	shǐ shī wàng
teleurgesteld zijn (ww)	失望	shī wàng
veronderstelling (de)	假设	jiǎ shè
veronderstellen (ww)	假设	jiǎ shè
waarschuwing (de)	警告	jǐng gào
waarschuwen (ww)	警告	jǐng gào

67. Discussie, conversatie. Deel 3

aanpraten (ww)	说服	shuō fú
kalmeren (kalm maken)	使 … 放心	shǐ … fàngxīn
stilte (de)	沉默	chén mò
zwijgen (ww)	沉默	chén mò
fluisteren (ww)	耳语	ěr yǔ
gefluister (het)	耳语	ěr yǔ
open, eerlijk (bw)	坦白地讲	tǎn bái de jiǎng
volgens mij …	在我看来	zài wǒ kànlai
detail (het)	细节	xì jié
gedetailleerd (bn)	详细的	xiáng xì de
gedetailleerd (bw)	详细地	xiáng xì de
hint (de)	提示，暗示	tíshì, ànshì
een hint geven	暗示	àn shì
blik (de)	表情	biǎo qíng
een kijkje nemen	看一看	kàn yī kàn
strak (een ~ke blik)	呆滞的眼光	dāizhìde yǎnguāng
knipperen (ww)	眨	zhǎ
knipogen (ww)	眨眼	zhǎ yǎn
knikken (ww)	点头	diǎn tóu
zucht (de)	叹息	tàn xī
zuchten (ww)	叹气	tàn qì
huiveren (ww)	战栗	zhàn lì
gebaar (het)	手势	shǒu shì
aanraken (ww)	摸	mō
grijpen (ww)	抓住	zhuā zhù
een schouderklopje geven	轻拍	qīng pāi
Kijk uit!	小心!	xiǎo xīn!
Echt?	真的?	zhēn de?
Succes!	祝你好运!	zhù nǐ hǎo yùn!
Juist, ja!	明白了!	míng bai le!
Wat jammer!	可惜!	kě xī!

68. Overeenstemming. Weigering

instemming (het)	同意	tóng yì
instemmen (akkoord gaan)	同意	tóng yì
goedkeuring (de)	批准	pī zhǔn
goedkeuren (ww)	批准	pī zhǔn
weigering (de)	拒绝	jù jué
weigeren (ww)	拒绝	jù jué
Geweldig!	太好了	tài hǎo le
Goed!	好吧!	hǎo ba!
Akkoord!	同意!	tóng yì!
verboden (bn)	被禁止的	bèi jìn zhǐ de

het is verboden	不许	bù xǔ
het is onmogelijk	它是不可能的	tā shì bù kě néng de
onjuist (bn)	错的	cuò de

afwijzen (ww)	拒绝	jù jué
steunen	支持	zhī chí
(een goed doel, enz.)		
aanvaarden (excuses ~)	接受	jiē shòu

bevestigen (ww)	证明	zhèng míng
bevestiging (de)	证明	zhèng míng
toestemming (de)	允许	yǔn xǔ
toestaan (ww)	允许	yǔn xǔ
beslissing (de)	决定	jué dìng
z'n mond houden (ww)	不作声	bù zuò shēng

voorwaarde (de)	条件	tiáo jiàn
smoes (de)	借口	jiè kǒu
lof (de)	称赞	chēng zàn
loven (ww)	称赞	chēng zàn

69. Succes. Veel geluk. Mislukking

succes (het)	成功	chéng gōng
succesvol (bw)	成功地	chéng gōng de
succesvol (bn)	成功的	chéng gōng de
geluk (het)	幸运	xìng yùn
Succes!	祝你好运!	zhù nǐ hǎo yùn!
geluks- (bn)	幸运的	xìng yùn de
gelukkig (fortuinlijk)	成功的	chéng gōng de

mislukking (de)	失败	shī bài
tegenslag (de)	失败	shī bài
pech (de)	倒霉	dǎo méi
zonder succes (bn)	不成功的	bù chéng gōng de
catastrofe (de)	大灾难	dà zāi nàn

fierheid (de)	自尊心	zì zūn xīn
fier (bn)	自豪的	zì háo de
fier zijn (ww)	自豪	zì háo

winnaar (de)	胜利者	shèng lì zhě
winnen (ww)	赢, 获胜	yíng, huò shèng
verliezen (ww)	输掉	shū diào
poging (de)	尝试	cháng shì
pogen, proberen (ww)	试图	shì tú
kans (de)	良机	liáng jī

70. Ruzies. Negatieve emoties

| schreeuw (de) | 喊声 | hǎn shēng |
| schreeuwen (ww) | 叫喊 | jiào hǎn |

beginnen te schreeuwen	喊叫起来	hǎn jiào qǐ lai
ruzie (de)	吵架	chǎo jià
ruzie hebben (ww)	吵架	chǎo jià
schandaal (het)	争吵	zhēng chǎo
schandaal maken (ww)	争吵	zhēng chǎo
conflict (het)	冲突	chōng tū
misverstand (het)	误解，曲解	wù jiě, qū jiě
belediging (de)	侮辱	wǔ rǔ
beledigen (met scheldwoorden)	侮辱	wǔ rǔ
beledigd (bn)	受辱的	shòu rǔ de
krenking (de)	冒犯	mào fàn
krenken (beledigen)	得罪	dé zui
gekwetst worden (ww)	生气	shēng qì
verontwaardiging (de)	愤慨	fèn kǎi
verontwaardigd zijn (ww)	气愤	qì fèn
klacht (de)	抱怨	bào yuàn
klagen (ww)	抱怨	bào yuàn
verontschuldiging (de)	道歉	dào qiàn
zich verontschuldigen	道歉	dào qiàn
excuus vragen	请原谅	qǐng yuán liàng
kritiek (de)	批评	pī píng
bekritiseren (ww)	批评	pī píng
beschuldiging (de)	指责	zhǐ zé
beschuldigen (ww)	指责	zhǐ zé
wraak (de)	报仇	bào chóu
wreken (ww)	报 … 之仇	bào … zhǐ chóu
wraak nemen (ww)	报复	bào fù
minachting (de)	轻视	qīng shì
minachten (ww)	看不起	kàn bu qǐ
haat (de)	憎恨	zēng hèn
haten (ww)	憎恨	zēng hèn
zenuwachtig (bn)	紧张的	jǐn zhāng de
zenuwachtig zijn (ww)	紧张	jǐn zhāng
boos (bn)	生气的	shēng qì de
boos maken (ww)	使 … 生气	shǐ … shēng qì
vernederen (ww)	损害尊严	sǔnhài zūnyán
zich vernederen (ww)	损害自己的尊严	sǔnhài zìjǐ de zūnyán
schok (de)	震惊	zhèn jīng
schokken (ww)	使震惊	shǐ zhèn jīng
vrees (de)	恐惧	kǒng jù
vreselijk (bijv. ~ onweer)	糟糕的	zāo gāo de
eng (bn)	可怕的	kě pà de
gruwel (de)	恐怖	kǒng bù
vreselijk (~ nieuws)	恐怖的	kǒng bù de
huilen (wenen)	哭	kū

| beginnen te huilen (wenen) | 开始哭 | kāi shǐ kū |
| traan (de) | 眼泪 | yǎn lèi |

schuld (~ geven aan)	过错	guò cuò
schuldgevoel (het)	负罪感	fù zuì gǎn
schande (de)	羞辱	xiū rǔ
protest (het)	抗议	kàng yì
stress (de)	压力	yā lì

storen (lastigvallen)	打扰	dǎ rǎo
kwaad zijn (ww)	生气	shēng qì
kwaad (bn)	生气的	shēng qì de
beëindigen (een relatie ~)	终止	zhōng zhǐ
vloeken (ww)	吵架	chǎo jià

schrikken (schrik krijgen)	害怕	hài pà
slaan (iemand ~)	打，击	dǎ, jī
vechten (ww)	打架	dǎ jià

regelen (conflict)	解决	jiě jué
ontevreden (bn)	不满意的	bù mǎn yì de
woedend (bn)	暴怒的	bào nù de

| Dat is niet goed! | 这样不好! | zhèyàng bùhǎo! |
| Dat is slecht! | 这样不好! | zhèyàng bùhǎo! |

Geneeskunde

71. Ziekten

ziekte (de)	病	bìng
ziek zijn (ww)	生病	shēng bìng
gezondheid (de)	健康	jiàn kāng

snotneus (de)	流鼻涕	liú bí tì
angina (de)	扁桃体炎	biǎn táo tǐ yán
verkoudheid (de)	感冒	gǎn mào
verkouden raken (ww)	感冒	gǎn mào

bronchitis (de)	支气管炎	zhī qì guǎn yán
longontsteking (de)	肺炎	fèi yán
griep (de)	流感	liú gǎn

bijziend (bn)	近视的	jìn shì de
verziend (bn)	远视的	yuǎn shì de
scheelheid (de)	斜眼	xié yǎn
scheel (bn)	对眼的	duì yǎn de
grauwe staar (de)	白内障	bái nèi zhàng
glaucoom (het)	青光眼	qīng guān gyǎn

beroerte (de)	中风	zhòng fēng
hartinfarct (het)	梗塞	gěng sè
myocardiaal infarct (het)	心肌梗塞	xīn jī gěng sè
verlamming (de)	麻痹	má bì
verlammen (ww)	使 ⋯ 麻痹	shǐ ... má bì

allergie (de)	过敏	guò mǐn
astma (de/het)	哮喘	xiāo chuǎn
diabetes (de)	糖尿病	táng niào bìng

tandpijn (de)	牙痛	yá tòng
tandbederf (het)	龋齿	qǔ chǐ

diarree (de)	腹泻	fù xiè
constipatie (de)	便秘	biàn bì
maagstoornis (de)	饮食失调	yǐn shí shī tiáo
voedselvergiftiging (de)	食物中毒	shí wù zhòng dú
voedselvergiftiging oplopen	中毒	zhòng dú

artritis (de)	关节炎	guān jié yán
rachitis (de)	佝偻病	kòu lóu bìng
reuma (het)	风湿	fēng shī
arteriosclerose (de)	动脉粥样硬化	dòng mài zhōu yàng yìng huà

gastritis (de)	胃炎	wèi yán
blindedarmontsteking (de)	阑尾炎	lán wěi yán

| galblaasontsteking (de) | 胆囊炎 | dǎn nán gyán |
| zweer (de) | 溃疡 | kuì yáng |

mazelen (mv.)	麻疹	má zhěn
rodehond (de)	风疹	fēng zhěn
geelzucht (de)	黄疸	huáng dǎn
leverontsteking (de)	肝炎	gān yán

schizofrenie (de)	精神分裂 症	jíngshen fēnliè zhèng
dolheid (de)	狂犬病	kuáng quǎn bìng
neurose (de)	神经症	shén jīng zhèng
hersenschudding (de)	脑震荡	nǎo zhèn dàng

kanker (de)	癌症	ái zhèng
sclerose (de)	硬化	yìng huà
multiple sclerose (de)	多发性硬化症	duō fā xìng yìng huà zhèng

alcoholisme (het)	酗酒	xù jiǔ
alcoholicus (de)	酗酒者	xù jiǔ zhě
syfilis (de)	梅毒	méi dú
AIDS (de)	艾滋病	ài zī bìng

tumor (de)	肿瘤	zhǒng liú
koorts (de)	发烧	fā shāo
malaria (de)	疟疾	nuè ji
gangreen (het)	坏疽	huài jū
zeeziekte (de)	晕船	yùn chuán
epilepsie (de)	癫痫	diān xián

epidemie (de)	流行病	liú xíng bìng
tyfus (de)	斑疹伤寒	bān zhěn shāng hán
tuberculose (de)	结核病	jié hé bìng
cholera (de)	霍乱	huò luàn
pest (de)	瘟疫	wēn yì

72. Symptomen. Behandelingen. Deel 1

symptoom (het)	症状	zhèng zhuàng
temperatuur (de)	体温	tǐ wēn
verhoogde temperatuur (de)	发热	fā rè
polsslag (de)	脉搏	mài bó

duizeling (de)	眩晕	xuàn yùn
heet (erg warm)	热	rè
koude rillingen (mv.)	颤抖	chàn dǒu
bleek (bn)	苍白的	cāng bái de

hoest (de)	咳嗽	ké sou
hoesten (ww)	咳, 咳嗽	ké, ké sou
niezen (ww)	打喷嚏	dǎ pēn tì
flauwte (de)	晕倒	yūn dǎo
flauwvallen (ww)	晕倒	yūn dǎo
blauwe plek (de)	青伤痕	qīng shāng hén
buil (de)	包	bāo

zich stoten (ww)	擦伤	cā shāng
kneuzing (de)	擦伤	cā shāng
kneuzen (gekneusd zijn)	瘀伤	yū shāng

hinken (ww)	跛行	bǒ xíng
verstuiking (de)	脱位	tuō wèi
verstuiken (enkel, enz.)	使 … 脱位	shǐ … tuō wèi
breuk (de)	骨折	gǔ zhé
een breuk oplopen	弄骨折	nòng gǔzhé

snijwond (de)	伤口	shāng kǒu
zich snijden (ww)	割破	gē pò
bloeding (de)	流血	liú xuè

| brandwond (de) | 烧伤 | shāo shāng |
| zich branden (ww) | 烧伤 | shāo shāng |

prikken (ww)	扎破	zhā pò
zich prikken (ww)	扎伤	zhā shāng
blesseren (ww)	损伤	sǔn shāng
blessure (letsel)	损伤	sǔn shāng
wond (de)	伤口	shāng kǒu
trauma (het)	外伤	wài shāng

IJlen (ww)	说胡话	shuō hú huà
stotteren (ww)	口吃	kǒu chī
zonnesteek (de)	中暑	zhòng shǔ

73. Symptomen. Behandelingen. Deel 2

| pijn (de) | 痛 | tòng |
| splinter (de) | 木刺 | mù cì |

zweet (het)	汗	hàn
zweten (ww)	出汗	chū hàn
braking (de)	呕吐	ǒu tù
stuiptrekkingen (mv.)	抽搐	chōu chù

zwanger (bn)	怀孕的	huái yùn de
geboren worden (ww)	出生	chū shēng
geboorte (de)	生产，分娩	shēngchǎn, fēnmiǎn
baren (ww)	生，分娩	shēng, fēnmiǎn
abortus (de)	人工流产	rén gōng liú chǎn

ademhaling (de)	呼吸	hū xī
inademing (de)	吸	xī
uitademing (de)	呼气	hū qì
uitademen (ww)	呼出	hū chū
inademen (ww)	吸入	xī rù

invalide (de)	残疾人	cán jí rén
gehandicapte (de)	残疾人	cán jí rén
drugsverslaafde (de)	吸毒者	xī dú zhě
doof (bn)	聋的	lóng de

stom (bn)	哑的	yǎ de
doofstom (bn)	聋哑的	lóng yǎ de
krankzinnig (bn)	精神失常的	jīngshen shī cháng de
krankzinnige (man)	疯子	fēng zi
krankzinnige (vrouw)	疯子	fēng zi
krankzinnig worden	发疯	fā fēng
gen (het)	基因	jī yīn
immuniteit (de)	免疫力	miǎn yì lì
erfelijk (bn)	遗传的	yí chuán de
aangeboren (bn)	天生的	tiān shēng de
virus (het)	病毒	bìng dú
microbe (de)	微生物	wēi shēng wù
bacterie (de)	细菌	xì jūn
infectie (de)	传染	chuán rǎn

74. Symptomen. Behandelingen. Deel 3

ziekenhuis (het)	医院	yī yuàn
patiënt (de)	病人	bìng rén
diagnose (de)	诊断	zhěn duàn
genezing (de)	治疗	zhì liáo
medische behandeling (de)	治疗	zhì liáo
onder behandeling zijn	治病	zhì bìng
behandelen (ww)	治疗	zhì liáo
zorgen (zieken ~)	看护	kān hù
ziekenzorg (de)	护理	hùlǐ
operatie (de)	手术	shǒu shù
verbinden (een arm ~)	用绷带包扎	yòng bēngdài bāozā
verband (het)	绷带法	bēngdài fǎ
vaccin (het)	疫苗	yìmiáo
inenten (vaccineren)	给 … 接种疫苗	gěi … jiē zhòng yì miáo
injectie (de)	注射	zhù shè
een injectie geven	打针	dǎ zhēn
aanval (de)	发作	fāzuò
amputatie (de)	截肢	jié zhī
amputeren (ww)	截肢	jié zhī
coma (het)	昏迷	hūn mí
in coma liggen	昏迷	hūn mí
intensieve zorg, ICU (de)	重症监护室	zhòng zhēng jiàn hù shì
zich herstellen (ww)	复原	fù yuán
toestand (de)	状态	zhuàng tài
bewustzijn (het)	知觉	zhī jué
geheugen (het)	记忆力	jì yì lì
trekken (een kies ~)	拔牙	bá yá
vulling (de)	补牙	bǔ yá

vullen (ww)	补牙	bǔ yá
hypnose (de)	催眠	cuī mián
hypnotiseren (ww)	催眠	cuī mián

75. Artsen

dokter, arts (de)	医生	yīshēng
ziekenzuster (de)	护士	hù shi
lijfarts (de)	私人医生	sī rén yīshēng
tandarts (de)	牙科医生	yá kē yīshēng
oogarts (de)	眼科医生	yǎn kē yīshēng
therapeut (de)	内科医生	nèi kē yīshēng
chirurg (de)	外科医生	wài kē yīshēng
psychiater (de)	精神病医生	jīng shén bìng yīshēng
pediater (de)	儿科医生	ér kē yīshēng
psycholoog (de)	心理学家	xīn lǐ xué jiā
gynaecoloog (de)	妇科医生	fù kē yīshēng
cardioloog (de)	心脏病专家	xīn zàng bìng zhuān jiā

76. Geneeskunde. Medicijnen. Accessoires

geneesmiddel (het)	药	yào
middel (het)	药剂	yào jì
voorschrijven (ww)	开药方	kāi yào fāng
recept (het)	药方	yào fāng
tablet (de/het)	药片	yào piàn
zalf (de)	药膏	yào gāo
ampul (de)	安瓿	ān bù
drank (de)	药水	yào shuǐ
siroop (de)	糖浆	táng jiāng
pil (de)	药丸	yào wán
poeder (de/het)	药粉	yào fěn
verband (het)	绷带	bēngdài
watten (mv.)	药棉	yào mián
jodium (het)	碘酒	diǎn jiǔ
pleister (de)	橡皮膏	xiàng pí gāo
pipet (de)	滴管	dī guǎn
thermometer (de)	体温表	tǐ wēn biǎo
spuit (de)	注射器	zhù shè qì
rolstoel (de)	轮椅	lú nyǐ
krukken (mv.)	拐杖	guǎi zhàng
pijnstiller (de)	止痛药	zhǐ tòng yào
laxeermiddel (het)	泻药	xiè yào
spiritus (de)	酒精	jiǔ jīng
medicinale kruiden (mv.)	药草	yào cǎo
kruiden- (abn)	草药的	cǎo yào de

77. Roken. Tabaksproducten

tabak (de)	烟叶	yān yè
sigaret (de)	香烟	xiāng yān
sigaar (de)	雪茄烟	xuě jiā yān
pijp (de)	烟斗	yān dǒu
pakje (~ sigaretten)	包，盒	bāo, hé
lucifers (mv.)	火柴	huǒ chái
luciferdoosje (het)	火柴盒	huǒ chái hé
aansteker (de)	打火机	dǎ huǒ jī
asbak (de)	烟灰缸	yān huī gāng
sigarettendoosje (het)	烟盒	yān hé
sigarettenpijpje (het)	香烟烟嘴	xiāng yān yān zuǐ
filter (de/het)	滤嘴	lǜ zuǐ
roken (ww)	抽烟	chōu yān
een sigaret opsteken	点根烟	diǎn gēn yān
roken (het)	吸烟	xī yān
roker (de)	吸烟者	xī yān zhě
peuk (de)	烟头	yān tóu
rook (de)	烟	yān
as (de)	烟灰	yān huī

HET MENSELIJKE LEEFGEBIED

Stad

78. Stad. Het leven in de stad

stad (de)	城市	chéng shì
hoofdstad (de)	首都	shǒu dū
dorp (het)	村庄	cūn zhuāng
plattegrond (de)	城市地图	chéng shì dìtú
centrum (ov. een stad)	城市中心	chéng shì zhōngxīn
voorstad (de)	郊区	jiāo qū
voorstads- (abn)	郊区的	jiāo qū de
randgemeente (de)	郊区	jiāo qū
omgeving (de)	周围地区	zhōuwéi dì qū
blok (huizenblok)	街区	jiē qū
woonwijk (de)	住宅区	zhù zhái qū
verkeer (het)	交通	jiāo tōng
verkeerslicht (het)	红绿灯	hóng lǜ dēng
openbaar vervoer (het)	公共交通	gōng gòng jiāo tōng
kruispunt (het)	十字路口	shí zì lù kǒu
zebrapad (oversteekplaats)	人行横道	rén xíng héng dào
onderdoorgang (de)	人行地道	rén xíng dìdào
oversteken (de straat ~)	穿马路	chuān mǎ lù
voetganger (de)	行人	xíng rén
trottoir (het)	人行道	rén xíng dào
brug (de)	桥	qiáo
dijk (de)	堤岸	dī àn
fontein (de)	喷泉	pēn quán
allee (de)	小巷	xiǎo xiàng
park (het)	公园	gōng yuán
boulevard (de)	林荫大道	lín yìn dàdào
plein (het)	广场	guǎng chǎng
laan (de)	大街	dàjiē
straat (de)	路	lù
zijstraat (de)	胡同	hú tòng
doodlopende straat (de)	死胡同	sǐ hú tòng
huis (het)	房子	fáng zi
gebouw (het)	楼房，大厦	lóufáng, dàshà
wolkenkrabber (de)	摩天大楼	mó tiān dà lóu
gevel (de)	正面	zhèng miàn
dak (het)	房顶	fáng dǐng

venster (het)	窗户	chuāng hu
boog (de)	拱门	gǒng mén
pilaar (de)	柱	zhù
hoek (ov. een gebouw)	拐角	guǎi jiǎo

vitrine (de)	商店橱窗	shāng diàn chú chuāng
gevelreclame (de)	招牌	zhāo pái
affiche (de/het)	海报	hǎi bào
reclameposter (de)	广告画	guǎnggào huà
aanplakbord (het)	广告牌	guǎnggào pái

vuilnis (de/het)	垃圾	lā jī
vuilnisbak (de)	垃圾桶	lā jī tǒng
afval weggooien (ww)	乱扔	luàn rēng
stortplaats (de)	垃圾堆	lājī duī

telefooncel (de)	电话亭	diàn huà tíng
straatlicht (het)	路灯	lù dēng
bank (de)	长椅	chángyǐ

politieagent (de)	警察	jǐng chá
politie (de)	警察	jǐng chá
zwerver (de)	乞丐	qǐgài

79. Stedelijke instellingen

winkel (de)	商店	shāng diàn
apotheek (de)	药房	yào fáng
optiek (de)	眼镜店	yǎn jìng diàn
winkelcentrum (het)	百货商店	bǎihuò shāngdiàn
supermarkt (de)	超市	chāo shì

bakkerij (de)	面包店	miànbāo diàn
bakker (de)	面包师	miànbāo shī
banketbakkerij (de)	糖果店	tángguǒ diàn
slagerij (de)	肉铺	ròu pù

| groentewinkel (de) | 水果店 | shuǐ guǒ diàn |
| markt (de) | 市场 | shì chǎng |

koffiehuis (het)	咖啡馆	kāfēi guǎn
restaurant (het)	饭馆	fàn guǎn
bar (de)	酒吧	jiǔ bā
pizzeria (de)	比萨饼店	bǐ sà bǐng diàn

kapperssalon (de/het)	理发店	lǐ fà diàn
postkantoor (het)	邮局	yóu jú
stomerij (de)	干洗店	gān xǐ diàn
fotostudio (de)	照相馆	zhào xiàng guǎn

schoenwinkel (de)	鞋店	xié diàn
boekhandel (de)	书店	shū diàn
sportwinkel (de)	体育用品店	tǐ yù yòng pǐn diàn
kledingreparatie (de)	修衣服店	xiū yī fu diàn

kledingverhuur (de)	服装出租	fú zhuāng chū zū
videotheek (de)	DVD出租店	diwidi chūzūdiàn
circus (de/het)	马戏团	mǎ xì tuán
dierentuin (de)	动物园	dòng wù yuán
bioscoop (de)	电影院	diànyǐng yuàn
museum (het)	博物馆	bó wù guǎn
bibliotheek (de)	图书馆	tú shū guǎn
theater (het)	剧院	jù yuàn
opera (de)	歌剧院	gē jù yuàn
nachtclub (de)	夜总会	yè zǒng huì
casino (het)	赌场	dǔ chǎng
moskee (de)	清真寺	qīng zhēn sì
synagoge (de)	犹太教堂	yóu tài jiào táng
kathedraal (de)	大教堂	dà jiào táng
tempel (de)	庙宇，教堂	miào yǔ, jiào táng
kerk (de)	教堂	jiào táng
instituut (het)	学院	xué yuàn
universiteit (de)	大学	dà xué
school (de)	学校	xué xiào
stadhuis (het)	市政厅	shì zhèng tīng
hotel (het)	酒店	jiǔ diàn
bank (de)	银行	yín háng
ambassade (de)	大使馆	dà shǐ guǎn
reisbureau (het)	旅行社	lǚ xíng shè
informatieloket (het)	问询处	wèn xún chù
wisselkantoor (het)	货币兑换处	huòbì duì huàn chù
metro (de)	地铁	dì tiě
ziekenhuis (het)	医院	yī yuàn
benzinestation (het)	加油站	jiā yóu zhàn
parking (de)	停车场	tíng chē cháng

80. Borden

gevelreclame (de)	招牌	zhāo pái
opschrift (het)	题词	tí cí
poster (de)	宣传画	xuān chuán huà
wegwijzer (de)	指路标志	zhǐ lù biāo zhì
pijl (de)	箭头	jiàn tóu
waarschuwing (verwittiging)	警告	jǐng gào
waarschuwingsbord (het)	警告	jǐng gào
waarschuwen (ww)	警告	jǐng gào
vrije dag (de)	休假日	xiū jià rì
dienstregeling (de)	时刻表	shí kè biǎo
openingsuren (mv.)	营业时间	yíng yè shí jiān

WELKOM!	欢迎光临	huān yíng guāng lín
INGANG	入口	rù kǒu
UITGANG	出口	chū kǒu

DUWEN	推	tuī
TREKKEN	拉	lā
OPEN	开门	kāi mén
GESLOTEN	关门	guān mén

DAMES	女洗手间	nǚ xǐshǒujiān
HEREN	男洗手间	nán xǐshǒujiān

KORTING	折扣	zhé kòu
UITVERKOOP	销售	xiāoshòu
NIEUW!	新品!	xīnpǐn!
GRATIS	免费	miǎn fèi

PAS OP!	请注意	qǐng zhù yì
VOLGEBOEKT	客满	kè mǎn
GERESERVEERD	留座	liú zuò

ADMINISTRATIE	高层管理者	gāocéng guǎnlǐ zhě
ALLEEN VOOR PERSONEEL	仅限员工通行	jǐn xiàn yuángōng tōngxíng

GEVAARLIJKE HOND	当心狗!	dāng xīn gǒu!
VERBODEN TE ROKEN!	禁止吸烟	jìnzhǐ xīyān
NIET AANRAKEN!	禁止触摸	jìn zhǐ chù mō

GEVAARLIJK	危险	wēi xiǎn
GEVAAR	危险	wēi xiǎn
HOOGSPANNING	高压危险	gāo yā wēi xiǎn
VERBODEN TE ZWEMMEN	禁止游泳	jìnzhǐ yóuyǒng
BUITEN GEBRUIK	故障中	gù zhàng zhōng

ONTVLAMBAAR	易燃物质	yì rán wù zhì
VERBODEN	禁止	jìn zhǐ
DOORGANG VERBODEN	禁止通行	jìnzhǐ tōng xíng
OPGELET PAS GEVERFD	油漆未干	yóu qī wèi gān

81. Stedelijk vervoer

bus, autobus (de)	公共汽车	gōnggòng qìchē
tram (de)	电车	diànchē
trolleybus (de)	无轨电车	wúguǐ diànchē
route (de)	路线	lù xiàn
nummer (busnummer, enz.)	号	hào

rijden met ...	··· 去	... qù
stappen (in de bus ~)	上车	shàng chē
afstappen (ww)	下车	xià chē

halte (de)	车站	chē zhàn
volgende halte (de)	下一站	xià yī zhàn

eindpunt (het)	终点站	zhōng diǎn zhàn
dienstregeling (de)	时刻表	shí kè biǎo
wachten (ww)	等	děng

| kaartje (het) | 票 | piào |
| reiskosten (de) | 票价 | piào jià |

kassier (de)	出纳	chū nà
kaartcontrole (de)	查验车票	chá yàn chē piào
controleur (de)	售票员	shòu piào yuán

te laat zijn (ww)	误点	wù diǎn
missen (de bus ~)	未赶上	wèi gǎn shàng
zich haasten (ww)	急忙	jí máng

taxi (de)	出租车	chūzūchē
taxichauffeur (de)	出租车司机	chūzūchē sī jī
met de taxi (bw)	乘出租车	chéng chūzūchē
taxistandplaats (de)	出租车站	chūzūchē zhàn
een taxi bestellen	叫计程车	jiào jì chéng chē
een taxi nemen	乘出租车	chéng chūzūchē

verkeer (het)	交通	jiāo tōng
file (de)	堵车	dǔ chē
spitsuur (het)	高峰 时间	gāo fēng shí jiān
parkeren (on.ww.)	停放	tíng fàng
parkeren (ov.ww.)	停放	tíng fàng
parking (de)	停车场	tíng chē cháng

metro (de)	地铁	dì tiě
halte (bijv. kleine treinhalte)	站	zhàn
de metro nemen	坐地铁	zuò dì tiě
trein (de)	火车	huǒ chē
station (treinstation)	火车站	huǒ chē zhàn

82. Bezienswaardigheden

monument (het)	纪念像	jì niàn xiàng
vesting (de)	堡垒	bǎo lěi
paleis (het)	宫殿	gōng diàn
kasteel (het)	城堡	chéng bǎo
toren (de)	塔	tǎ
mausoleum (het)	陵墓	líng mù

architectuur (de)	建筑	jiàn zhù
middeleeuws (bn)	中世纪的	zhōng shì jì de
oud (bn)	古老的	gǔ lǎo de
nationaal (bn)	国家, 国民	guó jiā, guó mín
bekend (bn)	有名的	yǒu míng de

toerist (de)	旅行者	lǚ xíng zhě
gids (de)	导游	dǎo yóu
rondleiding (de)	游览	yóu lǎn
tonen (ww)	把 ⋯ 给 ⋯ 看	bǎ ... gěi ... kàn

vertellen (ww)	讲	jiǎng
vinden (ww)	找到	zhǎo dào
verdwalen (de weg kwijt zijn)	迷路	mí lù
plattegrond (~ van de metro)	地图	dì tú
plattegrond (~ van de stad)	地图	dì tú
souvenir (het)	纪念品	jì niàn pǐn
souvenirwinkel (de)	礼品店	lǐ pǐn diàn
een foto maken (ww)	拍照	pāi zhào
zich laten fotograferen	拍照	pāi zhào

83. Winkelen

kopen (ww)	买，购买	mǎi, gòu mǎi
aankoop (de)	购买	gòu mǎi
winkelen (ww)	去买东西	qù mǎi dōng xi
winkelen (het)	购物	gòu wù
open zijn (ov. een winkel, enz.)	营业	yíng yè
gesloten zijn (ww)	关门	guān mén
schoeisel (het)	鞋类	xié lèi
kleren (mv.)	服装	fú zhuāng
cosmetica (de)	化妆品	huà zhuāng pǐn
voedingswaren (mv.)	食品	shí pǐn
geschenk (het)	礼物	lǐ wù
verkoper (de)	售货员	shòu huò yuán
verkoopster (de)	女售货员	nǚ shòuhuò yuán
kassa (de)	收银台	shōu yín tái
spiegel (de)	镜子	jìng zi
toonbank (de)	柜台	guì tái
paskamer (de)	试衣间	shì yī jiān
aanpassen (ww)	试穿	shì chuān
passen (ov. kleren)	合适	hé shì
bevallen (prettig vinden)	喜欢	xǐ huan
prijs (de)	价格	jià gé
prijskaartje (het)	价格标签	jià gé biāo qiān
kosten (ww)	价钱为	jià qian wèi
Hoeveel?	多少钱?	duōshao qián?
korting (de)	折扣	zhé kòu
niet duur (bn)	不贵的	bù guì de
goedkoop (bn)	便宜的	pián yi de
duur (bn)	贵的	guì de
Dat is duur.	这个太贵	zhège tàiguì
verhuur (de)	出租	chū zū
huren (smoking, enz.)	租用	zū yòng
krediet (het)	赊购	shē gòu
op krediet (bw)	赊欠	shē qiàn

84. Geld

geld (het)	钱，货币	qián, huòbì
ruil (de)	兑换	duì huàn
koers (de)	汇率	huì lǜ
geldautomaat (de)	自动取款机	zì dòng qǔ kuǎn jī
muntstuk (de)	硬币	yìngbì
dollar (de)	美元	měi yuán
euro (de)	欧元	ōu yuán
lire (de)	里拉	lǐ lā
Duitse mark (de)	德国马克	dé guó mǎ kè
frank (de)	法郎	fǎ láng
pond sterling (het)	英镑	yīng bàng
yen (de)	日元	rì yuán
schuld (geldbedrag)	债务	zhài wù
schuldenaar (de)	债务人	zhài wù rén
uitlenen (ww)	借给	jiè gěi
lenen (geld ~)	借	jiè
bank (de)	银行	yín háng
bankrekening (de)	账户	zhànghù
op rekening storten	存款	cún kuǎn
opnemen (ww)	提取	tí qǔ
kredietkaart (de)	信用卡	xìn yòng kǎ
baar geld (het)	现金	xiàn jīn
cheque (de)	支票	zhī piào
een cheque uitschrijven	开支票	kāi zhī piào
chequeboekje (het)	支票本	zhīpiào běn
portefeuille (de)	钱包	qián bāo
geldbeugel (de)	零钱包	líng qián bāo
portemonnee (de)	钱夹	qián jiā
safe (de)	保险柜	bǎo xiǎn guì
erfgenaam (de)	继承人	jì chéng rén
erfenis (de)	遗产	yí chǎn
fortuin (het)	财产，财富	cáichǎn, cáifù
huur (de)	租赁	zū lìn
huurprijs (de)	租金	zū jīn
huren (huis, kamer)	租房	zū fáng
prijs (de)	价格	jià gé
kostprijs (de)	价钱	jià qian
som (de)	金额	jīn é
uitgeven (geld besteden)	花	huā
kosten (mv.)	花费	huā fèi
bezuinigen (ww)	节省	jié shěng
zuinig (bn)	节约的	jié yuē de
betalen (ww)	付，支付	fù, zhī fù

| betaling (de) | 酬金 | chóu jīn |
| wisselgeld (het) | 零钱 | líng qián |

belasting (de)	税，税款	shuì, shuì kuǎn
boete (de)	罚款	fá kuǎn
beboeten (bekeuren)	罚款	fá kuǎn

85. Post. Postkantoor

postkantoor (het)	邮局	yóu jú
post (de)	邮件	yóu jiàn
postbode (de)	邮递员	yóu dì yuán
openingsuren (mv.)	营业时间	yíng yè shí jiān

brief (de)	信，信函	xìn, xìn hán
aangetekende brief (de)	挂号信	guà hào xìn
briefkaart (de)	明信片	míng xìn piàn
telegram (het)	电报	diàn bào
postpakket (het)	包裹，邮包	bāo guǒ, yóu bāo
overschrijving (de)	汇款资讯	huì kuǎn zī xùn

ontvangen (ww)	收到	shōu dào
sturen (zenden)	寄	jì
verzending (de)	发信	fā xìn

adres (het)	地址	dì zhǐ
postcode (de)	邮编	yóu biān
verzender (de)	发信人	fā xìn rén
ontvanger (de)	收信人	shōu xìn rén

| naam (de) | 名字 | míng zi |
| achternaam (de) | 姓 | xìng |

tarief (het)	费率	fèi lǜ
standaard (bn)	普通	pǔ tōng
zuinig (bn)	经济的	jīng jì de

gewicht (het)	重量	zhòng liàng
afwegen (op de weegschaal)	称重	chēng zhòng
envelop (de)	信封	xìn fēng
postzegel (de)	邮票	yóu piào

Woning. Huis. Thuis

86. Huis. Woning

huis (het)	房屋	fáng wū
thuis (bw)	在家	zài jiā
cour (de)	院子	yuàn zi
omheining (de)	围栏	wéi lán
baksteen (de)	砖	zhuān
van bakstenen	砖的	zhuān de
steen (de)	石头，石料	shí tou, shí liào
stenen (bn)	石制的	shí zhì de
beton (het)	混凝土	hùn níng tǔ
van beton	混凝土的	hùn níng tǔ de
nieuw (bn)	新的	xīn de
oud (bn)	旧的	jiù de
vervallen (bn)	破旧的	pò jiù de
modern (bn)	当代的	dāng dài de
met veel verdiepingen	多层的	duō céng de
hoog (bn)	高的	gāo de
verdieping (de)	层；楼层	céng, lóu céng
met een verdieping	单层	dān céng
laagste verdieping (de)	底层	dǐ céng
bovenverdieping (de)	顶楼	dǐng lóu
dak (het)	房顶	fáng dǐng
schoorsteen (de)	烟囱	yān cōng
dakpan (de)	瓦	wǎ
pannen- (abn)	瓦的	wǎde
zolder (de)	阁楼，顶楼	gé lóu, dǐng lóu
venster (het)	窗户	chuāng hu
glas (het)	玻璃	bō li
vensterbank (de)	窗台	chuāng tái
luiken (mv.)	护窗板	hù chuāng bǎn
muur (de)	墙	qiáng
balkon (het)	阳台	yáng tái
regenpijp (de)	排水管	pái shuǐ guǎn
boven (bw)	在楼上	zài lóu shàng
naar boven gaan (ww)	上楼去	shàng lóu qù
afdalen (on.ww.)	下来	xià lai
verhuizen (ww)	搬家	bān jiā

87. Huis. Ingang. Lift

ingang (de)	门口	mén kǒu
trap (de)	楼梯	lóu tī
treden (mv.)	阶梯	jiē tī
trapleuning (de)	栏杆	lán gān
hal (de)	大厅	dà tīng
postbus (de)	邮箱	yóu xiāng
vuilnisbak (de)	垃圾桶	lā jī tǒng
vuilniskoker (de)	垃圾道	lā jī dào
lift (de)	电梯	diàn tī
goederenlift (de)	货物电梯	huòwù diàntī
liftcabine (de)	电梯厢	diàn tī xiāng
de lift nemen	乘电梯	chéng diàntī
appartement (het)	公寓	gōng yù
bewoners (mv.)	承租人	chéng zū rén
buurman (de)	邻居	lín jū
buurvrouw (de)	邻居	lín jū
buren (mv.)	邻居们	lín jū men

88. Huis. Elektriciteit

elektriciteit (de)	电	diàn
lamp (de)	灯泡	dēng pào
schakelaar (de)	开关	kāi guān
zekering (de)	保险丝	bǎo xiǎn sī
draad (de)	电线	diàn xiàn
bedrading (de)	电气配线	diàn qì pèi xiàn
elektriciteitsmeter (de)	电表	diàn biǎo
gegevens (mv.)	读数	dú shù

89. Huis. Deuren. Sloten

deur (de)	门	mén
toegangspoort (de)	大门	dà mén
deurkruk (de)	门把	mén bà
ontsluiten (ontgrendelen)	开锁	kāi suǒ
openen (ww)	开	kāi
sluiten (ww)	关	guān
sleutel (de)	钥匙	yào shi
sleutelbos (de)	一串	yī chuàn
knarsen (bijv. scharnier)	嘎吱作响	gá zī zuò xiǎng
knarsgeluid (het)	嘎吱作响	gá zī zuò xiǎng
scharnier (het)	合页	hé yè
deurmat (de)	门口地垫	mén kǒu de diàn
slot (het)	门锁	mén suǒ

sleutelgat (het)	锁孔	suǒ kǒng
grendel (de)	门闩	mén shuān
schuif (de)	小闩	xiǎo shuān
hangslot (het)	挂锁	guà suǒ

aanbellen (ww)	按门铃	àn mén líng
bel (geluid)	铃声	líng shēng
deurbel (de)	门铃	mén líng
belknop (de)	按钮	àn niǔ
geklop (het)	敲门声	qiāo mén shēng
kloppen (ww)	敲 门	qiāo mén

code (de)	密码	mì mǎ
cijferslot (het)	密码锁	mì mǎ suǒ
parlofoon (de)	门口对讲机	mén kǒu duì jiǎng jī
nummer (het)	号	hào
naambordje (het)	门牌	mén pái
deurspion (de)	门镜	mén jìng

90. Huis op het platteland

dorp (het)	村庄	cūn zhuāng
moestuin (de)	菜圃	cài pǔ
hek (het)	栅栏	zhà lan
houten hekwerk (het)	栅栏	zhà lan
tuinpoortje (het)	小门	xiǎo mén

graanschuur (de)	粮仓	liáng cāng
wortelkelder (de)	地窖	dì jiào
schuur (de)	棚子	péng zi
waterput (de)	水井	shuǐ jǐng

kachel (de)	火炉	huǒ lú
de kachel stoken	生炉子	shēng lú zi
brandhout (het)	木柴	mù chái
houtblok (het)	柴火	chái huǒ

veranda (de)	凉台	liáng tái
terras (het)	露台	lù tái
bordes (het)	门台阶	mén tái jiē
schommel (de)	秋千	qiū qiān

91. Villa. Herenhuis

landhuisje (het)	乡间别墅	xiāng jiān bié shù
villa (de)	别墅	bié shù
vleugel (de)	侧屋	cè wū

tuin (de)	花园	huā yuán
park (het)	公园	gōng yuán
oranjerie (de)	温室	wēn shì
onderhouden (tuin, enz.)	照料	zhào liào

zwembad (het)	游泳池	yóu yǒng chí
gym (het)	健身室	jiàn shēn shì
tennisveld (het)	网球场	wǎng qiú chǎng
bioscoopkamer (de)	家庭影院	jiātíng yǐngyuàn
garage (de)	车库	chē kù
privé-eigendom (het)	私有 财产	sī yǒu cái chǎn
eigen terrein (het)	私人土地	sī rén tǔ dì
waarschuwing (de)	警告	jǐng gào
waarschuwingsbord (het)	警告牌子	jǐng gào pái zi
bewaking (de)	安保	ān bǎo
bewaker (de)	安保员	ān bǎo yuán
inbraakalarm (het)	防盗报警器	fáng dào bào jǐng qì

92. Kasteel. Paleis

kasteel (het)	城堡	chéng bǎo
paleis (het)	宫殿	gōng diàn
vesting (de)	堡垒	bǎo lěi
ringmuur (de)	城墙	chéng qiáng
toren (de)	塔	tǎ
donjon (de)	城樓	chéng lóu
valhek (het)	吊闸	diào zhá
onderaardse gang (de)	地下通道	dìxia tōng dào
slotgracht (de)	护城河	hù chéng hé
ketting (de)	链	liàn
schietgat (het)	箭头狭缝	jiàn tóu xiá fèng
prachtig (bn)	宏伟的	hóng wěi de
majestueus (bn)	雄伟的	xióng wěi de
onneembaar (bn)	固若金汤的	gù ruò jīn tāng de
middeleeuws (bn)	中世纪的	zhōng shì jì de

93. Appartement

appartement (het)	公寓	gōng yù
kamer (de)	房间	fáng jiān
slaapkamer (de)	卧室	wòshì
eetkamer (de)	餐厅	cān tīng
salon (de)	客厅	kè tīng
studeerkamer (de)	书房	shū fáng
gang (de)	入口空间	rù kǒu kōng jiān
badkamer (de)	浴室	yù shì
toilet (het)	卫生间	wèi shēng jiān
plafond (het)	天花板	tiān huā bǎn
vloer (de)	地板	dì bǎn
hoek (de)	墙角	qiáng jiǎo

94. Appartement. Schoonmaken

schoonmaken (ww)	打扫	dǎ sǎo
opbergen (in de kast, enz.)	收好	shōu hǎo
stof (het)	灰尘	huī chén
stoffig (bn)	灰尘多的	huī chén duō de
stoffen (ww)	打扫灰尘	dǎsǎo huī chén
stofzuiger (de)	吸尘器	xī chén qì
stofzuigen (ww)	用吸尘器打扫	yòng xīchénqì dǎ sǎo
vegen (de vloer ~)	打扫	dǎ sǎo
veegsel (het)	垃圾	lā jī
orde (de)	整齐	zhěng qí
wanorde (de)	混乱	hùn luàn
zwabber (de)	拖把	tuō bǎ
poetsdoek (de)	拭尘布	shì chén bù
veger (de)	扫帚	sào zhǒu
stofblik (het)	簸箕	bò ji

95. Meubels. Interieur

meubels (mv.)	家具	jiā jù
tafel (de)	桌子	zhuō zi
stoel (de)	椅子	yǐ zi
bed (het)	床	chuáng
bankstel (het)	沙发	shā fā
fauteuil (de)	扶手椅	fú shǒu yǐ
boekenkast (de)	书橱	shū chú
boekenrek (het)	书架	shū jià
stellingkast (de)	橱架	chú jià
kledingkast (de)	衣柜	yī guì
kapstok (de)	墙衣帽架	qiáng yī mào jià
staande kapstok (de)	衣帽架	yī mào jià
commode (de)	五斗柜	wǔ dǒu guì
salontafeltje (het)	茶几	chá jī
spiegel (de)	镜子	jìng zi
tapijt (het)	地毯	dìtǎn
tapijtje (het)	小地毯	xiǎo dìtǎn
haard (de)	壁炉	bì lú
kaars (de)	蜡烛	là zhú
kandelaar (de)	烛台	zhútái
gordijnen (mv.)	窗帘	chuāng lián
behang (het)	墙纸	qiáng zhǐ
jaloezie (de)	百叶窗	bǎi yè chuāng
bureaulamp (de)	台灯	tái dēng
wandlamp (de)	灯	dēng

staande lamp (de)	落地灯	luò dì dēng
luchter (de)	枝形吊灯	zhī xíng diào dēng

poot (ov. een tafel, enz.)	腿	tuǐ
armleuning (de)	扶手	fú shou
rugleuning (de)	靠背	kào bèi
la (de)	抽屉	chōu tì

96. Beddengoed

beddengoed (het)	铺盖	pū gài
kussen (het)	枕头	zhěn tou
kussenovertrek (de)	枕套	zhěn tào
deken (de)	羽绒被	yǔ róng bèi
laken (het)	床单	chuáng dān
sprei (de)	床罩	chuáng zhào

97. Keuken

keuken (de)	厨房	chú fáng
gas (het)	煤气	méi qì
gasfornuis (het)	煤气炉	méi qì lú
elektrisch fornuis (het)	电炉	diàn lú
oven (de)	烤箱	kǎo xiāng
magnetronoven (de)	微波炉	wēi bō lú

koelkast (de)	冰箱	bīng xiāng
diepvriezer (de)	冷冻室	lěng dòng shì
vaatwasmachine (de)	洗碗机	xǐ wǎn jī

vleesmolen (de)	绞肉机	jiǎo ròu jī
vruchtenpers (de)	榨汁机	zhà zhī jī
toaster (de)	烤面包机	kǎo miàn bāo jī
mixer (de)	搅拌机	jiǎo bàn jī

koffiemachine (de)	咖啡机	kāfēi jī
koffiepot (de)	咖啡壶	kāfēi hú
koffiemolen (de)	咖啡研磨器	kāfēi yánmóqì ·

fluitketel (de)	开水壶	kāi shuǐ hú
theepot (de)	茶壶	chá hú
deksel (de/het)	盖子	gài zi
theezeefje (het)	滤茶器	lǜ chá qì

lepel (de)	匙子	chá zi
theelepeltje (het)	茶匙	chá chí
eetlepel (de)	汤匙	tāng chí
vork (de)	叉，餐叉	chā, cān chā
mes (het)	刀，刀子	dāo, dāo zi

vaatwerk (het)	餐具	cān jù
bord (het)	盘子	pán zi

schoteltje (het)	碟子	dié zi
likeurglas (het)	小酒杯	xiǎo jiǔ bēi
glas (het)	杯子	bēi zi
kopje (het)	杯子	bēi zi

suikerpot (de)	糖碗	táng wǎn
zoutvat (het)	盐瓶	yán píng
pepervat (het)	胡椒瓶	hú jiāo píng
boterschaaltje (het)	黄油碟	huáng yóu dié

steelpan (de)	炖锅	dùn guō
bakpan (de)	煎锅	jiān guō
pollepel (de)	长柄勺	cháng bǐng sháo
vergiet (de/het)	漏勺	lòu sháo
dienblad (het)	托盘	tuō pán

fles (de)	瓶子	píng zi
glazen pot (de)	玻璃罐	bōli guàn
blik (conserven~)	罐头	guàn tou

flesopener (de)	瓶起子	píng qǐ zi
blikopener (de)	开罐器	kāi guàn qì
kurkentrekker (de)	螺旋 拔塞器	luóxuán básāiqì
filter (de/het)	滤器	lǜ qì
filteren (ww)	过滤	guò lǜ

huisvuil (het)	垃圾	lā jī
vuilnisemmer (de)	垃圾桶	lā jī tǒng

98. Badkamer

badkamer (de)	浴室	yù shì
water (het)	水	shuǐ
kraan (de)	水龙头	shuǐ lóng tóu
warm water (het)	热水	rè shuǐ
koud water (het)	冷水	lěng shuǐ

tandpasta (de)	牙膏	yá gāo
tanden poetsen (ww)	刷牙	shuā yá

zich scheren (ww)	剃须	tì xū
scheercrème (de)	剃须泡沫	tì xū pào mò
scheermes (het)	剃须刀	tì xū dāo

wassen (ww)	洗	xǐ
een bad nemen	洗澡	xǐ zǎo
douche (de)	淋浴	lín yù
een douche nemen	洗淋浴	xǐ lín yù

bad (het)	浴缸	yù gāng
toiletpot (de)	抽水马桶	chōu shuǐ mǎ tǒng
wastafel (de)	水槽	shuǐ cáo
zeep (de)	肥皂	féi zào
zeepbakje (het)	肥皂盒	féi zào hé

spons (de)	清洁绵	qīng jié mián
shampoo (de)	洗发液	xǐ fā yè
handdoek (de)	毛巾，浴巾	máo jīn, yù jīn
badjas (de)	浴衣	yù yī

was (bijv. handwas)	洗衣	xǐ yī
wasmachine (de)	洗衣机	xǐ yī jī
de was doen	洗衣服	xǐ yī fu
waspoeder (de)	洗衣粉	xǐ yī fěn

99. Huishoudelijke apparaten

televisie (de)	电视机	diàn shì jī
cassettespeler (de)	录音机	lù yīn jī
videorecorder (de)	录像机	lù xiàng jī
radio (de)	收音机	shōu yīn jī
speler (de)	播放器	bō fàng qì

videoprojector (de)	投影器	tóu yǐng qì
home theater systeem (het)	家庭影院系统	jiā tíng yǐng yuàn xì tǒng
DVD-speler (de)	DVD 播放机	diwidi bōfàngjī
versterker (de)	放大器	fàng dà qì
spelconsole (de)	电子游戏机	diànzǐ yóuxìjī

videocamera (de)	摄像机	shè xiàng jī
fotocamera (de)	照相机	zhào xiàng jī
digitale camera (de)	数码相机	shù mǎ xiàng jī

stofzuiger (de)	吸尘器	xī chén qì
strijkijzer (het)	熨斗	yùn dǒu
strijkplank (de)	熨衣板	yùn yī bǎn

telefoon (de)	电话	diàn huà
mobieltje (het)	手机	shǒu jī
schrijfmachine (de)	打字机	dǎ zì jī
naaimachine (de)	缝纫机	féng rèn jī

microfoon (de)	话筒	huà tǒng
koptelefoon (de)	耳机	ěr jī
afstandsbediening (de)	遥控器	yáo kòng qì

CD (de)	光盘	guāng pán
cassette (de)	磁带	cí dài
vinylplaat (de)	唱片	chàng piàn

100. Reparaties. Renovatie

renovatie (de)	修理	xiū lǐ
renoveren (ww)	翻修	fān xiū
repareren (ww)	修理	xiū lǐ
op orde brengen	整理	zhěng lǐ
overdoen (ww)	重做	zhòng zuò

verf (de)	油漆	yóu qī
verven (muur ~)	油漆	yóu qī
schilder (de)	油漆工	yóu qī gōng
kwast (de)	毛刷	máo shuā

| kalk (de) | 石灰水 | shí huī shuǐ |
| kalken (ww) | 用石灰水粉刷 | yòng shí huī shuǐ fěn shuā |

behang (het)	墙纸	qiáng zhǐ
behangen (ww)	贴墙纸	tiē qiáng zhǐ
lak (de/het)	清漆	qīng qī
lakken (ww)	涂清漆	tú qīng qī

101. Loodgieterswerk

water (het)	水	shuǐ
warm water (het)	热水	rè shuǐ
koud water (het)	冷水	lěng shuǐ
kraan (de)	水龙头	shuǐ lóng tóu

druppel (de)	滴	dī
druppelen (ww)	滴落	dī luò
lekken (een lek hebben)	漏	lòu
lekkage (de)	漏孔	lòu kǒng
plasje (het)	水洼	shuǐ wā

buis, leiding (de)	水管	shuǐ guǎn
stopkraan (de)	阀门	fá mén
verstopt raken (ww)	堵塞	dǔ sè

Engelse sleutel (de)	可调扳手	kě diào bān shǒu
losschroeven (ww)	拧开	nǐng kāi
aanschroeven (ww)	拧紧	nǐng jǐn

ontstoppen (riool, enz.)	疏通堵塞	shū tōng dǔ sè
loodgieter (de)	水管工	shuǐ guǎn gōng
kelder (de)	地下室	dì xià shì
riolering (de)	排水系统	pái shuǐ xì tǒng

102. Brand. Vuurzee

vuur (het)	火	huǒ
vlam (de)	火焰	huǒ yàn
vonk (de)	火花	huǒ huā
rook (de)	烟	yān
fakkel (de)	火把	huǒ bǎ
kampvuur (het)	篝火	gōu huǒ

benzine (de)	汽油	qì yóu
kerosine (de)	煤油	méi yóu
brandbaar (bn)	易燃的	yì rán de
ontplofbaar (bn)	易爆炸的	yì bào zhà de

VERBODEN TE ROKEN!	禁止吸烟	jìnzhǐ xīyān
veiligheid (de)	安全	ān quán
gevaar (het)	危险	wēi xiǎn
gevaarlijk (bn)	危险的	wēi xiǎn de

in brand vliegen (ww)	着火	zháo huǒ
explosie (de)	爆炸	bào zhà
in brand steken (ww)	放火	fàng huǒ
brandstichter (de)	纵火犯	zòng huǒ fàn
brandstichting (de)	放火	fàng huǒ

vlammen (ww)	熊熊燃烧	xióng xióng rán shāo
branden (ww)	燃烧	rán shāo
afbranden (ww)	焚毁	fén huǐ

brandweerman (de)	消防队员	xiāofáng duìyuán
brandweerwagen (de)	救火车	jiù huǒ chē
brandweer (de)	消防队	xiāo fáng duì

brandslang (de)	水龙带	shuǐ lóng dài
brandblusser (de)	灭火器	miè huǒ qì
helm (de)	头盔	tóu kuī
sirene (de)	警报器	jīng bào qì

roepen (ww)	叫喊	jiào hǎn
hulp roepen	呼救	hū jiù
redder (de)	救援者	jiù yuán zhě
redden (ww)	营救	yíng jiù

aankomen (per auto, enz.)	来	lái
blussen (ww)	扑灭	pū miè
water (het)	水	shuǐ
zand (het)	沙，沙子	shā, shā zi

ruïnes (mv.)	废墟	fèi xū
instorten (gebouw, enz.)	倒塌	dǎo tā
ineenstorten (ww)	倒塌	dǎo tā
inzakken (ww)	坍塌	tān tā

| brokstuk (het) | 大碎片 | dà suì piàn |
| as (de) | 烟灰 | yān huī |

| verstikken (ww) | 闷死 | mèn sǐ |
| omkomen (ww) | 惨死 | cǎn sǐ |

MENSELIJKE ACTIVITEITEN

Baan. Business. Deel 1

103. Kantoor. Op kantoor werken

kantoor (het)	办事处	bàn shì chù
kamer (de)	办公室	bàn gōng shì
receptie (de)	服务台	fú wù tái
secretaris (de)	秘书	mì shū
directeur (de)	经理	jīng lǐ
manager (de)	管理人	guǎn lǐ rén
boekhouder (de)	会计员	kuài jì yuán
werknemer (de)	雇员	gù yuán
meubilair (het)	家具	jiā jù
tafel (de)	办公桌	bàn gōng zhuō
bureaustoel (de)	办公椅	bàn gōng yǐ
ladeblok (het)	小柜	xiǎo guì
kapstok (de)	衣帽架	yī mào jià
computer (de)	电脑	diàn nǎo
printer (de)	打印机	dǎ yìn jī
fax (de)	传真机	chuán zhēn jī
kopieerapparaat (het)	复印机	fù yìn jī
papier (het)	纸	zhǐ
kantoorartikelen (mv.)	办公用具	bàn gōng yòng jù
muismat (de)	鼠标垫	shǔ biāo diàn
blad (het)	一张	yī zhāng
ordner (de)	活页夹	huó yè jiā
catalogus (de)	目录	mù lù
telefoongids (de)	电话簿	diàn huà bù
documentatie (de)	文件	wén jiàn
brochure (de)	小册子	xiǎo cè zi
flyer (de)	传单	chuán dān
monster (het), staal (de)	样品	yàng pǐn
training (de)	训练	xùn liàn
vergadering (de)	会议	huì yì
lunchpauze (de)	午饭时间	wǔ fàn shí jiān
een kopie maken	复印	fù yìn
de kopieën maken	复印 … 份	fù yìn ... fèn
een fax ontvangen	接收传真	jiēshōu chuánzhēn
een fax versturen	发传真	fā chuánzhēn
opbellen (ww)	打电话	dǎ diàn huà

antwoorden (ww)	接电话	jiē diàn huà
doorverbinden (ww)	接通	jiē tōng

afspreken (ww)	安排	ān pái
demonstreren (ww)	展示	zhǎn shì
absent zijn (ww)	缺席	quē xí
afwezigheid (de)	缺席	quē xí

104. Bedrijfsprocessen. Deel 1

zaak (de), beroep (het)	职业，工作	zhí yè, gōng zuò
firma (de)	公司	gōng sī
bedrijf (maatschap)	公司	gōng sī
corporatie (de)	股份公司	gǔfèn gōng sī
onderneming (de)	企业，机构	qǐ yè, jī gòu
agentschap (het)	代理处	dài lǐ chù

overeenkomst (de)	协议	xié yì
contract (het)	合同	hé tong
transactie (de)	协议	xié yì
bestelling (de)	订购	dìng gòu
voorwaarde (de)	条件	tiáo jiàn

in het groot (bw)	批发	pī fā
groothandels- (abn)	批发的	pī fā de
groothandel (de)	批发	pī fā
kleinhandels- (abn)	零售	líng shòu
kleinhandel (de)	零售	líng shòu

concurrent (de)	竞争者	jìng zhēng zhě
concurrentie (de)	竞争	jìng zhēng
concurreren (ww)	竞争	jìng zhēng

partner (de)	合伙人	hé huǒ rén
partnerschap (het)	合伙	hé huǒ

crisis (de)	危机	wēi jī
bankroet (het)	破产	pò chǎn
bankroet gaan (ww)	破产	pò chǎn
moeilijkheid (de)	困难	kùn nan
probleem (het)	问题	wèn tí
catastrofe (de)	大灾难	dà zāi nàn

economie (de)	经济	jīng jì
economisch (bn)	经济的	jīng jì de
economische recessie (de)	经济衰退	jīng jì shuāi tuì

doel (het)	目标	mù biāo
taak (de)	目的	mù dì

handelen (handel drijven)	做生意	zuò shēngyi
netwerk (het)	网络	wǎng luò
voorraad (de)	库存	kù cún
assortiment (het)	品种	pǐn zhǒng

leider (de)	领袖	lǐng xiù
groot (bn)	大的	dà de
monopolie (het)	垄断	lǒng duàn

theorie (de)	理论	lǐ lùn
praktijk (de)	实践	shí jiàn
ervaring (de)	经历	jīng lì
tendentie (de)	趋势	qū shì
ontwikkeling (de)	发展	fā zhǎn

105. Bedrijfsprocessen. Deel 2

| voordeel (het) | 利益 | lì yì |
| voordelig (bn) | 盈利的 | yíng lì de |

delegatie (de)	代表团	dài biǎo tuán
salaris (het)	薪水	xīn shuǐ
corrigeren (fouten ~)	改正	gǎi zhèng
zakenreis (de)	出差	chū chāi
commissie (de)	委员会	wěi yuán huì

controleren (ww)	控制	kòng zhì
conferentie (de)	会议	huì yì
licentie (de)	许可	xǔ kě
betrouwbaar (partner, enz.)	可靠的	kě kào de

aanzet (de)	主动行动	zhǔ dòng xíng dòng
norm (bijv. ~ stellen)	标准	biāo zhǔn
omstandigheid (de)	情况	qíng kuàng
taak, plicht (de)	职责	zhí zé

organisatie (bedrijf, zaak)	企业，机构	qǐ yè, jī gòu
organisatie (proces)	组织	zǔ zhī
georganiseerd (bn)	有组织的	yǒu zǔ zhī de
afzegging (de)	取消	qǔ xiāo
afzeggen (ww)	取消	qǔ xiāo
verslag (het)	报告	bào gào

| patent (het) | 专利权 | zhuān lì quán |
| patenteren (ww) | 得到 ⋯ 的专利权 | dé dào … de zhuān lì quán |

| plannen (ww) | 计划 | jì huà |

premie (de)	奖金	jiǎng jīn
professioneel (bn)	专业的	zhuān yè de
procedure (de)	手续	shǒu xù

onderzoeken (contract, enz.)	严密检查	yán mì jiǎn chá
berekening (de)	计算	jì suàn
reputatie (de)	名誉	míng yù
risico (het)	冒险	mào xiǎn

| beheren (managen) | 领导 | lǐng dǎo |
| informatie (de) | 消息 | xiāo xi |

eigendom (bezit)	财产	cái chǎn
unie (de)	联盟	lián méng
levensverzekering (de)	生命保险	shēngmìng bǎoxiǎn
verzekeren (ww)	投保	tóu bǎo
verzekering (de)	保险	bǎo xiǎn
veiling (de)	拍卖	pāi mài
verwittigen (ww)	通知	tōng zhī
beheer (het)	管理	guǎn lǐ
dienst (de)	服务	fú wù
forum (het)	讨论会	tǎo lùn huì
functioneren (ww)	工作	gōng zuò
stap, etappe (de)	阶段	jiē duàn
juridisch (bn)	法律的	fǎ lǜ de
jurist (de)	律师	lǜ shī

106. Productie. Werken

industriële installatie (fabriek)	工厂	gōng chǎng
fabriek (de)	制造厂	zhì zào chǎng
werkplaatsruimte (de)	车间	chē jiān
productielocatie (de)	生产现场	shēng chǎn xiàn chǎng
industrie (de)	工业	gōng yè
industrieel (bn)	工业的	gōng yè de
zware industrie (de)	重工业	zhòng gōng yè
lichte industrie (de)	轻工业	qīng gōng yè
productie (de)	产品	chǎn pǐn
produceren (ww)	生产	shēng chǎn
grondstof (de)	原料	yuán liào
voorman, ploegbaas (de)	工头，领班	gōngtóu , lǐngbān
ploeg (de)	队，组	duì, zǔ
arbeider (de)	工人	gōng rén
werkdag (de)	工作日	gōng zuò rì
pauze (de)	休息	xiū xi
samenkomst (de)	会议	huì yì
bespreken (spreken over)	讨论	tǎo lùn
plan (het)	计划	jì huà
het plan uitvoeren	完成计划	wánchéng jìhuà
productienorm (de)	产量定额	chǎnliàng dìng é
kwaliteit (de)	质量	zhìliàng
controle (de)	检查	jiǎn chá
kwaliteitscontrole (de)	质量检查	zhìliàng jiǎnchá
arbeidsveiligheid (de)	劳动安全	láodòng ānquán
discipline (de)	纪律	jì lǜ
overtreding (de)	违反	wéi fǎn
overtreden (ww)	违反	wéi fǎn

staking (de)	罢工	bà gōng
staker (de)	罢工者	bà gōng zhě
staken (ww)	罢工	bà gōng
vakbond (de)	工会	gōng huì

uitvinden (machine, enz.)	发明	fā míng
uitvinding (de)	发明	fā míng
onderzoek (het)	研究	yán jiū
verbeteren (beter maken)	改善	gǎi shàn
technologie (de)	工艺	gōng yì
technische tekening (de)	工程图	gōng chéng tú

vracht (de)	货物	huò wù
lader (de)	装货人	zhuāng huò rén
laden (vrachtwagen)	装载	zhuāng zài
laden (het)	装货	zhuāng huò
lossen (ww)	卸货	xiè huò
lossen (het)	卸货	xiè huò

transport (het)	运输	yùn shū
transportbedrijf (de)	运输公司	yùn shū gōngsī
transporteren (ww)	运送	yùn sòng

goederenwagon (de)	货运车厢	huò yùn chē xiāng
tank (bijv. ketelwagen)	储水箱	chǔ shuǐ xiāng
vrachtwagen (de)	卡车	kǎ chē

| machine (de) | 机床 | jī chuáng |
| mechanisme (het) | 机械 | jī xiè |

industrieel afval (het)	工业废物	gōng yè fèi wù
verpakking (de)	包装	bāo zhuāng
verpakken (ww)	包装	bāo zhuāng

107. Contract. Overeenstemming.

contract (het)	合同	hé tong
overeenkomst (de)	协议	xié yì
bijlage (de)	合同附件	hétong fù jiàn

een contract sluiten	签订合同	qiāndìng hétong
handtekening (de)	签名	qiān míng
ondertekenen (ww)	签名	qiān míng
stempel (de)	印章	yìn zhāng

voorwerp (het) van de overeenkomst	合同主题	hétong zhǔtí
clausule (de)	条款	tiáo kuǎn
partijen (mv.)	双方	shuāng fāng
vestigingsadres (het)	法定地址	fǎ dìng dì zhǐ

| het contract verbreken (overtreden) | 违约 | wéi yuē |
| verplichting (de) | 义务 | yì wù |

verantwoordelijkheid (de)	责任	zé rèn
overmacht (de)	不可抗力	bù kě kàn glì
geschil (het)	争论	zhēng lùn
sancties (mv.)	罚款制裁	fákuǎn zhìcái

108. Import & Export

import (de)	进口	jìn kǒu
importeur (de)	进口商	jìn kǒu shāng
importeren (ww)	进口	jìn kǒu
import- (abn)	进口的	jìn kǒu de

| exporteur (de) | 出口商 | chū kǒu shāng |
| exporteren (ww) | 出口 | chū kǒu |

| goederen (mv.) | 商品 | shāng pǐn |
| partij (de) | 一批 | yī pī |

gewicht (het)	重量	zhòng liàng
volume (het)	体积	tǐ jī
kubieke meter (de)	立方米	lì fāng mǐ

producent (de)	生产商	shēng chǎn shāng
transportbedrijf (de)	运输公司	yùn shū gōngsī
container (de)	集装箱	jí zhuāng xiāng

grens (de)	边界	biān jiè
douane (de)	海关	hǎi guān
douanerecht (het)	关税	guān shuì
douanier (de)	海关人员	hǎi guān rényuán
smokkelen (het)	走私	zǒu sī
smokkelwaar (de)	禁运品	jìn yùn pǐn

109. Financiën

aandeel (het)	股票	gǔ piào
obligatie (de)	债券	zhài quàn
wissel (de)	汇票	huì piào

| beurs (de) | 证券交易所 | zhèng quàn jiāo yì suǒ |
| aandelenkoers (de) | 股票行市 | gǔpiào hángshì |

| dalen (ww) | 落价 | luò jià |
| stijgen (ww) | 涨价 | zhǎng jià |

| deel (het) | 股份 | gǔ fèn |
| meerderheidsbelang (het) | 多数股权 | duō shù gǔ quán |

investeringen (mv.)	投资	tóu zī
investeren (ww)	投资	tóu zī
procent (het)	百分比	bǎi fēn bǐ
rente (de)	利息	lì xī

winst (de)	利润	lì rùn
winstgevend (bn)	盈利的	yíng lì de
belasting (de)	税，税款	shuì, shuì kuǎn
valuta (vreemde ~)	货币	huò bì
nationaal (bn)	国家，国民	guó jiā, guó mín
ruil (de)	兑换	duì huàn
boekhouder (de)	会计员	kuài jì yuán
boekhouding (de)	会计部	kuài jì bù
bankroet (het)	破产	pò chǎn
ondergang (de)	倒闭	dǎo bì
faillissement (het)	破产	pò chǎn
geruïneerd zijn (ww)	破产	pò chǎn
inflatie (de)	通货膨胀	tōng huò péng zhàng
devaluatie (de)	货币贬值	huòbì biǎnzhí
kapitaal (het)	资本	zī běn
inkomen (het)	收益	shōu yì
omzet (de)	营业额	yíng yè é
middelen (mv.)	资源	zī yuán
financiële middelen (mv.)	货币资金	huò bì zī jīn
reduceren (kosten ~)	减少	jiǎn shǎo

110. Marketing

marketing (de)	营销	yíng xiāo
markt (de)	市场	shì chǎng
marktsegment (het)	细分市场	xì fēn shì chǎng
product (het)	产品	chǎn pǐn
goederen (mv.)	商品	shāng pǐn
handelsmerk (het)	商标	shāng biāo
beeldmerk (het)	标志	biāo zhì
logo (het)	标志	biāo zhì
vraag (de)	需求	xū qiú
aanbod (het)	供给	gōng jǐ
behoefte (de)	需要	xū yào
consument (de)	消费者	xiāo fèi zhě
analyse (de)	分析	fēn xī
analyseren (ww)	分析	fēn xī
positionering (de)	定位	dìng wèi
positioneren (ww)	定位	dìng wèi
prijs (de)	价，价钱	jià, jià qian
prijspolitiek (de)	定价政策	dìng jià zhèng cè
prijsvorming (de)	定价	dìng jià

111. Reclame

reclame (de)	广告	guǎng gào
adverteren (ww)	为 ··· 做广告	wéi … zuò guǎnggào
budget (het)	预算	yù suàn
advertentie, reclame (de)	广告	guǎng gào
TV-reclame (de)	电视广告	diànshì guǎnggào
radioreclame (de)	广播广告	guǎngbō guǎnggào
buitenreclame (de)	室外广告	shìwài guǎnggào
massamedia (de)	大众媒体	dà zhòng méi tǐ
periodiek (de)	期刊	qī kān
imago (het)	形象	xíng xiàng
slagzin (de)	口号	kǒu hào
motto (het)	座右铭	zuò shí míng
campagne (de)	运动	yùn dòng
reclamecampagne (de)	广告运动	guǎng gào yùn dòng
doelpubliek (het)	目标群	mù biāo qún
visitekaartje (het)	名片	míng piàn
flyer (de)	传单	chuán dān
brochure (de)	小册子	xiǎo cè zi
folder (de)	小册子	xiǎo cè zi
nieuwsbrief (de)	简报	jiǎn bào
gevelreclame (de)	招牌	zhāo pái
poster (de)	招贴画	zhāo tiē huà
aanplakbord (het)	广告牌	guǎnggào pái

112. Bankieren

bank (de)	银行	yín háng
bankfiliaal (het)	分支机构	fēn zhī jī gòu
bankbediende (de)	顾问	gù wèn
manager (de)	主管人	zhǔ guǎn rén
bankrekening (de)	账户	zhànghù
rekeningnummer (het)	账号	zhàng hào
lopende rekening (de)	活期帐户	huó qī zhànghù
spaarrekening (de)	储蓄账户	chǔ xù zhànghù
een rekening openen	开立账户	kāilì zhànghù
de rekening sluiten	关闭 帐户	guān bì zhànghù
op rekening storten	存入帐户	cúnrù zhànghù
opnemen (ww)	提取	tí qǔ
storting (de)	存款	cún kuǎn
een storting maken	存款	cún kuǎn
overschrijving (de)	汇款	huì kuǎn

een overschrijving maken	汇款	huì kuǎn
som (de)	金额	jīn é
Hoeveel?	多少钱?	duōshao qián?

| handtekening (de) | 签名 | qiān míng |
| ondertekenen (ww) | 签名 | qiān míng |

kredietkaart (de)	信用卡	xìn yòng kǎ
code (de)	密码	mì mǎ
kredietkaartnummer (het)	信用卡号码	xìn yòng kǎ hào mǎ
geldautomaat (de)	自动取款机	zì dòng qǔ kuǎn jī

cheque (de)	支票	zhī piào
een cheque uitschrijven	开支票	kāi zhī piào
chequeboekje (het)	支票本	zhīpiào běn

lening, krediet (de)	贷款	dàikuǎn
een lening aanvragen	借款	jiè kuǎn
een lening nemen	取得贷款	qǔ dé dàikuǎn
een lening verlenen	贷款给 ···	dàikuǎn gěi ...
garantie (de)	保证	bǎo zhèng

113. Telefoon. Telefoongesprek

telefoon (de)	电话	diàn huà
mobieltje (het)	手机	shǒu jī
antwoordapparaat (het)	答录机	dā lù jī

| bellen (ww) | 打电话 | dǎ diàn huà |
| belletje (telefoontje) | 电话 | diàn huà |

| een nummer draaien | 拨号码 | bō hào mǎ |
| Hallo! | 喂! | wèi! |

| vragen (ww) | 问 | wèn |
| antwoorden (ww) | 接电话 | jiē diàn huà |

| horen (ww) | 听见 | tīng jiàn |
| goed (bw) | 好 | hǎo |

| slecht (bw) | 不好 | bù hǎo |
| storingen (mv.) | 干扰声 | gān rǎo shēng |

hoorn (de)	听筒	tīng tǒng
opnemen (ww)	接听	jiē tīng
ophangen (ww)	挂断	guà duàn

bezet (bn)	占线的	zhàn xiàn de
overgaan (ww)	响	xiǎng
telefoonboek (het)	电话薄	diàn huà bù

lokaal (bn)	本地的	běn dì de
interlokaal (bn)	长途	cháng tú
buitenlands (bn)	国际的	guó jì de

114. Mobiele telefoon

mobieltje (het)	手机	shǒu jī
scherm (het)	显示器	xiǎn shì qì
toets, knop (de)	按钮	àn niǔ
simkaart (de)	SIM 卡	sim kǎ
batterij (de)	电池	diàn chí
leeg zijn (ww)	没电	méi diàn
acculader (de)	充电器	chōng diàn qì
menu (het)	菜单	cài dān
instellingen (mv.)	设置	shè zhì
melodie (beltoon)	曲调	qǔ diào
selecteren (ww)	挑选	tiāo xuǎn
rekenmachine (de)	计算器	jì suàn qì
voicemail (de)	答录机	dā lù jī
wekker (de)	闹钟	nào zhōng
contacten (mv.)	电话薄	diàn huà bù
SMS-bericht (het)	短信	duǎn xìn
abonnee (de)	用户	yòng hù

115. Schrijfbehoeften

balpen (de)	圆珠笔	yuán zhū bǐ
vulpen (de)	钢笔	gāng bǐ
potlood (het)	铅笔	qiān bǐ
marker (de)	荧光笔	yíng guāng bǐ
viltstift (de)	水彩笔	shuǐ cǎi bǐ
notitieboekje (het)	记事簿	jì shì bù
agenda (boekje)	日记本	rì jì běn
liniaal (de/het)	直尺	zhí chǐ
rekenmachine (de)	计算器	jì suàn qì
gom (de)	橡皮擦	xiàng pí cā
punaise (de)	图钉	tú dīng
paperclip (de)	回形针	huí xíng zhēn
lijm (de)	胶水	jiāo shuǐ
nietmachine (de)	钉书机	dīng shū jī
perforator (de)	打孔机	dǎ kǒng jī
potloodslijper (de)	卷笔刀	juǎn bǐ dāo

116. Verschillende soorten documenten

verslag (het)	报告	bào gào
overeenkomst (de)	协议	xié yì

aanvraagformulier (het)	申请	shēn qǐng
origineel, authentiek (bn)	真正的	zhēn zhèng de
badge, kaart (de)	身份证	shēn fèn zhèng
visitekaartje (het)	名片	míng piàn
certificaat (het)	证明书	zhèng míng shū
cheque (de)	支票	zhī piào
rekening (in restaurant)	账单	zhàng dān
grondwet (de)	宪法	xiàn fǎ
contract (het)	合同	hé tong
kopie (de)	复制品	fù zhì pǐn
exemplaar (het)	件	jiàn
douaneaangifte (de)	报关单	bào guān dān
document (het)	文件	wén jiàn
rijbewijs (het)	驾驶证	jià shǐ zhèng
bijlage (de)	附件	fù jiàn
formulier (het)	表	biǎo
identiteitskaart (de)	身份证	shēn fèn zhèng
aanvraag (de)	询问	xún wèn
uitnodigingskaart (de)	邀请	yāo qǐng
factuur (de)	发票	fā piào
wet (de)	成文法	chéng wén fǎ
brief (de)	信，信函	xìn, xìn hán
briefhoofd (het)	信头	xìn tóu
lijst (de)	名单	míng dān
manuscript (het)	原稿	yuán gǎo
nieuwsbrief (de)	简报	jiǎn bào
briefje (het)	字条	zì tiáo
pasje (voor personeel, enz.)	入门证	rù mén zhèng
paspoort (het)	护照	hù zhào
vergunning (de)	许可证	xǔ kě zhèng
CV, curriculum vitae (het)	简历	jiǎn lì
schuldbekentenis (de)	借据	jiè jù
kwitantie (de)	发票	fā piào
bon (kassabon)	购物小票	gòu wù xiǎo piào
rapport (het)	报告	bào gào
tonen (paspoort, enz.)	出示	chū shì
ondertekenen (ww)	签名	qiān míng
handtekening (de)	签名	qiān míng
stempel (de)	印章	yìn zhāng
tekst (de)	文本	wén běn
biljet (het)	票	piào
doorhalen (doorstrepen)	划掉	huá diào
invullen (een formulier ~)	填报	tián bào
vrachtbrief (de)	运货单	yùn huò dān
testament (het)	遗嘱	yí zhǔ

117. Soorten bedrijven

uitzendbureau (het)	职业介绍所	zhí yè jiè shào suǒ
bewakingsfirma (de)	安保公司	ān bǎo gōng sī
persbureau (het)	新闻社	xīn wén shè
reclamebureau (het)	广告公司	guǎnggào gōngsī
antiek (het)	古董	gǔ dǒng
verzekering (de)	保险	bǎo xiǎn
naaiatelier (het)	裁缝店	cái féng diàn
banken (mv.)	商业银行	shāng yè yín háng
bar (de)	酒吧	jiǔ bā
bouwbedrijven (mv.)	建筑，建造	jiàn zhù, jiàn zào
juwelen (mv.)	珠宝	zhū bǎo
juwelier (de)	珠宝商	zhū bǎo shāng
wasserette (de)	洗衣店	xǐ yī diàn
alcoholische dranken (mv.)	含酒精饮料	hánjiǔjīng yǐnliào
nachtclub (de)	夜总会	yè zǒng huì
handelsbeurs (de)	证券交易所	zhèng quàn jiāo yì suǒ
bierbrouwerij (de)	啤酒厂	pí jiǔ chǎng
uitvaartcentrum (het)	殡仪馆	bìn yí guǎn
casino (het)	赌场	dǔ chǎng
zakencentrum (het)	商业中心	shāngyè zhōngxīn
bioscoop (de)	电影院	diànyǐng yuàn
airconditioning (de)	空调	kōng tiáo
handel (de)	商业	shāng yè
luchtvaartmaatschappij (de)	航空公司	hángkōng gōngsī
adviesbureau (het)	咨询业	zī xún yè
koerierdienst (de)	快递公司	kuài dì gōng sī
tandheelkunde (de)	牙科医术	yá kē yī shù
design (het)	设计	shè jì
business school (de)	商业学校	shāngyè xuéxiào
magazijn (het)	仓库	cāng kù
kunstgalerie (de)	画廊，艺廊	huà láng, yì láng
IJsje (het)	冰淇淋	bīng qí lín
hotel (het)	酒店	jiǔ diàn
vastgoed (het)	房地产	fáng dì chǎn
drukkerij (de)	印刷工业	yìn shuā gōng yè
industrie (de)	工业	gōng yè
Internet (het)	因特网	yīn tè wǎng
investeringen (mv.)	投资	tóu zī
krant (de)	报纸	bào zhǐ
boekhandel (de)	书店	shū diàn
lichte industrie (de)	轻工业	qīng gōng yè
winkel (de)	商店	shāng diàn
uitgeverij (de)	出版社	chū bǎn shè
medicijnen (mv.)	医学	yī xué

| meubilair (het) | 家具 | jiā jù |
| museum (het) | 博物馆 | bó wù guǎn |

olie (aardolie)	石油	shí yóu
apotheek (de)	药房	yào fáng
geneesmiddelen (mv.)	药物工业	yào wù gōng yè
zwembad (het)	游泳池	yóu yǒng chí
stomerij (de)	干洗店	gān xǐ diàn
voedingswaren (mv.)	食品	shí pǐn
reclame (de)	广告	guǎng gào

radio (de)	广播	guǎng bō
afvalinzameling (de)	垃圾运输	lājī yùnshū
restaurant (het)	饭馆	fàn guǎn
tijdschrift (het)	杂志	zá zhì

schoonheidssalon (de/het)	美容院	měi róng yuàn
financiële diensten (mv.)	金融服务	jīn róng fú wù
juridische diensten (mv.)	法律顾问	fǎ lǜ gù wèn
boekhouddiensten (mv.)	会计服务	kuài jì fú wù
audit diensten (mv.)	审计服务	shěn jì fú wù
sport (de)	运动	yùn dòng
supermarkt (de)	超市	chāo shì

televisie (de)	电视	diàn shì
theater (het)	剧院	jù yuàn
toerisme (het)	旅游业	lǚ yóu yè
transport (het)	运输	yùn shū

postorderbedrijven (mv.)	邮购销售	yóugòu xiāoshòu
kleding (de)	服装	fú zhuāng
dierenarts (de)	兽医	shòu yī

Baan. Business. Deel 2

118. Show. Tentoonstelling

beurs (de)	贸易展览会	mào yì zhǎn lǎn huì
vakbeurs, handelsbeurs (de)	展览会	zhǎn lǎn huì
deelneming (de)	参与	cān yù
deelnemen (ww)	参与	cān yù
deelnemer (de)	参展者	cān zhǎn zhě
directeur (de)	经理	jīng lǐ
organisatiecomité (het)	组委会	zǔ wěi huì
organisator (de)	组委会	zǔ wěi huì
organiseren (ww)	组织	zǔ zhī
deelnemingsaanvraag (de)	参展申请表	cān zhǎn shēn qǐng biǎo
invullen (een formulier ~)	填报	tián bào
details (mv.)	细节	xì jié
informatie (de)	消息	xiāo xi
prijs (de)	价格	jià gé
inclusief (bijv. ~ BTW)	包括	bāo kuò
inbegrepen (alles ~)	包含	bāo hán
betalen (ww)	付，支付	fù, zhī fù
registratietarief (het)	登记费	dēng jì fèi
ingang (de)	入口	rù kǒu
paviljoen (het), hal (de)	展馆，展厅	zhǎn guǎn, zhǎn tīng
registreren (ww)	登记	dēng jì
badge, kaart (de)	身份证	shēn fèn zhèng
beursstand (de)	展览台	zhǎn lǎn tái
reserveren (een stand ~)	预订	yù dìng
vitrine (de)	展示柜	zhǎn shì guì
licht (het)	展台灯	zhǎn tái dēng
design (het)	设计	shè jì
plaatsen (ww)	放置	fàng zhì
distributeur (de)	经销商	jīng xiāo shāng
leverancier (de)	供应商	gōng yìng shāng
land (het)	国家	guó jiā
buitenlands (bn)	外国的	wài guó de
product (het)	产品	chǎn pǐn
associatie (de)	社团	shè tuán
conferentiezaal (de)	会议室	huì yì shì
congres (het)	代表大会	dài biǎo dà huì

bezoeker (de)	参观者	cān guān zhě
bezoeken (ww)	参观	cān guān
afnemer (de)	顾客	gù kè

119. Massamedia

krant (de)	报纸	bào zhǐ
tijdschrift (het)	杂志	zá zhì
pers (gedrukte media)	报刊	bào kān
radio (de)	广播	guǎng bō
radiostation (het)	广播台	guǎng bō tái
televisie (de)	电视	diàn shì
presentator (de)	主持人	zhǔ chí rén
nieuwslezer (de)	新闻播音员	xīn wén bō yīn yuán
commentator (de)	评论员	píng lùn yuán
journalist (de)	新闻工作者	xīnwén gōngzuò zhě
correspondent (de)	记者	jì zhě
fotocorrespondent (de)	摄影记者	shèyǐng jìzhě
reporter (de)	记者	jì zhě
redacteur (de)	编辑	biān jí
chef-redacteur (de)	总编辑	zǒng biān jí
zich abonneren op	订阅	dìng yuè
abonnement (het)	订阅	dìng yuè
abonnee (de)	订阅者	dìng yuè zhě
lezen (ww)	读	dú
lezer (de)	读者	dú zhě
oplage (de)	发行量	fā xíng liàng
maand-, maandelijks (bn)	每月的	měi yuè de
wekelijks (bn)	每周的	měi zhōu de
nummer (het)	号	hào
vers (~ van de pers)	最近的	zuì jìn de
kop (de)	标题	biāo tí
korte artikel (het)	小文章	xiǎo wén zhāng
rubriek (de)	专栏	zhuān lán
artikel (het)	文章	wén zhāng
pagina (de)	页	yè
reportage (de)	报道	bào dào
gebeurtenis (de)	事件	shì jiàn
sensatie (de)	轰动	hōng dòng
schandaal (het)	丑闻	chǒu wén
schandalig (bn)	丑闻的	chǒu wén de
programma (het)	节目	jié mù
interview (het)	访谈	fǎng tán
live uitzending (de)	直播	zhí bō
kanaal (het)	电视频道	diàn shì pín dào

120. Landbouw

landbouw (de)	农业	nóng yè
boer (de)	男农民	nán nóng mín
boerin (de)	女农民	nǚ nóng mín
landbouwer (de)	农场主	nóng chǎng zhǔ
tractor (de)	拖拉机	tuō lā jī
maaidorser (de)	收割机	shōu gē jī
ploeg (de)	犁	lí
ploegen (ww)	犁地	lí dì
akkerland (het)	耕地	gēng dì
voor (de)	犁沟	lí gōu
zaaien (ww)	播种	bō zhǒng
zaaimachine (de)	播种机	bō zhǒng jī
zaaien (het)	播种	bō zhǒng
zeis (de)	大镰刀	dà lián dāo
maaien (ww)	割	gē
schop (de)	铲	chǎn
spitten (ww)	挖	wā
schoffel (de)	锄	chú
wieden (ww)	锄	chú
onkruid (het)	杂草	zá cǎo
gieter (de)	喷壶	pēn hú
begieten (water geven)	给 … 浇水	gěi … jiāo shuǐ
bewatering (de)	浇水	jiāo shuǐ
riek, hooivork (de)	草叉	cǎo chā
hark (de)	耙子	pá zi
meststof (de)	化肥	huàféi
bemesten (ww)	施肥	shī féi
mest (de)	厩肥, 粪肥	jiùféi, fènféi
veld (het)	田地	tián dì
wei (de)	草地	cǎo dì
moestuin (de)	菜圃	cài pǔ
boomgaard (de)	果园	guǒ yuán
weiden (ww)	牧放	mù fàng
herder (de)	牧人	mù rén
weiland (de)	牧场	mù chǎng
veehouderij (de)	牧业	mù yè
schapenteelt (de)	羊养殖	yáng yǎng zhí
plantage (de)	种植园	zhòng zhí yuán
rijtje (het)	土垄	tǔ lǒng
broeikas (de)	温室	wēn shì

| droogte (de) | 干旱 | gān hàn |
| droog (bn) | 干旱的 | gān hàn de |

| graangewassen (mv.) | 谷物 | gǔ wù |
| oogsten (ww) | 收获 | shōu huò |

molenaar (de)	磨坊主	mò fáng zhǔ
molen (de)	磨坊	mò fáng
malen (graan ~)	磨成	mó chéng
bloem (bijv. tarwebloem)	面粉	miàn fěn
stro (het)	稻草	dào cǎo

121. Gebouw. Bouwproces

bouwplaats (de)	建筑工地	jiànzhù gōngdì
bouwen (ww)	建筑	jiàn zhù
bouwvakker (de)	建筑工人	jiànzhù gōngrén

project (het)	项目	xiàng mù
architect (de)	建筑师	jiànzhù shī
arbeider (de)	工人	gōng rén

fundering (de)	地基	dì jī
dak (het)	房顶	fáng dǐng
heipaal (de)	地基桩柱	dì jī zhuāng zhù
muur (de)	墙	qiáng

| betonstaal (het) | 配筋 | pèi jīn |
| steigers (mv.) | 脚手架 | jiǎo shǒu jià |

| beton (het) | 混凝土 | hùn níng tǔ |
| graniet (het) | 花岗石 | huā gāng shí |

| steen (de) | 石头, 石料 | shí tou, shí liào |
| baksteen (de) | 砖 | zhuān |

zand (het)	沙, 沙子	shā, shā zi
cement (de/het)	水泥	shuǐ ní
pleister (het)	灰泥	huī ní
pleisteren (ww)	涂灰泥于	tú huī ní yú

verf (de)	油漆	yóu qī
verven (muur ~)	油漆	yóu qī
ton (de)	桶	tǒng

kraan (de)	起重机	qǐ zhòng jī
heffen, hijsen (ww)	举起	jǔ qǐ
neerlaten (ww)	放下	fàng xià

bulldozer (de)	推土机	tuītǔjī
graafmachine (de)	挖土机	wā tǔ jī
graafbak (de)	掘斗	jué dǒu
graven (tunnel, enz.)	挖	wā
helm (de)	安全帽	ān quán mào

122. Wetenschap. Onderzoek. Wetenschappers

wetenschap (de)	科学	kē xué
wetenschappelijk (bn)	科学的	kē xué de
wetenschapper (de)	科学家	kē xué jiā
theorie (de)	理论	lǐ lùn
axioma (het)	公理	gōnglǐ
analyse (de)	分析	fēn xī
analyseren (ww)	分析	fēn xī
argument (het)	论据	lùnjù
substantie (de)	物质	wù zhì
hypothese (de)	假设	jiǎ shè
dilemma (het)	两难推理	liǎng nántuīlǐ
dissertatie (de)	学位论文	xuéwèi lùnwén
dogma (het)	教条	jiào tiáo
doctrine (de)	学说	xué shuō
onderzoek (het)	研究	yán jiū
onderzoeken (ww)	研究	yán jiū
toetsing (de)	检验	jiǎn yàn
laboratorium (het)	实验室	shí yàn shì
methode (de)	方法	fāng fǎ
molecule (de/het)	分子	fēn zǐ
monitoring (de)	监测	jiān cè
ontdekking (de)	发现	fā xiàn
postulaat (het)	公设	gōng shè
principe (het)	原则	yuán zé
voorspelling (de)	预报	yù bào
een prognose maken	预报	yù bào
synthese (de)	综合	zōng hé
tendentie (de)	趋势	qū shì
theorema (het)	定理	dìng lǐ
leerstellingen (mv.)	学说	xué shuō
feit (het)	事实	shì shí
experiment (het)	实验	shí yàn
academicus (de)	院士	yuàn shì
bachelor (bijv. BA, LLB)	学士	xué shì
doctor (de)	博士	bó shì
universitair docent (de)	副教授	fù jiào shòu
master, magister (de)	硕士	shuò shì
professor (de)	教授	jiào shòu

Beroepen en ambachten

123. Zoeken naar werk. Ontslag

baan (de)	工作	gōng zuò
personeel (het)	人员	rényuán
carrière (de)	职业	zhí yè
vooruitzichten (mv.)	前途	qián tú
meesterschap (het)	技能	jì néng
keuze (de)	挑选	tiāo xuǎn
uitzendbureau (het)	职业介绍所	zhí yè jiè shào suǒ
CV, curriculum vitae (het)	简历	jiǎn lì
sollicitatiegesprek (het)	面试	miàn shì
vacature (de)	空缺	kòng quē
salaris (het)	薪水	xīn shuǐ
vaste salaris (het)	固定薪水	gùdìng xīnshuǐ
loon (het)	报酬	bào chóu
betrekking (de)	职务	zhí wù
taak, plicht (de)	职责	zhí zé
takenpakket (het)	职责	zhí zé
bezig (~ zijn)	忙	máng
ontslagen (ww)	解雇	jiě gù
ontslag (het)	辞退	cí tuì
werkloosheid (de)	失业	shī yè
werkloze (de)	失业者	shī yè zhě
pensioen (het)	退休	tuì xiū
met pensioen gaan	退休	tuì xiū

124. Zakenmensen

directeur (de)	经理	jīng lǐ
beheerder (de)	主管人	zhǔ guǎn rén
hoofd (het)	老板	lǎo bǎn
baas (de)	上级	shàng jí
superieuren (mv.)	管理层	guǎn lǐ céng
president (de)	总裁	zǒng cái
voorzitter (de)	主席	zhǔxí
adjunct (de)	副手	fù shǒu
assistent (de)	助手	zhù shǒu
secretaris (de)	秘书	mì shū

persoonlijke assistent (de)	私人秘书	sīrén mìshū
zakenman (de)	商人	shāng rén
ondernemer (de)	企业家	qǐ yè jiā
oprichter (de)	创始人	chuàng shǐ rén
oprichten	创始	chuàng shǐ
(een nieuw bedrijf ~)		

stichter (de)	合伙员	hé huǒ yuán
partner (de)	合伙人	hé huǒ rén
aandeelhouder (de)	股东	gǔ dōng

miljonair (de)	百万富翁	bǎiwàn fùwēng
miljardair (de)	亿万富翁	yìwàn fùwēng
eigenaar (de)	业主	yè zhǔ
landeigenaar (de)	地主	dì zhǔ

klant (de)	客户	kèhù
vaste klant (de)	长期客户	chángqī kèhù
koper (de)	顾客	gù kè
bezoeker (de)	参观者	cān guān zhě

professioneel (de)	专家	zhuān jiā
expert (de)	行家，专家	háng jiā, zhuān jiā
specialist (de)	专家	zhuān jiā

| bankier (de) | 银行家 | yín háng jiā |
| makelaar (de) | 经纪人 | jīng jì rén |

kassier (de)	收款员	shōu kuǎn yuán
boekhouder (de)	会计员	kuài jì yuán
bewaker (de)	安保员	ān bǎo yuán

investeerder (de)	投资者	tóu zī zhě
schuldenaar (de)	债务人	zhài wù rén
crediteur (de)	债权人	zhài quán rén
lener (de)	借款人	jiè kuǎn rén

| importeur (de) | 进口者 | jìn kǒu zhě |
| exporteur (de) | 出口厂商 | chū kǒu chǎng shāng |

producent (de)	生产商	shēng chǎn shāng
distributeur (de)	经销商	jīng xiāo shāng
bemiddelaar (de)	中间人	zhōng jiān rén

adviseur, consulent (de)	咨询顾问	zīxún gùwèn
vertegenwoordiger (de)	代表	dài biǎo
agent (de)	代理人	dài lǐ rén
verzekeringsagent (de)	保险代理人	bǎo xiǎn dài lǐ rén

125. Dienstverlenende beroepen

kok (de)	厨师	chúshī
chef-kok (de)	高级厨师	gāojí chúshī
bakker (de)	面包师	miànbāo shī

barman (de)	酒保	jiǔ bǎo
kelner, ober (de)	服务员	fú wù yuán
serveerster (de)	女服务员	nǚ fú wù yuán

advocaat (de)	辩护人	biàn hù rén
jurist (de)	律师	lǜ shī
notaris (de)	公证人	gōng zhèng rén

elektricien (de)	电工	diàn gōng
loodgieter (de)	水管工	shuǐ guǎn gōng
timmerman (de)	木匠	mù jiàng

masseur (de)	男按摩师	nán ànmóshī
masseuse (de)	女按摩师	nǚ ànmóshī
dokter, arts (de)	医生	yīshēng

taxichauffeur (de)	出租车司机	chūzūchē sī jī
chauffeur (de)	司机	sī jī
koerier (de)	快递员	kuài dì yuán

kamermeisje (het)	女服务员	nǚ fú wù yuán
bewaker (de)	安保员	ān bǎo yuán
stewardess (de)	空姐	kōng jiě

meester (de)	老师	lǎo shī
bibliothecaris (de)	图书馆员	tú shū guǎn yuán
vertaler (de)	翻译，译者	fān yì, yì zhě
tolk (de)	口译者	kǒu yì zhě
gids (de)	导游	dǎo yóu

kapper (de)	理发师	lǐ fà shī
postbode (de)	邮递员	yóu dì yuán
verkoper (de)	售货员	shòu huò yuán

tuinman (de)	花匠	huā jiàng
huisbediende (de)	仆人	pú rén
dienstmeisje (het)	女仆	nǚ pú
schoonmaakster (de)	清洁女工	qīng jié nǚ gōng

126. Militaire beroepen en rangen

soldaat (rang)	士兵，列兵	shìbīng, lièbīng
sergeant (de)	中士	zhōng shì
luitenant (de)	中尉	zhōng wèi
kapitein (de)	上尉	shàng wèi

majoor (de)	少校	shào xiào
kolonel (de)	上校	shàng xiào
generaal (de)	将军	jiāng jūn
maarschalk (de)	元帅	yuán shuài
admiraal (de)	海军上将	hǎi jūn shàng jiàng

| militair (de) | 军人 | jūn rén |
| soldaat (de) | 士兵 | shì bīng |

| officier (de) | 军官 | jūn guān |
| commandant (de) | 指挥员 | zhǐhuī yuán |

grenswachter (de)	边界守卫	biān jiè shǒu wèi
marconist (de)	无线电员	wúxiàndiàn yuán
verkenner (de)	侦察兵	zhēn chá bīng
sappeur (de)	工兵	gōng bīng
schutter (de)	神射手	shén shè shǒu
stuurman (de)	领航员	lǐng háng yuán

127. Ambtenaren. Priesters

| koning (de) | 国王 | guó wáng |
| koningin (de) | 王后，女王 | wáng hòu, nǚ wáng |

| prins (de) | 王子 | wáng zǐ |
| prinses (de) | 公主 | gōng zhǔ |

| tsaar (de) | 沙皇 | shā huáng |
| tsarina (de) | 沙皇皇后 | shā huáng huáng hòu |

president (de)	总统	zǒng tǒng
minister (de)	部长	bù zhǎng
eerste minister (de)	总理	zǒng lǐ
senator (de)	参议院	cān yì yuàn

diplomaat (de)	外交官	wài jiāo guān
consul (de)	领事	lǐng shì
ambassadeur (de)	大使	dàshǐ
adviseur (de)	顾问	gù wèn

ambtenaar (de)	官员	guān yuán
prefect (de)	长官	zhǎng guān
burgemeester (de)	市长	shì zhǎng

| rechter (de) | 法官 | fǎ guān |
| aanklager (de) | 公诉人 | gōng sù rén |

missionaris (de)	传教士	chuán jiào shì
monnik (de)	僧侣，修道士	sēng lǚ, xiū dào shì
abt (de)	男修道院院长	nán xiūdàoyuàn yuànzhǎng
rabbi, rabbijn (de)	拉比	lā bǐ

vizier (de)	维齐尔	wéi qí ěr
sjah (de)	沙阿	shā ē
sjeik (de)	族长	zú zhǎng

128. Agrarische beroepen

imker (de)	养蜂人	yǎngfēng rén
herder (de)	牧人	mù rén
landbouwkundige (de)	农学家	nóng xuéjiā

| veehouder (de) | 饲养者 | sì yǎng zhě |
| dierenarts (de) | 兽医 | shòu yī |

landbouwer (de)	农场主	nóng chǎng zhǔ
wijnmaker (de)	酒商	jiǔ shāng
zoöloog (de)	动物学家	dòng wù xuéjiā
cowboy (de)	牛仔	niú zǎi

129. Kunst beroepen

| acteur (de) | 演员 | yǎnyuán |
| actrice (de) | 女演员 | nǚ yǎnyuán |

| zanger (de) | 歌手 | gē shǒu |
| zangeres (de) | 女歌手 | nǚ gē shǒu |

| danser (de) | 舞蹈家 | wǔ dǎo jiā |
| danseres (de) | 女舞蹈家 | nǚ wǔ dǎo jiā |

| artiest (mann.) | 演员 | yǎnyuán |
| artiest (vrouw.) | 女演员 | nǚ yǎnyuán |

muzikant (de)	音乐家	yīn yuè jiā
pianist (de)	钢琴家	gāng qín jiā
gitarist (de)	吉他手	jí tā shǒu

orkestdirigent (de)	指挥	zhǐ huī
componist (de)	作曲家	zuò qū jiā
impresario (de)	经理人	jīng lǐ rén

filmregisseur (de)	导演	dǎo yǎn
filmproducent (de)	制片人	zhì piàn rén
scenarioschrijver (de)	编剧	biān jù
criticus (de)	评论家	píng lùn jiā

schrijver (de)	作家	zuò jiā
dichter (de)	诗人	shī rén
beeldhouwer (de)	雕塑家	diāo sù jiā
kunstenaar (de)	画家	huà jiā

jongleur (de)	变戏法者	biàn xì fǎ zhě
clown (de)	小丑	xiǎo chǒu
acrobaat (de)	杂技演员	zájì yǎnyuán
goochelaar (de)	魔术师	mó shù shī

130. Verschillende beroepen

dokter, arts (de)	医生	yīshēng
ziekenzuster (de)	护士	hù shi
psychiater (de)	精神病医生	jīng shén bìng yīshēng
tandarts (de)	牙科医生	yá kē yīshēng
chirurg (de)	外科医生	wài kē yīshēng

astronaut (de)	宇航员	yǔ háng yuán
astronoom (de)	天文学家	tiānwén xuéjiā
piloot (de)	飞行员	fēi xíng yuán
chauffeur (de)	驾驶员	jiàshǐ yuán
machinist (de)	火车司机	huǒ chē sī jī
mecanicien (de)	机修工	jī xiū gōng
mijnwerker (de)	矿工	kuàng gōng
arbeider (de)	工人	gōng rén
bankwerker (de)	钳工	qián gōng
houtbewerker (de)	细木工	xì mù gōng
draaier (de)	车工	chē gōng
bouwvakker (de)	建筑工人	jiànzhù gōngrén
lasser (de)	焊接工	hàn jiē gōng
professor (de)	教授	jiào shòu
architect (de)	建筑师	jiànzhù shī
historicus (de)	历史学家	lì shǐ xué jiā
wetenschapper (de)	科学家	kē xué jiā
fysicus (de)	物理学家	wù lǐ xué jiā
scheikundige (de)	化学家	huà xué jiā
archeoloog (de)	考古学家	kǎo gǔ xué jiā
geoloog (de)	地质学家	dì zhì xué jiā
onderzoeker (de)	研究者	yán jiū zhě
babysitter (de)	临时保姆	línshí bǎomǔ
leraar, pedagoog (de)	教师	jiào shī
redacteur (de)	编辑	biān jí
chef-redacteur (de)	总编辑	zǒng biān jí
correspondent (de)	记者	jì zhě
typiste (de)	打字员	dǎ zì yuán
designer (de)	设计师	shè jì shī
computerexpert (de)	电脑专家	diàn nǎo zhuān jiā
programmeur (de)	程序员	chéng xù yuán
ingenieur (de)	工程师	gōng chéng shī
matroos (de)	水手	shuǐ shǒu
zeeman (de)	海员	hǎi yuán
redder (de)	救援者	jiù yuán zhě
brandweerman (de)	消防队员	xiāofáng duìyuán
politieagent (de)	警察	jǐng chá
nachtwaker (de)	看守人	kān shǒu rén
detective (de)	侦探	zhēn tàn
douanier (de)	海关人员	hǎi guān rényuán
lijfwacht (de)	保镖	bǎo biāo
gevangenisbewaker (de)	狱警	yù jǐng
inspecteur (de)	检察员	jiǎn chá yuán
sportman (de)	运动员	yùndòng yuán
trainer (de)	教练	jiào liàn

slager, beenhouwer (de)	屠夫	túfū
schoenlapper (de)	鞋匠	xié jiàng
handelaar (de)	商人	shāng rén
lader (de)	装货人	zhuāng huò rén

| kledingstilist (de) | 时装设计师 | shízhuāng shèjìshī |
| model (het) | 模特儿 | mó tè er |

131. Beroepen. Sociale status

| scholier (de) | 男学生 | nán xué sheng |
| student (de) | 大学生 | dà xué shēng |

filosoof (de)	哲学家	zhé xué jiā
econoom (de)	经济学家	jīng jì xué jiā
uitvinder (de)	发明者	fā míng zhě

werkloze (de)	失业者	shī yè zhě
gepensioneerde (de)	退休人员	tuì xiū rén yuán
spion (de)	间谍	jiàn dié

gedetineerde (de)	犯人，囚犯	fàn rén, qiú fàn
staker (de)	罢工者	bà gōng zhě
bureaucraat (de)	官僚主义者	guān liáo zhǔ yì zhě
reiziger (de)	旅行者	lǚ xíng zhě

| homoseksueel (de) | 同性恋者 | tóng xìng liàn zhě |
| hacker (computerkraker) | 黑客 | hēi kè |

bandiet (de)	匪徒	fěi tú
huurmoordenaar (de)	雇佣杀手	gù yōng shā shǒu
drugsverslaafde (de)	吸毒者	xī dú zhě
drugshandelaar (de)	毒贩子	dú fàn zi
prostituee (de)	卖淫者，妓女	mài yín zhě, jì nǚ
pooier (de)	皮条客	pí tiáo kè

tovenaar (de)	巫师	wū shī
tovenares (de)	女巫师	nǚ wū shī
piraat (de)	海盗	hǎi dào
slaaf (de)	奴隶	nú lì
samoerai (de)	武士	wǔ shì
wilde (de)	野蛮人	yě mán rén

Sport

132. Soorten sporten. Sporters

sportman (de)	运动员	yùndòng yuán
soort sport (de/het)	种运动	zhǒng yùndòng
basketbal (het)	篮球	lán qiú
basketbalspeler (de)	篮球运动员	lán qiú yùndòng yuán
baseball (het)	棒球	bàng qiú
baseballspeler (de)	棒球手	bàng qiú shǒu
voetbal (het)	足球	zú qiú
voetballer (de)	足球运动员	zú qiú yùndòng yuán
doelman (de)	守门员	shǒu mén yuán
hockey (het)	冰球	bīng qiú
hockeyspeler (de)	冰球运动员	bīng qiú yùndòng yuán
volleybal (het)	排球	pái qiú
volleybalspeler (de)	排球运动员	pái qiú yùndòng yuán
boksen (het)	拳击	quánjī
bokser (de)	拳击运动员	quánjī yùndòng yuán
worstelen (het)	摔跤	shuāi jiāo
worstelaar (de)	摔跤运动员	shuāi jiāo yùndòng yuán
karate (de)	空手道	kōng shǒu dào
karateka (de)	空手道专家	kòng shǒu dào zhuānjiā
judo (de)	柔道	róu dào
judoka (de)	柔道运动员	róudào yùndòng yuán
tennis (het)	网球	wǎng qiú
tennisspeler (de)	网球运动员	wǎng qiú yùndòng yuán
zwemmen (het)	游泳	yóuyǒng
zwemmer (de)	游泳运动员	yóuyǒng yùndòng yuán
schermen (het)	击剑	jī jiàn
schermer (de)	击剑者	jī jiàn zhě
schaak (het)	国际象棋	guó jì xiàng qí
schaker (de)	下象棋者	xià xiàng qí zhě
alpinisme (het)	登山技术	dēng shān jì shù
alpinist (de)	登山家	dēng shān jiā
hardlopen (het)	赛跑	sàipǎo

renner (de)	赛跑者	sàipǎo zhě
atletiek (de)	田径运动	tiánjìng yùndòng
atleet (de)	田径运动员	tiánjìng yùndòng yuán
paardensport (de)	骑马	qí mǎ
ruiter (de)	骑手	qí shǒu
kunstschaatsen (het)	花样滑冰	huāyàng huábīng
kunstschaatser (de)	花样滑冰运动员	huāyàng huábīng yùndòng yuán
kunstschaatsster (de)	花样滑冰女运动员	huāyàng huábīng nǚ yùndòng yuán
gewichtheffen (het)	举重	jǔ zhòng
autoraces (mv.)	汽车竞赛	qìchē jìngsài
coureur (de)	赛车手	sài chē shǒu
wielersport (de)	自行车运动	zìxíngchē yùndòng
wielrenner (de)	自行车运动员	zìxíngchē yùndòng yuán
verspringen (het)	跳远	tiào yuǎn
polsstokspringen (het)	撑杆跳	chēng gān tiào
verspringer (de)	跳高运动员	tiàogāo yùndòng yuán

133. Soorten sporten. Diversen

Amerikaans voetbal (het)	美式足球	měi shì zú qiú
badminton (het)	羽毛球	yǔ máo qiú
biatlon (de)	两项竞赛	liǎng xiàng jìng sài
biljart (het)	台球	tái qiú
bobsleeën (het)	长橇	cháng qiāo
bodybuilding (de)	健美运动	jiàn měi yùndòng
waterpolo (het)	水球	shuǐ qiú
handbal (de)	手球	shǒu qiú
golf (het)	高尔夫球	gāo ěr fū qiú
roeisport (de)	划船运动	huáchuán yùndòng
duiken (het)	潜水	qián shuǐ
langlaufen (het)	越野滑雪	yuè yě huá xuě
tafeltennis (het)	乒乓球	pīng pāng qiú
zeilen (het)	帆船运动	fānchuán yùndòng
rally (de)	汽车赛	qì chē sài
rugby (het)	橄榄球	gǎn lǎn qiú
snowboarden (het)	滑雪板	huá xuě bǎn
boogschieten (het)	射箭	shè jiàn

134. Fitnessruimte

lange halter (de)	杠铃	gàng líng
halters (mv.)	哑铃	yǎ líng

training machine (de)	训练器	xùn liàn qì
hometrainer (de)	健身自行车	jiàn shēn zì xíng chē
loopband (de)	跑步机	pǎo bù jī

rekstok (de)	单杠	dān gàng
brug (de) gelijke leggers	双杠	shuāng gàng
paardsprong (de)	跳马	tiào mǎ
mat (de)	垫子	diàn zi

| aerobics (de) | 有氧健身法 | yǒuyǎng jiànshēnfǎ |
| yoga (de) | 瑜伽 | yú jiā |

135. Hockey

hockey (het)	冰球	bīng qiú
hockeyspeler (de)	冰球运动员	bīng qiú yùndòng yuán
hockey spelen	打冰球	dǎ bīng qiú
IJs (het)	冰	bīng

puck (de)	冰球	bīng qiú
hockeystick (de)	曲棍球杆	qū gùn qiú gān
schaatsen (mv.)	冰球鞋	bīng qiú xié

| boarding (de) | 界墙 | jiè qiáng |
| schot (het) | 射门 | shè mén |

doelman (de)	守门员	shǒu mén yuán
goal (de)	进球	jìn qiú
een goal scoren	打进一个球	dǎjìn yīgè qiú

| periode (de) | 局 | jú |
| reservebank (de) | 替补席上 | tì bǔ xí shàng |

136. Voetbal

voetbal (het)	足球	zú qiú
voetballer (de)	足球运动员	zú qiú yùndòng yuán
voetbal spelen	踢足球	tī zúqiú

eredivisie (de)	职业体育总会	zhíyè tǐyù zǒng huì
voetbalclub (de)	足球俱乐部	zúqiú jùlèbù
trainer (de)	教练	jiào liàn
eigenaar (de)	拥有者	yōng yǒu zhě

team (het)	队	duì
aanvoerder (de)	队长	duì zhǎng
speler (de)	球员	qiú yuán
reservespeler (de)	候补队员	hòu bǔ duì yuán

aanvaller (de)	前锋	qián fēng
centrale aanvaller (de)	中锋	zhōng fēng
doelpuntmaker (de)	前锋	qián fēng

| verdediger (de) | 防守队员 | fáng shǒu duì yuán |
| middenvelder (de) | 前卫 | qián wèi |

match, wedstrijd (de)	比赛	bǐ sài
elkaar ontmoeten (ww)	比赛	bǐ sài
finale (de)	决赛	jué sài
halve finale (de)	半决赛	bàn jué sài
kampioenschap (het)	锦标赛	jǐn biāo sài

helft (de)	半场	bàn chǎng
eerste helft (de)	上半时	shàng bàn shí
pauze (de)	中场休息	zhōng chǎng xiū xi

doel (het)	球门	qiú mén
doelman (de)	守门员	shǒu mén yuán
doelpaal (de)	球门柱	qiú mén zhù
lat (de)	球门横梁	qiú mén héng liáng
doelnet (het)	球门网	qiú mén wǎng
een goal incasseren	漏球	lòu qiú

bal (de)	球	qiú
pass (de)	传球	chuán qiú
schot (het), schop (de)	踢	tī
schieten (de bal ~)	踢	tī
vrije schop (directe ~)	任意球	rèn yì qiú
hoekschop, corner (de)	角球	jiǎo qiú

aanval (de)	进攻	jìn gōng
tegenaanval (de)	反击	fǎn jī
combinatie (de)	配合	pèi hé

scheidsrechter (de)	裁判员	cái pàn yuán
fluiten (ww)	吹哨	chuī shào
fluitsignaal (het)	吹口哨	chuī kǒu shào
overtreding (de)	犯规	fàn guī
een overtreding maken	犯规	fàn guī
uit het veld te sturen	判罚出场	pàn fá chū cháng

gele kaart (de)	黄牌	huáng pái
rode kaart (de)	红牌	hóng pái
diskwalificatie (de)	取消资格	qǔxiāo zīgé
diskwalificeren (ww)	取消资格	qǔxiāo zīgé

strafschop, penalty (de)	点球	diǎn qiú
muur (de)	人墙	rén qiáng
scoren (ww)	进球	jìn qiú
goal (de), doelpunt (het)	进球	jìn qiú
een goal scoren	进球	jìn qiú

vervanging (de)	换人	huàn rén
vervangen (ov.ww.)	换人	huàn rén
regels (mv.)	规则	guī zé
tactiek (de)	战术	zhàn shù

| stadion (het) | 体育场 | tǐ yù chǎng |
| tribune (de) | 看台 | kàn tái |

| fan, supporter (de) | 球迷 | qiú mí |
| schreeuwen (ww) | 叫喊 | jiào hǎn |

| scorebord (het) | 记分牌 | jì fēn pái |
| stand (~ is 3-1) | 比分 | bǐ fēn |

| nederlaag (de) | 失败 | shī bài |
| verliezen (ww) | 输掉 | shū diào |

| gelijkspel (het) | 平局 | píng jú |
| in gelijk spel eindigen | 打成平局 | dǎchéng píng jú |

overwinning (de)	胜利	shèng lì
overwinnen (ww)	赢, 获胜	yíng, huò shèng
kampioen (de)	冠军	guàn jūn
best (bn)	最好的	zuì hào de
feliciteren (ww)	祝贺	zhù hè

commentator (de)	评论员	píng lùn yuán
becommentariëren (ww)	评论	píng lùn
uitzending (de)	广播	guǎng bō

137. Alpine skiën

ski's (mv.)	滑雪板	huá xuě bǎn
skiën (ww)	滑雪	huá xuě
skigebied (het)	山滑雪场	shān huá xuě chǎng
skilift (de)	上山缆车	shàng shān lǎn chē

skistokken (mv.)	滑雪杖	huá xuě zhàng
helling (de)	山坡	shān pō
slalom (de)	滑雪障碍赛	huá xuě zhàng ài sài

138. Tennis. Golf

golf (het)	高尔夫球	gāo ěr fū qiú
golfclub (de)	高尔夫球俱乐部	gāoěrfūqiú jùlèbù
golfer (de)	高尔夫球手	gāoěrfūqiú shǒu

hole (de)	球穴	qiú xué
golfclub (de)	球杆	qiú gān
trolley (de)	高尔夫球包车	gāoěrfūqiú bāo chē

| tennis (het) | 网球 | wǎng qiú |
| tennisveld (het) | 网球场 | wǎng qiú chǎng |

| opslag (de) | 发球 | fā qiú |
| serveren, opslaan (ww) | 发球 | fā qiú |

racket (het)	球拍	qiú pāi
net (het)	球网	qiú wǎng
bal (de)	球	qiú

139. Schaken

schaak (het)	国际象棋	guó jì xiàng qí
schaakstukken (mv.)	棋子	qízǐ
schaker (de)	下象棋者	xià xiàng qí zhě
schaakbord (het)	国际象棋棋盘	guó jì xiàng qí qí pán
schaakstuk (het)	棋子	qízǐ
witte stukken (mv.)	白棋	bái qí
zwarte stukken (mv.)	黑棋	hēi qí
pion (de)	兵，卒	bīng, zú
loper (de)	象	xiàng
paard (het)	马	mǎ
toren (de)	车	jū
koningin (de)	后	hòu
koning (de)	王	wáng
zet (de)	走棋	zǒu qí
zetten (ww)	走棋	zǒu qí
opofferen (ww)	牺牲	xī shēng
rokade (de)	王车易位	wáng jū yì wèi
schaak (het)	将军	jiāng jūn
schaakmat (het)	将死	jiàng sǐ
schaakwedstrijd (de)	国际象棋比赛	guó jì xiàng qí bǐ sài
grootmeester (de)	象棋大师	xiàng qí dàshī
combinatie (de)	组合	zǔ hé
partij (de)	对局	duì jú
dammen (de)	西洋跳棋	xī yáng tiào qí

140. Boksen

boksen (het)	拳击	quánjī
boksgevecht (het)	拳击赛	quán jī sài
bokswedstrijd (de)	拳击比赛	quán jī bǐsài
ronde (de)	回合	huí hé
ring (de)	拳击台	quán jī tái
gong (de)	锣	luó
stoot (de)	一拳	yì quán
knock-down (de)	击昏	jī hūn
knock-out (de)	击倒	jī dǎo
knock-out slaan (ww)	击倒	jī dǎo
bokshandschoen (de)	拳击手套	quán jī shǒu tào
referee (de)	裁判员	cái pàn yuán
lichtgewicht (het)	轻量级	qīng liàng jí
middengewicht (het)	中量级	zhōng liàng jí
zwaargewicht (het)	重量级	zhòng liàng jí

141. Sporten. Diversen

Olympische Spelen (mv.)	奥林匹克运动会	aòlínpĭkè yùndònghuì
winnaar (de)	胜利者	shèng lì zhě
overwinnen (ww)	赢	yíng
winnen (ww)	赢, 获胜	yíng, huò shèng
leider (de)	领先者	lĭng xiān zhě
leiden (ww)	领先	lĭng xiān
eerste plaats (de)	第一名	dì yī míng
tweede plaats (de)	第二名	dì èr míng
derde plaats (de)	第三名	dì sān míng
medaille (de)	奖章	jiǎng zhāng
trofee (de)	奖品	jiǎng pĭn
beker (de)	奖杯	jiǎng bēi
prijs (de)	奖品	jiǎng pĭn
hoofdprijs (de)	一等奖	yī děng jiǎng
record (het)	纪录	jì lù
een record breken	创造纪录	chuàng zào jì lù
finale (de)	决赛	jué sài
finale (bn)	决赛的	jué sài de
kampioen (de)	冠军	guàn jūn
kampioenschap (het)	锦标赛	jĭn biāo sài
stadion (het)	体育场	tĭ yù chǎng
tribune (de)	看台	kàn tái
fan, supporter (de)	球迷	qiú mí
tegenstander (de)	对手	duì shŏu
start (de)	起点	qĭ diǎn
finish (de)	终点	zhōng diǎn
nederlaag (de)	失败	shī bài
verliezen (ww)	输掉	shū diào
rechter (de)	裁判员	cái pàn yuán
jury (de)	裁判委员会	cái pàn wěiyuánhuì
stand (~ is 3-1)	比分	bĭ fēn
gelijkspel (het)	平局	píng jú
in gelijk spel eindigen	打成平局	dǎchéng píng jú
punt (het)	分	fēn
uitslag (de)	比分	bĭ fēn
pauze (de)	中场休息	zhōng chǎng xiū xi
doping (de)	兴奋剂	xīng fèn jì
straffen (ww)	惩罚	chéng fá
diskwalificeren (ww)	取消资格	qǔxiāo zīgé
toestel (het)	体育器材	tĭ yù qì cái
speer (de)	标枪	biāo qiāng

| kogel (de) | 铅球 | qiān qiú |
| bal (de) | 球 | qiú |

doel (het)	目标	mù biāo
schietkaart (de)	靶子	bǎ zi
schieten (ww)	射击	shè jī
precies (bijv. precieze schot)	精确	jīng què

trainer, coach (de)	教练	jiào liàn
trainen (ww)	训练	xùn liàn
zich trainen (ww)	训练	xùn liàn
training (de)	训练	xùn liàn

gymnastiekzaal (de)	健身房	jiàn shēn fáng
oefening (de)	练习	liàn xí
opwarming (de)	准备活动	zhǔnbèi huódòng

Onderwijs

142. School

school (de)	学校	xué xiào
schooldirecteur (de)	校长	xiào zhǎng
scholier (de)	男学生	nán xué sheng
scholiere (de)	女学生	nǚ xué sheng
leren (lesgeven)	教	jiào
studeren (bijv. een taal ~)	学，学习	xué, xué xí
van buiten leren	记住	jì zhù
leren (bijv. ~ tellen)	学习	xué xí
in school zijn	上学	shàng xué
(schooljongen zijn)		
naar school gaan	去学校	qù xué xiào
alfabet (het)	字母表	zì mǔ biǎo
vak (schoolvak)	课程	kè chéng
klaslokaal (het)	教室	jiào shì
les (de)	一堂课	yī táng kè
pauze (de)	课间休息	kè jiān xiū xi
bel (de)	铃	líng
schooltafel (de)	课桌	kè zhuō
schoolbord (het)	黑板	hēi bǎn
cijfer (het)	分数	fēnshù
goed cijfer (het)	好分数	hǎo fēnshù
slecht cijfer (het)	不好分数	bù hǎo fēnshù
een cijfer geven	打分数	dǎ fēnshù
fout (de)	错误	cuò wù
fouten maken	犯错	fàn cuò
corrigeren (fouten ~)	改错	gǎi cuò
spiekbriefje (het)	小抄	xiǎo chāo
huiswerk (het)	家庭作业	jiā tíng zuò yè
oefening (de)	练习	liàn xí
aanwezig zijn (ww)	出席	chū xí
absent zijn (ww)	缺席	quē xí
bestraffen (een stout kind ~)	惩罚	chéng fá
bestraffing (de)	惩罚	chéng fá
gedrag (het)	行为，举止	xíng wéi, jǔ zhǐ
cijferlijst (de)	成绩单	chéng jì dān
potlood (het)	铅笔	qiān bǐ

gom (de)	橡皮擦	xiàng pí cā
krijt (het)	粉笔	fěnbǐ
pennendoos (de)	铅笔盒	qiān bǐ hé
boekentas (de)	书包	shū bāo
pen (de)	钢笔	gāng bǐ
schrift (de)	练习簿	liàn xí bù
leerboek (het)	课本	kè běn
passer (de)	圆规	yuáng uī
technisch tekenen (ww)	画	huà
technische tekening (de)	工程图	gōng chéng tú
gedicht (het)	诗	shī
van buiten (bw)	凭记性	píng jì xìng
van buiten leren	记住	jì zhù
vakantie (de)	学校假期	xué xiào jià qī
met vakantie zijn	放假	fàng jià
toets (schriftelijke ~)	测试，考试	cè shì, kǎo shì
opstel (het)	作文	zuò wén
dictee (het)	听写	tīng xiě
examen (het)	考试	kǎo shì
examen afleggen	参加考试	cān jiā kǎo shì
experiment (het)	实验	shí yàn

143. Hogeschool. Universiteit

academie (de)	学院	xué yuàn
universiteit (de)	大学	dà xué
faculteit (de)	系	xì
student (de)	大学生	dà xué shēng
studente (de)	大学生	dà xué shēng
leraar (de)	讲师	jiǎng shī
collegezaal (de)	讲堂	jiǎng táng
afgestudeerde (de)	毕业生	bì yè shēng
diploma (het)	毕业证	bì yè zhèng
dissertatie (de)	学位论文	xuéwèi lùnwén
onderzoek (het)	研究报告	yán jiū bào gào
laboratorium (het)	实验室	shí yàn shì
college (het)	讲课	jiǎng kè
medestudent (de)	同学	tóng xué
studiebeurs (de)	奖学金	jiǎng xué jīn
academische graad (de)	学位	xué wèi

144. Wetenschappen. Disciplines

wiskunde (de)	数学	shù xué
algebra (de)	代数学	dài shù xué

meetkunde (de)	几何学	jǐ hé xué
astronomie (de)	天文学	tiān wén xué
biologie (de)	生物学	shēng wù xué
geografie (de)	地理学	dì lǐ xué
geologie (de)	地质学	dì zhì xué
geschiedenis (de)	历史学	lìshǐ xué
geneeskunde (de)	医学	yī xué
pedagogiek (de)	教育学	jiàoyù xué
rechten (mv.)	法学	fǎ xué
fysica, natuurkunde (de)	物理学	wù lǐ xué
scheikunde (de)	化学	huà xué
filosofie (de)	哲学	zhé xué
psychologie (de)	心理学	xīn lǐ xué

145. Schrift. Spelling

grammatica (de)	语法	yǔ fǎ
vocabulaire (het)	词汇	cí huì
fonetiek (de)	语音学	yǔ yīn xué
zelfstandig naamwoord (het)	名词	míng cí
bijvoeglijk naamwoord (het)	形容词	xíng róng cí
werkwoord (het)	动词	dòng cí
bijwoord (het)	副词	fùcí
voornaamwoord (het)	代词	dài cí
tussenwerpsel (het)	感叹词	gǎn tàn cí
voorzetsel (het)	介词	jiè cí
stam (de)	词根	cí gēn
achtervoegsel (het)	词尾	cí wěi
voorvoegsel (het)	前缀	qián zhuì
lettergreep (de)	音节	yīn jié
achtervoegsel (het)	后缀	hòu zhuì
nadruk (de)	重音	zhòng yīn
afkappingsteken (het)	撇号	piē hào
punt (de)	点	diǎn
komma (de/het)	逗号	dòu hào
puntkomma (de)	分号	fēn hào
dubbelpunt (de)	冒号	mào hào
beletselteken (het)	省略号	shěng lüè hào
vraagteken (het)	问号	wèn hào
uitroepteken (het)	感叹号	gǎn tàn hào
aanhalingstekens (mv.)	引号	yǐn hào
tussen aanhalingstekens (bw)	在引号	zài yǐn hào
haakjes (mv.)	括号	kuò hào
tussen haakjes (bw)	在圆括号	zài yuán kuò hào
streepje (het)	连字符	lián zì fú

gedachtestreepje (het)	破折号	pò zhé hào
spatie	空白	kòng bái
(~ tussen twee woorden)		

| letter (de) | 字母 | zì mǔ |
| hoofdletter (de) | 大写字母 | dà xiě zì mǔ |

| klinker (de) | 元音 | yuán yīn |
| medeklinker (de) | 辅音 | fǔyīn |

zin (de)	句子	jù zi
onderwerp (het)	主语	zhǔ yǔ
gezegde (het)	谓语	wèi yǔ

regel (in een tekst)	行	háng
op een nieuwe regel (bw)	另起一行	lìng qǐ yī xíng
alinea (de)	段, 段落	duàn, duàn luò

woord (het)	字, 单词	zì, dāncí
woordgroep (de)	词组	cí zǔ
uitdrukking (de)	短语	duǎn yǔ
synoniem (het)	同义词	tóng yì cí
antoniem (het)	反义词	fǎn yì cí

regel (de)	规则	guī zé
uitzondering (de)	例外	lì wài
correct (bijv. ~e spelling)	正确的	zhèng què de

vervoeging, conjugatie (de)	变位	biàn wèi
verbuiging, declinatie (de)	变格	biàn gé
naamval (de)	名词格	míng cí gé
vraag (de)	问题	wèn tí
onderstrepen (ww)	在 … 下画线	zài … xià huà xiàn
stippellijn (de)	点线	diǎn xiàn

146. Vreemde talen

taal (de)	语言	yǔ yán
vreemde taal (de)	外语	wài yǔ
leren (bijv. van buiten ~)	学习	xué xí
studeren (Nederlands ~)	学, 学习	xué, xué xí

lezen (ww)	读	dú
spreken (ww)	说	shuō
begrijpen (ww)	明白	míng bai
schrijven (ww)	写	xiě

snel (bw)	快	kuài
langzaam (bw)	慢慢地	màn màn de
vloeiend (bw)	流利	liú lì

regels (mv.)	规则	guī zé
grammatica (de)	语法	yǔ fǎ
vocabulaire (het)	词汇	cí huì

fonetiek (de)	语音学	yǔ yīn xué
leerboek (het)	课本	kè běn
woordenboek (het)	词典	cí diǎn
leerboek (het) voor zelfstudie	自学的书	zì xué de shū
taalgids (de)	短语手册	duǎn yǔ shǒu cè
cassette (de)	磁带	cí dài
videocassette (de)	录像带	lù xiàng dài
CD (de)	光盘	guāng pán
DVD (de)	数字影碟	shù zì yǐng dié
alfabet (het)	字母表	zì mǔ biǎo
spellen (ww)	拼写	pīn xiě
uitspraak (de)	发音	fā yīn
accent (het)	口音	kǒu yin
met een accent (bw)	带口音	dài kǒu yin
zonder accent (bw)	没有口音	méiyǒu kǒuyin
woord (het)	字，单词	zì, dāncí
betekenis (de)	意义	yì yì
cursus (de)	讲座	jiǎng zuò
zich inschrijven (ww)	报名	bào míng
leraar (de)	老师	lǎo shī
vertaling (een ~ maken)	翻译	fān yì
vertaling (tekst)	翻译	fān yì
vertaler (de)	翻译，译者	fān yì, yì zhě
tolk (de)	口译者	kǒu yì zhě
geheugen (het)	记忆力	jì yì lì

147. Sprookjesfiguren

Sinterklaas (de)	圣诞老人	shèngdàn lǎorén
Assepoester (de)	灰姑娘	huī gū niang
magiër, tovenaar (de)	魔法师	mó fǎ shī
goede heks (de)	好女巫	hǎo nǚ wū
magisch (bn)	魔术的	mó shù de
toverstokje (het)	魔术棒	mó shù bàng
sprookje (het)	神话	shén huà
wonder (het)	奇迹	qí jì
dwerg (de)	小矮人	xiǎo ǎi rén
veranderen in ... (anders worden)	变成 …	biàn chéng …
geest (de)	鬼，幽灵	guǐ, yōulíng
spook (het)	鬼魂	guǐ hún
monster (het)	怪物	guài wu
draak (de)	龙	lóng
reus (de)	巨人	jù rén

148. Dierenriem

Ram (de)	白羊座	bái yáng zuò
Stier (de)	金牛座	jīn niú zuò
Tweelingen (mv.)	双子座	shuāng zǐ zuò
Kreeft (de)	巨蟹座	jù xiè zuò
Leeuw (de)	狮子座	shī zi zuò
Maagd (de)	室女座	shì nǚ zuò
Weegschaal (de)	天秤座	tiān chèng zuò
Schorpioen (de)	天蝎座	tiān xiē zuò
Boogschutter (de)	人马座	rén mǎ zuò
Steenbok (de)	摩羯座	mó jié zuò
Waterman (de)	宝瓶座	bǎo píng zuò
Vissen (mv.)	双鱼座	shuāng yú zuò
karakter (het)	品行	pǐn xíng
karaktertrekken (mv.)	品格	pǐn gé
gedrag (het)	行为	xíng wéi
waarzeggen (ww)	占卜	zhānbǔ
waarzegster (de)	女占卜者	nǚ zhānbǔ zhě
horoscoop (de)	天宫图	tiān gōng tú

Kunst

149. Theater

theater (het)	剧院	jù yuàn
opera (de)	歌剧	gē jù
operette (de)	轻歌剧	qīng gē jù
ballet (het)	芭蕾舞	bālěi wǔ
affiche (de/het)	戏剧海报	xì jù hǎi bào
theatergezelschap (het)	剧团	jù tuán
tournee (de)	巡回演出	xún huí yǎn chū
op tournee zijn	巡回演出	xún huí yǎn chū
repeteren (ww)	排演	pái yǎn
repetitie (de)	排演	pái yǎn
repertoire (het)	全部节目	quán bù jié mù
voorstelling (de)	演出	yǎn chū
spektakel (het)	戏剧	xì jù
toneelstuk (het)	戏剧	xì jù
biljet (het)	票	piào
kassa (de)	售票处	shòu piàn chù
foyer (de)	大厅	dà tīng
garderobe (de)	衣帽间	yī mào jiān
garderobe nummer (het)	号牌	hàopái
verrekijker (de)	望远镜	wàng yuǎn jìng
plaatsaanwijzer (de)	引座员	yǐn zuò yuán
parterre (de)	池座	chízuò
balkon (het)	楼座，楼厅	lóu zuò, lóu tīng
gouden rang (de)	二楼厢座	érlóu xiāngzuò
loge (de)	包厢	bāo xiāng
rij (de)	排	pái
plaats (de)	座位	zuò wèi
publiek (het)	观众	guān zhòng
kijker (de)	观众	guān zhòng
klappen (ww)	鼓掌	gǔ zhǎng
applaus (het)	掌声	zhǎng shēng
ovatie (de)	热烈欢迎	rè liè huān yíng
toneel (op het ~ staan)	舞台	wǔ tái
gordijn, doek (het)	幕	mù
toneeldecor (het)	布景	bù jǐng
backstage (de)	后台	hòu tái
scène (de)	场	chǎng
bedrijf (het)	幕	mù
pauze (de)	幕间休息	mù jiān xiū xi

150. Bioscoop

acteur (de)	演员	yǎnyuán
actrice (de)	女演员	nǚ yǎnyuán
bioscoop (de)	电影业	diànyǐng yè
speelfilm (de)	电影	diànyǐng
aflevering (de)	一集	yī jí
detectivefilm (de)	侦探	zhēn tàn
actiefilm (de)	动作片	dòngzuò piàn
avonturenfilm (de)	惊险片	jīngxiǎn piàn
sciencefictionfilm (de)	科幻片	kēhuàn piàn
griezelfilm (de)	恐怖片	kǒngbù piàn
komedie (de)	喜剧片	xǐ jù piàn
melodrama (het)	传奇片	chuánqí piàn
drama (het)	戏剧片	xì jù piàn
speelfilm (de)	故事片	gùshi piàn
documentaire (de)	纪录片	jì lù piàn
tekenfilm (de)	动画片	dònghuà piàn
stomme film (de)	无声电影	wúshēng diànyǐng
rol (de)	角色	jué sè
hoofdrol (de)	主角	zhǔ jué
spelen (ww)	扮演	bà nyǎn
filmster (de)	电影明星	diànyǐng míng xīng
bekend (bn)	著名的	zhù míng de
beroemd (bn)	著名的	zhù míng de
populair (bn)	有名的	yǒu míng de
scenario (het)	剧本	jùběn
scenarioschrijver (de)	编剧	biān jù
regisseur (de)	导演	dǎo yǎn
filmproducent (de)	制片人	zhì piàn rén
assistent (de)	助理	zhù lǐ
cameraman (de)	摄影师	shè yǐng shī
stuntman (de)	特技演员	tè jì yǎnyuán
een film maken	拍电影	pāi diàn yǐng
auditie (de)	试镜头	shì jìng tóu
opnamen (mv.)	拍摄	pāi shè
filmploeg (de)	电影摄制组	diànyǐng shèzhìzǔ
filmset (de)	电影场景	diànyǐng chǎng jǐng
filmcamera (de)	摄影机	shèyǐng jī
bioscoop (de)	电影院	diànyǐng yuàn
scherm (het)	银幕	yín mù
een film vertonen	放映电影	fàngyìng diànyǐng
geluidsspoor (de)	电影声带	diànyǐng shēng dài
speciale effecten (mv.)	特技效果	tè jì xiào guǒ
ondertiteling (de)	字幕	zì mù

| voortiteling, aftiteling (de) | 电影片尾字幕 | diànyǐng piān wěi zì mù |
| vertaling (de) | 翻译 | fān yì |

151. Schilderij

kunst (de)	艺术	yì shù
schone kunsten (mv.)	美术	měi shù
kunstgalerie (de)	画廊, 艺廊	huà láng, yì láng
kunsttentoonstelling (de)	画展	huà zhǎn

schilderkunst (de)	绘画	huì huà
grafiek (de)	图形艺术	tú xíng yìshù
abstracte kunst (de)	抽象派艺术	chōu xiàng pài yìshù
impressionisme (het)	印象主义	yìnxiàng zhǔyì

schilderij (het)	画	huà
tekening (de)	图画	tú huà
poster (de)	宣传画	xuān chuán huà

illustratie (de)	插图	chā tú
miniatuur (de)	微型画	wēi xíng huà
kopie (de)	摹本	mó běn
reproductie (de)	复制品	fù zhì pǐn

mozaïek (het)	镶嵌画	xiāng qiàn huà
fresco (het)	壁画	bì huà
gravure (de)	版画	bǎn huà

buste (de)	半身像	bàn shēn xiàng
beeldhouwwerk (het)	雕塑	diāo sù
beeld (bronzen ~)	塑像	sù xiàng
gips (het)	石膏	shí gāo
gipsen (bn)	石膏的	shí gāo de

portret (het)	肖像画	xiào xiàng huà
zelfportret (het)	自画像	zì huà xiàng
landschap (het)	风景画	fēng jǐng huà
stilleven (het)	静物画	jìng wù huà
karikatuur (de)	漫画	màn huà

verf (de)	颜料	yánliào
aquarel (de)	水彩颜料	shuǐcǎi yánliào
olieverf (de)	油画颜料	yóu huà yánliào
potlood (het)	铅笔	qiān bǐ
Oostindische inkt (de)	墨汁	mò zhī
houtskool (de)	炭条	tàn tiáo

| tekenen (met krijt) | 用铅笔画 | yòng qiān bǐ huà |
| schilderen (ww) | 画 | huà |

poseren (ww)	摆姿势	bǎi zī shì
naaktmodel (man)	模特儿	mó tè er
naaktmodel (vrouw)	模特儿	mó tè er
kunstenaar (de)	画家	huà jiā

kunstwerk (het)	艺术品	yì shù pǐn
meesterwerk (het)	杰作	jié zuò
studio, werkruimte (de)	画室	huà shì
schildersdoek (het)	油画布	yóu huà bù
schildersezel (de)	画架	huà jià
palet (het)	调色板	tiáo sè bǎn
lijst (een vergulde ~)	画框	huà kuàng
restauratie (de)	修复	xiū fù
restaureren (ww)	修复	xiū fù

152. Literatuur & Poëzie

literatuur (de)	文学	wén xué
auteur (de)	作家	zuò jiā
pseudoniem (het)	笔名	bǐ míng
boek (het)	书	shū
boekdeel (het)	卷	juàn
inhoudsopgave (de)	目录	mù lù
pagina (de)	页	yè
hoofdpersoon (de)	主角	zhǔ jué
handtekening (de)	签名	qiān míng
verhaal (het)	短篇小说	duǎnpiān xiǎoshuō
novelle (de)	中篇小说	zhōngpiān xiǎoshuō
roman (de)	长篇小说	chángpiān xiǎoshuō
werk (literatuur)	作品	zuò pǐn
fabel (de)	寓言	yù yán
detectiveroman (de)	侦探小说	zhēntàn xiǎoshuō
gedicht (het)	诗	shī
poëzie (de)	诗歌	shī gē
epos (het)	叙事诗	xù shì shī
dichter (de)	诗人	shī rén
fictie (de)	小说	xiǎo shuō
sciencefiction (de)	科幻	kē huàn
avonturenroman (de)	冒险	mào xiǎn
opvoedkundige literatuur (de)	教育文献	jiào yù wén xiàn
kinderliteratuur (de)	儿童文学	értóng wénxué

153. Circus

circus (de/het)	马戏团	mǎ xì tuán
chapiteau circus (de/het)	马戏篷	mǎ xì péng
programma (het)	节目单	jié mù dān
voorstelling (de)	演出	yǎn chū
nummer (circus ~)	节目	jié mù
arena (de)	马戏场	mǎ xì chǎng

| pantomime (de) | 哑剧 | yǎ jù |
| clown (de) | 小丑 | xiǎo chǒu |

acrobaat (de)	杂技演员	zájì yǎnyuán
acrobatiek (de)	杂技	zájì
gymnast (de)	杂技演员	zájì yǎnyuán
gymnastiek (de)	杂技	zájì
salto (de)	翻跟头	fān gēn tou

sterke man (de)	大力士	dà lì shì
temmer (de)	驯服手	xùn fú shǒu
ruiter (de)	骑手	qí shǒu
assistent (de)	助手	zhù shǒu

stunt (de)	特技表演	tè jì biǎo yǎn
goocheltruc (de)	魔术	mó shù
goochelaar (de)	魔术师	mó shù shī

jongleur (de)	变戏法者	biàn xì fǎ zhě
jongleren (ww)	玩杂耍	wán zá shuǎ
dierentrainer (de)	驯养师	xùn yǎng shī
dressuur (de)	驯兽术	xún shòu shù
dresseren (ww)	训练	xùn liàn

154. Muziek. Popmuziek

muziek (de)	音乐	yīn yuè
muzikant (de)	音乐家	yīn yuè jiā
muziekinstrument (het)	乐器	yuè qì
spelen (bijv. gitaar ~)	弹 … ，弹奏	tán …, tán zòu

gitaar (de)	吉他	jí tā
viool (de)	小提琴	xiǎo tí qín
cello (de)	大提琴	dà tí qín
contrabas (de)	低音提琴	dī yīn tí qín
harp (de)	竖琴	shù qín

piano (de)	钢琴	gāng qín
vleugel (de)	大钢琴	dà gāng qín
orgel (het)	管风琴	guǎn fēng qín

blaasinstrumenten (mv.)	管乐器	guǎn yuè qì
hobo (de)	双簧管	shuāng huáng guǎn
saxofoon (de)	萨克斯管	sà kè sī guǎn
klarinet (de)	黑管	hēi guǎn
fluit (de)	长笛	cháng dí
trompet (de)	小号	xiǎo hào

| accordeon (de/het) | 手风琴 | shǒu fēng qín |
| trommel (de) | 鼓 | gǔ |

duet (het)	二重奏	èr chóng zòu
trio (het)	三重奏	sān chóng zòu
kwartet (het)	四重奏	sì chóng zòu

| koor (het) | 合唱队 | hé chàng duì |
| orkest (het) | 管弦乐队 | guǎn xián yuè duì |

popmuziek (de)	流行音乐	liúxíng yīnyuè
rockmuziek (de)	摇滚乐	yáo gǔn yuè
rockgroep (de)	摇滚乐队	yáo gǔn yuè duì
jazz (de)	爵士乐	jué shì yuè

| idool (het) | 偶像 | ǒu xiàng |
| bewonderaar (de) | 钦佩者 | qīn pèi zhě |

concert (het)	音乐会	yīnyuè huì
symfonie (de)	交响乐	jiāo xiǎng yuè
compositie (de)	音乐作品	yīnyuè zuòpǐn
componeren (muziek ~)	创作	chuàng zuò

zang (de)	唱歌	chàng gē
lied (het)	歌	gē
melodie (de)	曲调	qǔ diào
ritme (het)	节奏	jié zòu
blues (de)	蓝调音乐	lán diào yīn yuè

bladmuziek (de)	活页乐谱	huó yè lè pǔ
dirigeerstok (baton)	指挥棒	zhǐ huī bàng
strijkstok (de)	琴弓	qín gōng
snaar (de)	琴弦	qín xián
koffer (de)	琴盒	qín hé

Rusten. Entertainment. Reizen

155. Trip. Reizen

toerisme (het)	旅 游	lǚ yóu
toerist (de)	旅行者	lǚ xíng zhě
reis (de)	旅行	lǚ xíng
avontuur (het)	冒险	mào xiǎn
tocht (de)	旅行	lǚ xíng
vakantie (de)	休假	xiū jià
met vakantie zijn	放假	fàng jià
rust (de)	休息	xiū xi
trein (de)	火车	huǒ chē
met de trein	乘火车	chéng huǒchē
vliegtuig (het)	飞机	fēijī
met het vliegtuig	乘飞机	chéng fēijī
met de auto	乘汽车	chéng qìchē
per schip (bw)	乘船	chéng chuán
bagage (de)	行李	xíng li
valies (de)	手提箱	shǒu tí xiāng
bagagekarretje (het)	行李车	xíng li chē
paspoort (het)	护照	hù zhào
visum (het)	签证	qiān zhèng
kaartje (het)	票	piào
vliegticket (het)	飞机票	fēijī piào
reisgids (de)	旅行指南	lǚ xíng zhǐ nán
kaart (de)	地图	dì tú
gebied (landelijk ~)	地方	dì fang
plaats (de)	地方	dì fang
exotische bestemming (de)	尖葜鸢尾	jiān ruǐ yuān wěi
exotisch (bn)	外来的	wài lái de
verwonderlijk (bn)	惊人的	jīng rén de
groep (de)	组	zǔ
rondleiding (de)	游览	yóu lǎn
gids (de)	导游	dǎo yóu

156. Hotel

hotel (het)	酒店	jiǔ diàn
motel (het)	汽车旅馆	qì chē lǚ guǎn
3-sterren	三星级	sān xīng jí

| 5-sterren | 五星级 | wǔ xīng jí |
| overnachten (ww) | 暂住 | zàn zhù |

kamer (de)	房间	fáng jiān
eenpersoonskamer (de)	单人间	dān rén jiān
tweepersoonskamer (de)	双人间	shuāng rén jiān
een kamer reserveren	订房间	dìng fáng jiān

| halfpension (het) | 半膳宿 | bàn shàn sù |
| volpension (het) | 全食宿 | quán shí sù |

met badkamer	带洗澡间	dài xǐ zǎo jiān
met douche	带有淋浴	dài yǒu lín yù
satelliet-tv (de)	卫星电视	wèixīng diànshì
airconditioner (de)	空调	kōng tiáo
handdoek (de)	毛巾，浴巾	máo jīn, yù jīn
sleutel (de)	钥匙	yào shi

administrateur (de)	管理者	guǎn lǐ zhě
kamermeisje (het)	女服务员	nǚ fú wù yuán
piccolo (de)	行李生	xíng li shēng
portier (de)	看门人	kān mén rén

restaurant (het)	饭馆	fàn guǎn
bar (de)	酒吧	jiǔ bā
ontbijt (het)	早饭	zǎo fàn
avondeten (het)	晚餐	wǎn cān
buffet (het)	自助餐	zì zhù cān

| hal (de) | 大厅 | dà tīng |
| lift (de) | 电梯 | diàn tī |

| NIET STOREN | 请勿打扰 | qǐng wù dǎ rǎo |
| VERBODEN TE ROKEN! | 禁止吸烟 | jìnzhǐ xīyān |

157. Boeken. Lezen

boek (het)	书	shū
auteur (de)	作家	zuò jiā
schrijver (de)	作家	zuò jiā
schrijven (een boek)	写	xiě

lezer (de)	读者	dú zhě
lezen (ww)	读	dú
lezen (het)	阅读	yuè dú

| stil (~ lezen) | 默 | mò |
| hardop (~ lezen) | 出声地 | chū shēng de |

uitgeven (boek ~)	出版	chū bǎn
uitgeven (het)	出版	chū bǎn
uitgever (de)	出版者	chū bǎn zhě
uitgeverij (de)	出版社	chū bǎn shè
verschijnen (bijv. boek)	出版	chū bǎn

verschijnen (het)	出版	chū bǎn
oplage (de)	发行量	fā xíng liàng
boekhandel (de)	书店	shū diàn
bibliotheek (de)	图书馆	tú shū guǎn
novelle (de)	中篇小说	zhōngpiān xiǎoshuō
verhaal (het)	短篇小说	duǎnpiān xiǎoshuō
roman (de)	长篇小说	chángpiān xiǎoshuō
detectiveroman (de)	侦探小说	zhēntàn xiǎoshuō
memoires (mv.)	回忆录	huí yì lù
legende (de)	传说	chuán shuō
mythe (de)	神话	shén huà
gedichten (mv.)	诗	shī
autobiografie (de)	自传	zì zhuàn
bloemlezing (de)	选集	xuǎn jí
sciencefiction (de)	科幻	kē huàn
naam (de)	名称	míng chēng
inleiding (de)	前言	qián yán
voorblad (het)	书名页	shū míng yè
hoofdstuk (het)	章	zhāng
fragment (het)	摘录	zhāi lù
episode (de)	片断	piàn duàn
intrige (de)	情节	qíng jié
inhoud (de)	目录	mù lù
inhoudsopgave (de)	目录	mù lù
hoofdpersonage (het)	主角	zhǔ jué
boekdeel (het)	卷	juàn
omslag (de/het)	书皮	shū pí
boekband (de)	封面	fēng miàn
bladwijzer (de)	书签	shū qiān
pagina (de)	页	yè
bladeren (ww)	浏览	liú lǎn
marges (mv.)	页边	yè biān
annotatie (de)	注解	zhù jiě
opmerking (de)	附注	fù zhù
tekst (de)	文本	wén běn
lettertype (het)	铅字	qiān zì
drukfout (de)	印刷错误	yìn shuā cuò wù
vertaling (de)	翻译	fān yì
vertalen (ww)	翻译	fān yì
origineel (het)	原本	yuán běn
beroemd (bn)	著名的	zhù míng de
onbekend (bn)	不著名的	bù zhù míng de
interessant (bn)	有趣的	yǒu qù de
bestseller (de)	畅销书	chàngxiāo shū

woordenboek (het)	词典	cí diǎn
leerboek (het)	课本	kè běn
encyclopedie (de)	百科全书	bǎi kē quán shū

158. Jacht. Vissen.

jacht (de)	打猎	dǎ liè
jagen (ww)	打猎	dǎ liè
jager (de)	猎人	liè rén

schieten (ww)	射击	shè jī
geweer (het)	火枪	huǒ qiāng
patroon (de)	枪弹	qiāng dàn
hagel (de)	铅沙弹	qiān shā dàn

val (de)	陷阱	xiàn jǐng
valstrik (de)	罗网	luó wǎng
een val zetten	陷阱	xiàn jǐng
stroper (de)	偷猎者	tōu liè zhě
wild (het)	猎物	liè wù
jachthond (de)	猎犬	liè quǎn
safari (de)	游猎	yóu liè
opgezet dier (het)	动物标本	dòng wù biāo běn

visser (de)	渔夫	yú fū
visvangst (de)	钓鱼	diào yú
vissen (ww)	钓鱼	diào yú
hengel (de)	钓竿	diào gān
vislijn (de)	钓鱼线	diào yú xiàn
haak (de)	鱼钩	yú gōu
dobber (de)	浮漂	fú piāo
aas (het)	饵	ěr

de hengel uitwerpen	抛鱼线	pāo yú xiàn
bijten (ov. de vissen)	上钩	shàng gōu
vangst (de)	捕鱼总量	bǔ yú zǒng liàng
wak (het)	冰窟窿	bīng kūlong

net (het)	鱼网	yú wǎng
boot (de)	小船	xiǎo chuán
vissen met netten	用网捕	yòng wǎng bǔ
het net uitwerpen	撒鱼网	sā yú wǎng
het net binnenhalen	拉鱼网	lā yú wǎng

walvisvangst (de)	捕鲸者	bǔ jīng zhě
walvisvaarder (de)	捕鲸船	bǔ jīng chuán
harpoen (de)	大鱼叉	dà yú chā

159. Spellen. Biljart

| biljart (het) | 台球 | tái qiú |
| biljartzaal (de) | 台球室 | tái qiú shì |

biljartbal (de)	球	qiú
een bal in het gat jagen	进球	jìn qiú
keu (de)	台球杆	tái qiú gān
gat (het)	球袋	qiú dài

160. Spellen. Speelkaarten

ruiten (mv.)	红方块	hóng fāng kuài
schoppen (mv.)	黑挑	hēi tiǎo
klaveren (mv.)	红挑	hóng tiǎo
harten (mv.)	梅花	méi huā
aas (de)	A纸牌	A zhǐ pái
koning (de)	老K	lǎo kei
dame (de)	王后, Q	wáng hòu, kyu
boer (de)	杰克	jié kè
speelkaart (de)	纸牌	zhǐ pái
kaarten (mv.)	纸牌	zhǐ pái
troef (de)	王牌	wáng pái
pak (het) kaarten	一副纸牌	yī fù zhǐ pái
uitdelen (kaarten ~)	发牌	fā pái
schudden (de kaarten ~)	洗牌	xǐ pái
beurt (de)	一出	yīchū
valsspeler (de)	老千	lǎo qiān

161. Casino. Roulette

casino (het)	赌场	dǔ chǎng
roulette (de)	轮盘赌	lún pán dǔ
inzet (de)	赌注	dǔ zhù
een bod doen	下赌注	xià dǔ zhù
rood (de)	红色	hóng sè
zwart (de)	黑色	hēi sè
inzetten op rood	投注红色	tóu zhù hóng sè
inzetten op zwart	投注黑色	tóu zhù hēi sè
croupier (de)	庄荷	zhuāng hè
spelregels (mv.)	规则	guī zé
fiche (pokerfiche, etc.)	筹码	chóu mǎ
winnen (ww)	赢, 获胜	yíng, huò shèng
winst (de)	赢得的钱	yíng dé de qián
verliezen (ww)	输掉	shū diào
verlies (het)	损失	sǔn shī
speler (de)	赌徒	dǔ tú
blackjack (kaartspel)	二十一点	èrshí yī diǎn
dobbelspel (het)	骰子	tóu zi
speelautomaat (de)	老虎机	lǎo hǔ jī

162. Rusten. Spellen. Diversen

wandelen (on.ww.)	散步	sàn bù
wandeling (de)	散步	sàn bù
trip (per auto)	游玩	yóu wán
avontuur (het)	冒险	mào xiǎn
picknick (de)	野餐	yě cān
spel (het)	游戏	yóu xì
speler (de)	选手	xuǎn shǒu
partij (de)	一局，一盘	yī jú, yī pán
collectioneur (de)	收藏家	shōu cáng jiā
collectioneren (ww)	收藏	shōu cáng
collectie (de)	收藏品	shōu cáng pǐn
kruiswoordraadsel (het)	纵横字谜	zòng héng zì mí
hippodroom (de)	赛马场	sài mǎ chǎng
discotheek (de)	迪斯科舞厅	dí sī kē wǔ tīng
sauna (de)	蒸气浴	zhēng qì yù
loterij (de)	彩票	cǎi piào
trektocht (kampeertocht)	旅行	lǚ xíng
kamp (het)	野营地	yě yíng dì
tent (de)	帐篷	zhàng peng
kompas (het)	指南针	zhǐ nán zhēn
rugzaktoerist (de)	露营者	lù yíng zhě
bekijken (een film ~)	看	kàn
kijker (televisie~)	电视观众	diàn shì guān zhòng
televisie-uitzending (de)	电视节目	diàn shì jié mù

163. Fotografie

fotocamera (de)	照相机	zhào xiàng jī
foto (de)	照片	zhào piàn
fotograaf (de)	摄影师	shè yǐng shī
fotostudio (de)	照相馆	zhào xiàng guǎn
fotoalbum (het)	相册	xiàng cè
lens (de), objectief (het)	镜头	jìng tóu
telelens (de)	长焦镜头	cháng jiāo jìngtóu
filter (de/het)	滤镜	lǜ jìng
lens (de)	透镜	tòu jìng
optiek (de)	套机镜头	tào jī jìng tóu
diafragma (het)	光圈	guāng quān
belichtingstijd (de)	曝光时间	pù guāng shí jiān
zoeker (de)	取景器	qǔ jǐng qì
digitale camera (de)	数码相机	shù mǎ xiàng jī
statief (het)	三角架	sān jiǎo jià

flits (de)	闪光灯	shǎn guāng dēng
fotograferen (ww)	拍照	pāi zhào
kieken (foto's maken)	拍照	pāi zhào
zich laten fotograferen	照相	zhào xiàng

focus (de)	焦点	jiāo diǎn
scherpstellen (ww)	调整焦距	tiáo zhěng jiāo jù
scherp (bn)	清晰的	qīng xī de
scherpte (de)	清晰度	qīng xī dù

| contrast (het) | 反差 | fǎn chā |
| contrastrijk (bn) | 反差的 | fǎn chā de |

kiekje (het)	照片	zhào piàn
negatief (het)	负片	fù piàn
filmpje (het)	胶卷	jiāo juǎn
beeld (frame)	相框	xiàng kuàng
afdrukken (foto's ~)	打印	dǎ yìn

164. Strand. Zwemmen

strand (het)	沙滩	shā tān
zand (het)	沙, 沙子	shā, shā zi
leeg (~ strand)	沙漠的	shā mò de

bruine kleur (de)	晒黑	shài hēi
zonnebaden (ww)	晒黑	shài hēi
gebruind (bn)	晒黑的	shài hēi de
zonnecrème (de)	防晒油	fáng shài yóu

bikini (de)	比基尼	bǐjīní
badpak (het)	游泳衣	yóu yǒng yī
zwembroek (de)	游泳裤	yóu yǒng kù

zwembad (het)	游泳池	yóu yǒng chí
zwemmen (ww)	游泳	yóuyǒng
douche (de)	淋浴	lín yù
zich omkleden (ww)	换衣服	huàn yī fu
handdoek (de)	毛巾	máo jīn

| boot (de) | 小船 | xiǎo chuán |
| motorboot (de) | 汽艇 | qì tǐng |

waterski's (mv.)	滑水橇	huá shuǐ qiāo
waterfiets (de)	水上单车	shuǐ shàng dān chē
surfen (het)	冲浪	chōng làng
surfer (de)	冲浪者	chōng làng zhě

scuba, aqualong (de)	水肺	shuǐ fèi
zwemvliezen (mv.)	脚蹼	jiǎo pǔ
duikmasker (het)	潜水面罩	qián shuǐ miàn zhào
duiker (de)	潜水者	qián shuǐ zhě
duiken (ww)	跳水	tiào shuǐ
onder water (bw)	在水下	zài shuǐ xià

parasol (de)	太阳伞	tài yáng sǎn
ligstoel (de)	躺椅	tǎng yǐ
zonnebril (de)	太阳镜	tài yáng jìng
luchtmatras (de/het)	充气床垫	chōngqì chuángdiàn

| spelen (ww) | 玩 | wán |
| gaan zwemmen (ww) | 去游泳 | qù yóu yǒng |

bal (de)	沙滩球	shā tān qiú
opblazen (oppompen)	用泵	yòng bèng
lucht-, opblaasbare (bn)	可充气的	kě chōng qì de

golf (hoge ~)	波浪	bō làng
boei (de)	浮标	fú biāo
verdrinken (ww)	溺死	nì sǐ

redden (ww)	救出	jiù chū
reddingsvest (de)	救生衣	jiù shēng yī
waarnemen (ww)	观察	guān chá
redder (de)	救生员	jiù shēng yuán

TECHNISCHE APPARATUUR. VERVOER

Technische apparatuur

165. Computer

computer (de)	电脑	diàn nǎo
laptop (de)	笔记本电脑	bǐ jì běn diàn nǎo
aanzetten (ww)	打开	dǎ kāi
uitzetten (ww)	关	guān
toetsenbord (het)	键盘	jiàn pán
toets (enter~)	键	jiàn
muis (de)	鼠标	shǔ biāo
muismat (de)	鼠标垫	shǔ biāo diàn
knopje (het)	按钮	àn niǔ
cursor (de)	光标	guāng biāo
monitor (de)	监视器	jiān shì qì
scherm (het)	屏幕	píng mù
harde schijf (de)	硬盘	yìng pán
volume (het)	硬盘容量	yìng pán róngliàng
van de harde schijf		
geheugen (het)	内存	nèi cún
RAM-geheugen (het)	随机存储器	suí jī cún chǔ qì
bestand (het)	文件	wén jiàn
folder (de)	文件夹	wén jiàn jiā
openen (ww)	打开	dǎ kāi
sluiten (ww)	关闭	guān bì
opslaan (ww)	保存	bǎo cún
verwijderen (wissen)	删除	shān chú
kopiëren (ww)	复制	fù zhì
sorteren (ww)	排序	pái xù
overplaatsen (ww)	复制	fù zhì
programma (het)	程序	chéng xù
software (de)	软件	ruǎn jiàn
programmeur (de)	程序员	chéng xù yuán
programmeren (ww)	编制程序	biān zhì chéng xù
hacker (computerkraker)	黑客	hēi kè
wachtwoord (het)	密码	mì mǎ
virus (het)	病毒	bìng dú
ontdekken (virus ~)	发现	fā xiàn

| byte (de) | 字节 | zìjié |
| megabyte (de) | 兆字节 | zhào zìjié |

| data (de) | 数据 | shù jù |
| databank (de) | 数据库 | shù jù kù |

kabel (USB-~, enz.)	电缆	diàn lǎn
afsluiten (ww)	断开	duàn kāi
aansluiten op (ww)	连接	lián jiē

166. Internet. E-mail

internet (het)	因特网	yīn tè wǎng
browser (de)	浏览器	liú lǎn qì
zoekmachine (de)	搜索引擎	sōu suǒ yǐn qíng
internetprovider (de)	互联网服务供应商	hù lián wǎng fú wù gōng yìng shāng

webmaster (de)	网站管理员	wǎng zhàn guǎnlǐyuán
website (de)	网站	wǎng zhàn
webpagina (de)	网页	wǎng yè

| adres (het) | 地址 | dì zhǐ |
| adresboek (het) | 通讯录 | tōng xùn lù |

| postvak (het) | 邮箱 | yóu xiāng |
| post (de) | 邮件 | yóu jiàn |

bericht (het)	邮件消息	yóujiàn xiāoxi
verzender (de)	发信人	fā xìn rén
verzenden (ww)	发信	fā xìn
verzending (de)	发信	fā xìn
ontvanger (de)	收信人	shōu xìn rén
ontvangen (ww)	收到	shōu dào

| correspondentie (de) | 通信 | tōng xìn |
| corresponderen (met ...) | 通信 | tōng xìn |

bestand (het)	文件	wén jiàn
downloaden (ww)	下载	xià zǎi
creëren (ww)	创造	chuàng zào
verwijderen (een bestand ~)	删除	shān chú
verwijderd (bn)	删除的	shān chú de

verbinding (de)	连接	lián jiē
snelheid (de)	速度	sù dù
modem (de)	调制解调器	tiáo zhì jiě diào qì
toegang (de)	存取	cún qǔ
poort (de)	端口	duān kǒu

aansluiting (de)	连接	lián jiē
zich aansluiten (ww)	连接	lián jiē
selecteren (ww)	选	xuǎn
zoeken (ww)	搜寻	sōu xún

167. Elektriciteit

elektriciteit (de)	电	diàn
elektrisch (bn)	电动的	diàn dòng de
elektriciteitscentrale (de)	发电厂	fā diàn chǎng
energie (de)	电能	diàn néng
elektrisch vermogen (het)	电力	diàn lì
lamp (de)	灯泡	dēng pào
zaklamp (de)	手电筒	shǒu diàn tǒng
straatlantaarn (de)	路灯，街灯	lù dēng, jiē dēng
licht (elektriciteit)	电灯	diàn dēng
aandoen (ww)	打开	dǎ kāi
uitdoen (ww)	关	guān
het licht uitdoen	关灯	guān dēng
doorbranden (gloeilamp)	烧坏	shāo huài
kortsluiting (de)	短路	duǎn lù
onderbreking (de)	断线	duàn xiàn
contact (het)	触点	chù diǎn
schakelaar (de)	开关	kāi guān
stopcontact (het)	插座	chā zuò
stekker (de)	插头	chā tóu
verlengsnoer (de)	延长线	yán cháng xiàn
zekering (de)	保险丝	bǎo xiǎn sī
kabel (de)	电线	diàn xiàn
bedrading (de)	电气配线	diàn qì pèi xiàn
ampère (de)	安培	ān péi
stroomsterkte (de)	电流强度	diàn liú qiáng dù
volt (de)	伏，伏特	fú, fú tè
spanning (de)	伏特数	fú tè shù
elektrisch toestel (het)	电动仪器	diàn dòng yí qì
indicator (de)	指示灯	zhǐ shì dēng
elektricien (de)	电工	diàn gōng
solderen (ww)	焊接	hàn jiē
soldeerbout (de)	烙铁	lào tiě
stroom (de)	电流	diàn liú

168. Gereedschappen

werktuig (stuk gereedschap)	工具	gōng jù
gereedschap (het)	工具	gōng jù
uitrusting (de)	设备	shè bèi
hamer (de)	锤子	chuí zi
schroevendraaier (de)	螺丝刀	luó sī dāo
bijl (de)	斧子	fǔzi

zaag (de)	锯	jù
zagen (ww)	锯	jù
schaaf (de)	刨子	bào zi
schaven (ww)	刨，刨平	bào, páo píng
soldeerbout (de)	烙铁	lào tiě
solderen (ww)	焊接	hàn jiē
vijl (de)	锉刀	cuò dāo
nijptang (de)	胡桃钳	hú táo qián
combinatietang (de)	电工钳	diàn gōng qián
beitel (de)	凿子	záo zi
boorkop (de)	钻头	zuàn tóu
boormachine (de)	电钻	diàn zuàn
boren (ww)	钻	zuàn
mes (het)	刀，刀子	dāo, dāo zi
zakmes (het)	小折刀	xiǎo zhé dāo
knip- (abn)	折，折叠	zhé, zhé dié
lemmet (het)	刀刃	dāo rèn
scherp (bijv. ~ mes)	锋利的	fēng lì de
bot (bn)	钝的	dùn de
bot raken (ww)	变钝	biàn dùn
slijpen (een mes ~)	磨快	mó kuài
bout (de)	螺栓	luó shuān
moer (de)	螺帽	luó mào
schroefdraad (de)	螺纹	luó wén
houtschroef (de)	木螺钉	mù luó dīng
nagel (de)	钉子	dīng zi
kop (de)	钉头	dìng tóu
liniaal (de/het)	直尺	zhí chǐ
rolmeter (de)	卷尺	juǎn chǐ
waterpas (de/het)	水平尺	shuǐ píng chǐ
loep (de)	放大镜	fàng dà jìng
meetinstrument (het)	测量工具	cè liàng gōng jù
opmeten (ww)	测量	cè liáng
schaal (meetschaal)	标尺	biāo chǐ
gegevens (mv.)	读数	dú shù
compressor (de)	压气机	yā qì jī
microscoop (de)	显微镜	xiǎn wēi jìng
pomp (de)	气筒	qì tǒng
robot (de)	机器人	jī qì rén
laser (de)	激光器	jī guāng qì
moersleutel (de)	扳手	bān shǒu
plakband (de)	胶带	jiāo dài
lijm (de)	胶水	jiāo shuǐ
schuurpapier (het)	砂纸	shā zhǐ
veer (de)	弹簧	tán huáng

magneet (de)	磁石	cí shí
handschoenen (mv.)	手套	shǒu tào
touw (bijv. henneptouw)	绳子	shéng zi
snoer (het)	线绳	xiàn shéng
draad (de)	电线	diàn xiàn
kabel (de)	电缆	diàn lǎn
moker (de)	大锤	dà chuí
breekijzer (het)	铁撬棍	tiě qiào gùn
ladder (de)	伸缩梯	shēn suō tī
trapje (inklapbaar ~)	折梯	zhé tī
aanschroeven (ww)	拧紧	nǐng jǐn
losschroeven (ww)	拧开	nǐng kāi
dichtpersen (ww)	拧紧	nǐng jǐn
vastlijmen (ww)	贴	tiē
snijden (ww)	切	qiē
defect (het)	毛病	máo bìng
reparatie (de)	修理	xiū lǐ
repareren (ww)	修理	xiū lǐ
regelen (een machine ~)	调整	tiáo zhěng
nakijken (ww)	检查	jiǎn chá
controle (de)	检查	jiǎn chá
gegevens (mv.)	读数	dú shù
degelijk (bijv. ~ machine)	可靠的	kě kào de
ingewikkeld (bn)	复杂的	fù zá de
roesten (ww)	生锈	shēng xiù
roestig (bn)	生锈的	shēng xiù de
roest (de/het)	锈	xiù

Vervoer

169. Vliegtuig

vliegtuig (het)	飞机	fēijī
vliegticket (het)	飞机票	fēijī piào
luchtvaartmaatschappij (de)	航空公司	hángkōng gōngsī
luchthaven (de)	机场	jī chǎng
supersonisch (bn)	超音速的	chāo yīn sù de
gezagvoerder (de)	机长	jī zhǎng
bemanning (de)	机组	jī zǔ
piloot (de)	飞行员	fēi xíng yuán
stewardess (de)	空姐	kōng jiě
stuurman (de)	领航员	lǐng háng yuán
vleugels (mv.)	机翼	jī yì
staart (de)	机尾	jī wěi
cabine (de)	座舱	zuò cāng
motor (de)	发动机	fā dòng jī
landingsgestel (het)	起落架	qǐ luò jià
turbine (de)	涡轮	wō lún
propeller (de)	螺旋桨	luó xuán jiǎng
zwarte doos (de)	黑匣子	hēi xiá zi
stuur (het)	飞机驾驶盘	fēijī jiàshǐpán
brandstof (de)	燃料	rán liào
veiligheidskaart (de)	指南	zhǐ nán
zuurstofmasker (het)	氧气面具	yǎngqì miànjù
uniform (het)	制服	zhì fú
reddingsvest (de)	救生衣	jiù shēng yī
parachute (de)	降落伞	jiàng luò sǎn
opstijgen (het)	起飞	qǐ fēi
opstijgen (ww)	起飞	qǐ fēi
startbaan (de)	跑道	pǎo dào
zicht (het)	可见度	kě jiàn dù
vlucht (de)	飞行	fēi xíng
hoogte (de)	高度	gāo dù
luchtzak (de)	气潭	qì tán
plaats (de)	座位	zuò wèi
koptelefoon (de)	耳机	ěr jī
tafeltje (het)	折叠托盘	zhé dié tuō pán
venster (het)	舷窗，机窗	xián chuāng, jī chuāng
gangpad (het)	过道	guò dào

170. Trein

trein (de)	火车	huǒ chē
elektrische trein (de)	电动火车	diàndòng huǒ chē
sneltrein (de)	快车	kuài chē
diesellocomotief (de)	内燃机车	nèiránjī chē
locomotief (de)	蒸汽机车	zhēngqìjī chē
rijtuig (het)	铁路客车	tiě lù kè chē
restauratierijtuig (het)	餐车	cān chē
rails (mv.)	铁轨	tiě guǐ
spoorweg (de)	铁路	tiě lù
dwarsligger (de)	枕木	zhěn mù
perron (het)	月台	yuè tái
spoor (het)	月台	yuè tái
semafoor (de)	臂板信号机	bìbǎn xìnhào jī
halte (bijv. kleine treinhalte)	火车站	huǒ chē zhàn
machinist (de)	火车司机	huǒ chē sī jī
kruier (de)	搬运工	bān yùn gōng
conducteur (de)	列车员	liè chē yuán
passagier (de)	乘客	chéng kè
controleur (de)	列车员	liè chē yuán
gang (in een trein)	走廊	zǒu láng
noodrem (de)	紧急制动器	jǐn jí zhì dòng qì
coupé (de)	包房	bāo fáng
bed (slaapplaats)	卧铺	wò pù
bovenste bed (het)	上铺	shàng pù
onderste bed (het)	下铺	xià pù
beddengoed (het)	被单	bèi dān
kaartje (het)	票	piào
dienstregeling (de)	列车时刻表	lièchē shíkèbiǎo
informatiebord (het)	时刻表	shí kè biǎo
vertrekken	离开	lí kāi
(De trein vertrekt ...)		
vertrek (ov. een trein)	发车	fā chē
aankomen (ov. de treinen)	到达	dào dá
aankomst (de)	到达	dào dá
aankomen per trein	乘坐火车抵达	chéngzuò huǒchē dǐdá
in de trein stappen	上车	shàng chē
uit de trein stappen	下车	xià chē
locomotief (de)	蒸汽机车	zhēngqìjī chē
stoker (de)	添煤工	tiān méi gōng
stookplaats (de)	火箱	huǒ xiāng
steenkool (de)	煤炭	méi tàn

171. Schip

schip (het)	大船	dà chuán
vaartuig (het)	船	chuán
stoomboot (de)	汽船	qì chuán
motorschip (het)	江轮	jiāng lún
lijnschip (het)	远洋班轮	yuǎn yáng bān lún
kruiser (de)	巡洋舰	xún yáng jiàn
jacht (het)	快艇	kuài tǐng
sleepboot (de)	拖轮	tuō lún
duwbak (de)	驳船	bó chuán
ferryboot (de)	渡轮，渡船	dù lún, dù chuán
zeilboot (de)	帆船	fān chuán
brigantijn (de)	双桅帆船	shuāng wéi fān chuán
IJsbreker (de)	破冰船	pò bīng chuán
duikboot (de)	潜水艇	qián shuǐ tǐng
boot (de)	小船	xiǎo chuán
sloep (de)	小艇	xiǎo tǐng
reddingssloep (de)	救生艇	jiù shēng tǐng
motorboot (de)	汽艇	qì tǐng
kapitein (de)	船长，舰长	chuán zhǎng, jiàn zhǎng
zeeman (de)	水手	shuǐ shǒu
matroos (de)	海员	hǎi yuán
bemanning (de)	船员	chuán yuán
bootsman (de)	水手长	shuǐ shǒu zhǎng
scheepsjongen (de)	小水手	xiǎo shuǐ shǒu
kok (de)	船上厨师	chuánshàng chúshī
scheepsarts (de)	随船医生	suí chuán yī shēng
dek (het)	甲板	jiǎ bǎn
mast (de)	桅	wéi
zeil (het)	帆	fān
ruim (het)	货舱	huò cāng
voorsteven (de)	船头	chuán tóu
achtersteven (de)	船尾	chuán wěi
roeispaan (de)	桨	jiǎng
schroef (de)	螺旋桨	luó xuán jiǎng
kajuit (de)	小舱	xiǎo cāng
officierskamer (de)	旅客休息室	lǚkè xiū xī shì
machinekamer (de)	轮机舱	lún jī cāng
brug (de)	舰桥	jiàn qiáo
radiokamer (de)	无线电室	wú xiàn diàn shì
radiogolf (de)	波	bō
logboek (het)	航海日志	háng hǎi rì zhì
verrekijker (de)	单筒望远镜	dān tǒng wàng yuǎn jìng
klok (de)	钟	zhōng

vlag (de)	旗	qí
kabel (de)	缆绳	lǎn shéng
knoop (de)	结	jié
trapleuning (de)	栏杆	lán gān
trap (de)	舷梯	xián tī
anker (het)	锚	máo
het anker lichten	起锚	qǐ máo
het anker neerlaten	抛锚	pāo máo
ankerketting (de)	锚链	máo liàn
haven (bijv. containerhaven)	港市	gǎng shì
kaai (de)	码头	mǎ tóu
aanleggen (ww)	系泊	jì bó
wegvaren (ww)	启航	qǐ háng
reis (de)	旅行	lǚ xíng
cruise (de)	航游	háng yóu
koers (de)	航向	háng xiàng
route (de)	航线	háng xiàn
vaarwater (het)	水路	shuǐ lù
zandbank (de)	浅水	qiǎn shuǐ
stranden (ww)	搁浅	gē qiǎn
storm (de)	风暴	fēng bào
signaal (het)	信号	xìn hào
zinken (ov. een boot)	沉没	chén mò
SOS (noodsignaal)	求救信号	qiú jiù xìn hào
reddingsboei (de)	救生圈	jiù shēng quān

172. Vliegveld

luchthaven (de)	机场	jī chǎng
vliegtuig (het)	飞机	fēijī
luchtvaartmaatschappij (de)	航空公司	hángkōng gōngsī
luchtverkeersleider (de)	调度员	diào dù yuán
vertrek (het)	出发	chū fā
aankomst (de)	到达	dào dá
aankomen (per vliegtuig)	到达	dào dá
vertrektijd (de)	起飞时间	qǐ fēi shíjiān
aankomstuur (het)	到达时间	dào dá shíjiān
vertraagd zijn (ww)	晚点	wǎn diǎn
vluchtvertraging (de)	班机晚点	bān jī wǎn diǎn
informatiebord (het)	航班信息板	háng bān xìn xī bǎn
informatie (de)	信息	xìn xī
aankondigen (ww)	通知	tōng zhī
vlucht (bijv. KLM ~)	航班, 班机	háng bān, bān jī
douane (de)	海关	hǎi guān

douanier (de)	海关人员	hǎi guān rényuán
douaneaangifte (de)	报关单	bào guān dān
een douaneaangifte invullen	填报关单	tián bào guān dān
paspoortcontrole (de)	护照检查	hùzhào jiǎnchá

bagage (de)	行李	xíng li
handbagage (de)	手提行李	shǒu tí xíng li
Gevonden voorwerpen	失物招领	shī wù zhāo lǐng
bagagekarretje (het)	行李车	xíng li chē

landing (de)	着陆	zhuó lù
landingsbaan (de)	跑道	pǎo dào
landen (ww)	着陆	zhuó lù
vliegtuigtrap (de)	舷梯	xián tī

inchecken (het)	办理登机	bàn lǐ dēng jī
incheckbalie (de)	办理登机手续处	bàn lǐ dēng jī shǒu xù chù
inchecken (ww)	登记	dēng jì
instapkaart (de)	登机牌	dēng jī pái
gate (de)	登机口	dēng jī kǒu

transit (de)	中转	zhōng zhuǎn
wachten (ww)	等候	děng hòu
wachtzaal (de)	出发大厅	chū fā dà tīng
begeleiden (uitwuiven)	送别	sòng bié
afscheid nemen (ww)	说再见	shuō zài jiàn

173. Fiets. Motorfiets

fiets (de)	自行车	zìxíngchē
bromfiets (de)	小轮摩托车	xiǎolún mótuōchē
motorfiets (de)	摩托车	mó tuō chē

met de fiets rijden	骑自行车去	qí zìxíngchē qù
stuur (het)	车把	chē bǎ
pedaal (de/het)	脚蹬	jiǎo dēng
remmen (mv.)	刹车	shā chē
fietszadel (de/het)	车座	chē zuò

pomp (de)	气筒	qì tǒng
bagagedrager (de)	后货架	hòu huò jià
fietslicht (het)	前灯	qián dēng
helm (de)	头盔	tóu kuī

wiel (het)	轮子	lún zi
spatbord (het)	挡泥板	dǎng ní bǎn
velg (de)	轮圈	lún quān
spaak (de)	辐条	fú tiáo

Auto's

174. Soorten auto's

| auto (de) | 汽车 | qì chē |
| sportauto (de) | 跑车 | pǎo chē |

limousine (de)	高级轿车	gāo jí jiào chē
terreinwagen (de)	越野车	yuè yě chē
cabriolet (de)	敞篷车	bì péng chē
minibus (de)	面包车	miàn bāo chē

| ambulance (de) | 救护车 | jiù hù chē |
| sneeuwruimer (de) | 扫雪车 | sǎo xuě chē |

vrachtwagen (de)	卡车	kǎ chē
tankwagen (de)	运油车	yùn yóu chē
bestelwagen (de)	厢式货车	xiāng shì huò chē
trekker (de)	牵引车	qiān yǐn chē
aanhangwagen (de)	拖车	tuō chē

| comfortabel (bn) | 舒适的 | shū shì de |
| tweedehands (bn) | 二手的 | èr shǒu de |

175. Auto's. Carrosserie

motorkap (de)	发动机罩	fā dòng jī zhào
spatbord (het)	挡泥板	dǎng ní bǎn
dak (het)	车顶	chē dǐng

voorruit (de)	挡风玻璃	dǎng fēng bōli
achterruit (de)	后视镜	hòu shì jìng
ruitensproeier (de)	挡风玻璃清洗	dǎng fēng bōli qīng xǐ
wisserbladen (mv.)	雨刷	yǔ shuā

zijruit (de)	侧窗	cè chuāng
raamlift (de)	窗升降机	chuāng shēng jiàng jī
antenne (de)	天线	tiān xiàn
zonnedak (het)	顶窗	dǐng chuāng

bumper (de)	保险杠	bǎo xiǎn gàng
koffer (de)	背箱	bēi xiāng
portier (het)	门	mén
handvat (het)	门把手	mén bǎ shǒu
slot (het)	门锁	mén suǒ

| nummerplaat (de) | 牌照 | pái zhào |
| knalpot (de) | 消音器 | xiāo yīn qì |

benzinetank (de)	汽油箱	qì yóu xiāng
uitlaatpijp (de)	排气尾管	pái qì wěi guǎn
gas (het)	油门	yóu mén
pedaal (de/het)	踏板	tà bǎn
gaspedaal (de/het)	加油踏板	jiāyóu tàbǎn
rem (de)	刹车	shā chē
rempedaal (de/het)	刹车踏板	shā chē tà bǎn
remmen (ww)	刹车	shā chē
handrem (de)	手刹	shǒu chà
koppeling (de)	离合器	líhéqì
koppelingspedaal (de/het)	离合器踏板	líhéqì tàbǎn
koppelingsschijf (de)	离合器圆盘	líhéqì yuánpán
schokdemper (de)	减震器	jiǎn zhèn qì
wiel (het)	轮	lún
reservewiel (het)	备用轮胎	bèi yòng lún tāi
wieldop (de)	轮圈盖	lún quān gài
aandrijfwielen (mv.)	传动轮	chuán dòng lún
met voorwielaandrijving	前轮驱动	qián lún qū dòng
met achterwielaandrijving	后轮驱动	hòu lún chuán dòng
met vierwielaandrijving	全轮驱动	quán lún qū dòng
versnellingsbak (de)	变速箱	biàn sù xiāng
automatisch (bn)	自动	zì dòng
mechanisch (bn)	机械式	jī xiè shì
versnellingspook (de)	变速杆	biàn sù gǎn
voorlicht (het)	前灯	qián dēng
voorlichten (mv.)	前灯	qián dēng
dimlicht (het)	近灯	jìn dēng
grootlicht (het)	远光灯	yuǎn guāng dēng
stoplicht (het)	刹车灯	shā chē dēng
standlichten (mv.)	位置灯	wèi shi dēng
noodverlichting (de)	危险信号灯	wēi xiǎn xìn hào dēng
mistlichten (mv.)	雾灯	wù dēng
pinker (de)	转向灯	zhuǎi xiàng dēng
achteruitrijdlicht (het)	倒车灯	dào chē dēng

176. Auto's. Passagiersruimte

interieur (het)	乘客室	chéng kè shì
leren (van leer gemaak)	皮革 … , 皮的	pí gé …, pí de
fluwelen (abn)	丝绒的	sī róng de
bekleding (de)	座椅套	zuò yǐ tào
toestel (het)	仪表	yí biǎo
instrumentenbord (het)	仪表板	yí biǎo bǎn
snelheidsmeter (de)	速度计	sù dù jì

pijltje (het)	针	zhēn
kilometerteller (de)	里程表	lǐ chéng biǎo
sensor (de)	指示灯	zhǐ shì dēng
niveau (het)	液位	yè wèi
controlelampje (het)	指示灯	zhǐ shì dēng

stuur (het)	方向盘	fāng xiàng pán
toeter (de)	喇叭	lǎ ba
knopje (het)	按钮	àn niǔ
schakelaar (de)	开关	kāi guān

stoel (bestuurders~)	座	zuò
rugleuning (de)	靠背	kào bèi
hoofdsteun (de)	头枕	tóu zhěn
veiligheidsgordel (de)	安全带	ān quán dài
de gordel aandoen	系上安全带	jìshang ān quán dài
regeling (de)	调整	tiáo zhěng

| airbag (de) | 安全气袋 | ān quán qì dài |
| airconditioner (de) | 空调 | kōng tiáo |

radio (de)	汽车音响	qì chē yīn xiǎng
CD-speler (de)	CD播放器	cidi bōfàngqì
aanzetten (bijv. radio ~)	打开	dǎ kāi
antenne (de)	天线	tiān xiàn
handschoenenkastje (het)	手套箱	shǒu tào xiāng
asbak (de)	烟灰缸	yān huī gāng

177. Auto's. Motor

motor (de)	发动机	fā dòng jī
diesel- (abn)	柴油 …	chái yóu …
benzine- (~motor)	汽油 …	qì yóu …

motorinhoud (de)	发动机体积	fādòngjī tǐjī
vermogen (het)	功率	gōng lǜ
paardenkracht (de)	马力	mǎ lì
zuiger (de)	活塞	huó sāi
cilinder (de)	汽缸	qì gāng
klep (de)	气门	qì mén

injectie (de)	注射器	zhù shè qì
generator (de)	发电机	fā diàn jī
carburator (de)	汽化器	qì huà qì
motorolie (de)	机油	jī yóu

radiator (de)	散热器	sàn rè qì
koelvloeistof (de)	冷却液	lěng què yè
ventilator (de)	冷却风扇	lěngquè fēng shàn

accu (de)	蓄电池	xù diàn chí
starter (de)	起动机	qǐ dòng jī
contact (ontsteking)	点火装置	diǎn huǒ zhuāng zhì
bougie (de)	火花塞	huǒ huā sāi

pool (de)	端子	duān zi
positieve pool (de)	加号	jiā hào
negatieve pool (de)	减号	jiǎn hào
zekering (de)	保险丝	bǎo xiǎn sī

luchtfilter (de)	空气滤清器	kōngqì lǚqīngqì
oliefilter (de)	机油滤清器	jīyóu lǚqīngqì
benzinefilter (de)	燃料滤清器	ránliào lǚqīngqì

178. Auto's. Botsing. Reparatie

auto-ongeval (het)	车祸	chē huò
verkeersongeluk (het)	车祸	chē huò
aanrijden	撞上 ⋯	zhuàng shàng …
(tegen een boom, enz.)		
verongelukken (ww)	出事故	chū shì gù
beschadiging (de)	损坏	sǔn huài
heelhuids (bn)	完好无损	wán hǎo wú sǔn

| kapot gaan (zijn gebroken) | 出毛病 | chū máo bìng |
| sleeptouw (het) | 拖缆 | tuō lǎn |

lek (het)	扎破	zhā pò
lekke krijgen (band)	漏气	lòu qì
oppompen (ww)	充气，打气	chōng qì, dǎ qì
druk (de)	压力	yā lì
checken (controleren)	检查	jiǎn chá

reparatie (de)	修理	xiū lǐ
garage (de)	汽车修理厂	qì chē xiū lǐ chǎng
wisselstuk (het)	零件	líng jiàn
onderdeel (het)	部件	bù jiàn

bout (de)	螺栓	luó shuān
schroef (de)	螺钉	luó dīng
moer (de)	螺帽	luó mào
sluitring (de)	垫片	diàn piàn
kogellager (de/het)	轴承	zhóu chéng

pijp (de)	管	guǎn
pakking (de)	垫圈	diàn quān
kabel (de)	电线	diàn xiàn

dommekracht (de)	千斤顶	qiān jīn dǐng
moersleutel (de)	扳手	bān shǒu
hamer (de)	锤子	chuí zi
pomp (de)	气筒	qì tǒng
schroevendraaier (de)	螺丝刀	luó sī dāo

| brandblusser (de) | 灭火器 | miè huǒ qì |
| gevarendriehoek (de) | 三角警告牌 | sān jiǎo jǐng gào pái |

| afslaan | 突然熄火 | tū rán xī huǒ |
| (ophouden te werken) | | |

| uitvallen (het) | 突然熄火 | tū rán xī huǒ |
| zijn gebroken | 抛锚 | pāo máo |

oververhitten (ww)	变得过热	biànde guò rè
verstopt raken (ww)	堵塞	dǔ sè
bevriezen (autodeur, enz.)	结冰	jié bīng
barsten (leidingen, enz.)	胀破	zhàng pò

druk (de)	压力	yā lì
niveau (bijv. olieniveau)	液位	yè wèi
slap (de drijfriem is ~)	松弛的	sōng chí de

deuk (de)	凹痕	āo hén
geklop (vreemde geluiden)	敲缸	qiāo gāng
barst (de)	裂纹	liè wén
kras (de)	划痕	huà hén

179. Auto's. Weg

weg (de)	路	lù
autoweg (de)	公路	gōng lù
richting (de)	方向	fāng xiàng
afstand (de)	距离	jùlí

brug (de)	桥	qiáo
parking (de)	停车场	tíng chē cháng
plein (het)	广场	guǎng chǎng
verkeersknooppunt (het)	互通式立交桥	hù tōng shì lì jiāo qiáo
tunnel (de)	隧道	suì dào

benzinestation (het)	加油站	jiā yóu zhàn
parking (de)	停车场	tíng chē cháng
benzinepomp (de)	气体泵	qì tǐ bèng
garage (de)	汽车修理厂	qì chē xiū lǐ chǎng
tanken (ww)	加汽油	jiā qì yóu
brandstof (de)	燃料	rán liào
jerrycan (de)	汽油罐	qì yóu guàn

asfalt (het)	柏油	bǎi yóu
markering (de)	道路标记	dào lù biāo jì
trottoirband (de)	路缘	lù yuán
geleiderail (de)	高速路护栏	gāo sù lù hù lán
greppel (de)	边沟	biān gōu
vluchtstrook (de)	路边	lù biān
lichtmast (de)	路灯，街灯	lù dēng, jiē dēng

besturen (een auto ~)	开车	kāi chē
afslaan (naar rechts ~)	转弯	zhuǎn wān
U-bocht maken (ww)	掉头	diào tóu
achteruit (de)	倒车档	dào chē dàng

toeteren (ww)	鸣笛	míng dí
toeter (de)	汽车喇叭声	qìchē lǎ ba shēng
vastzitten (in modder)	泥沼	ní zhǎo

| spinnen (wielen gaan ~) | 空转 | kōng zhuàn |
| uitzetten (ww) | 停止 | tíng zhǐ |

| snelheid (de) | 速度 | sù dù |
| een snelheidsovertreding maken | 超速 | chāo sù |

bekeuren (ww)	罚款	fá kuǎn
verkeerslicht (het)	红绿灯	hóng lǜ dēng
rijbewijs (het)	驾驶证	jià shǐ zhèng

overgang (de)	平交道	píng jiāo dào
kruispunt (het)	十字路口	shí zì lù kǒu
zebrapad (oversteekplaats)	人行横道	rén xíng héng dào
bocht (de)	转弯	zhuǎn wān
voetgangerszone (de)	步行区	bù xíng qū

180. Verkeersborden

verkeersregels (mv.)	交通规则	jiāotōng guīzé
verkeersbord (het)	标志	biāo zhì
inhalen (het)	超车	chāo chē
bocht (de)	转弯	zhuǎn wān
U-bocht, kering (de)	掉头	diào tóu
Rotonde (de)	环形交叉口	huánxíng jiāochā kǒu

Verboden richting	禁止驶入	jìnzhǐ shǐ rù
Verboden toegang	禁止通行	jìnzhǐ tōng xíng
Inhalen verboden	禁止超车	jìnzhǐ chāochē
Parkeerverbod	禁止停车	jìnzhǐ tíngchē
Verbod stil te staan	禁止停放	jìnzhǐ tíng fàng

Gevaarlijke bocht	向右急弯路	xiàng yòu jí wān lù
Gevaarlijke daling	陡坡	dǒu pō
Eenrichtingsweg	单向行驶	dān xiàng xíng shǐ
Voetgangers	人行横道	rén xíng héng dào
Slipgevaar	小心路滑	xiǎo xīn lù huá
Voorrang verlenen	让路	ràng lù

MENSEN. GEBEURTENISSEN IN HET LEVEN

Gebeurtenissen in het leven

181. Vakanties. Evenement

feest (het)	庆典	qìng diǎn
nationale feestdag (de)	国家假日	guó jiā jià rì
feestdag (de)	公休假日	gōng xiū jià rì
herdenken (ww)	庆祝	qìng zhù
gebeurtenis (de)	事件	shì jiàn
evenement (het)	活动	huó dòng
banket (het)	宴会	yàn huì
receptie (de)	招待会	zhāo dài huì
feestmaal (het)	酒宴	jiǔ yàn
verjaardag (de)	周年	zhōu nián
jubileum (het)	周年纪念	zhōu nián jì niàn
vieren (ww)	庆祝	qìng zhù
Nieuwjaar (het)	新年	xīn nián
Gelukkig Nieuwjaar!	新年快乐!	xīn nián kuài lè!
Kerstfeest (het)	圣诞节	shèng dàn jié
Vrolijk kerstfeest!	圣诞 快乐!	shèng dàn kuài lè!
kerstboom (de)	圣诞树	shèng dàn shù
vuurwerk (het)	焰火	yàn huǒ
bruiloft (de)	婚礼	hūn lǐ
bruidegom (de)	新郎	xīn láng
bruid (de)	新娘	xīn niáng
uitnodigen (ww)	邀请	yāo qǐng
uitnodiging (de)	邀请	yāo qǐng
gast (de)	客人	kè rén
op bezoek gaan	做客	zuò kè
gasten verwelkomen	迎接客人	yíng jiē kè rén
geschenk, cadeau (het)	礼物	lǐ wù
geven (iets cadeau ~)	赠送	zèng sòng
geschenken ontvangen	收到礼物	shōu dào lǐ wù
boeket (het)	花束	huā shù
felicitaties (mv.)	祝贺	zhù hè
feliciteren (ww)	祝贺	zhù hè
wenskaart (de)	贺年片	hènián piàn
een kaartje versturen	寄明信片	jì míngxìn piàn

een kaartje ontvangen	收明信片	shōu míngxìn piàn
toast (de)	祝酒	zhù jiǔ
aanbieden (een drankje ~)	给	gěi
champagne (de)	香槟	xiāng bīn

plezier hebben (ww)	乐趣	lè qù
plezier (het)	娱乐	yú lè
vreugde (de)	欢欣	huān xīn

| dans (de) | 舞蹈 | wǔ dǎo |
| dansen (ww) | 跳舞 | tiào wǔ |

| wals (de) | 华尔兹 | huá ěr zī |
| tango (de) | 探戈舞 | tàn gē wǔ |

182. Begrafenissen. Begrafenis

kerkhof (het)	墓地	mùdì
graf (het)	墓穴	mù xué
grafsteen (de)	墓碑	mù bēi
omheining (de)	围栏	wéi lán
kapel (de)	小教堂	xiǎo jiào táng

dood (de)	死亡	sǐ wáng
sterven (ww)	死，死亡	sǐ, sǐ wáng
overledene (de)	死人	sǐ rén
rouw (de)	哀悼日	āi dào rì

begraven (ww)	埋葬	mái zàng
begrafenisonderneming (de)	殡仪馆	bìn yí guǎn
begrafenis (de)	葬礼	zàng lǐ

krans (de)	花圈	huā quān
doodskist (de)	棺材	guān cái
lijkwagen (de)	灵车	líng chē
lijkkleed (de)	裹尸布	guǒ shī bù

| urn (de) | 骨灰罐 | gǔ huī guàn |
| crematorium (het) | 火葬场 | huǒ zàng chǎng |

overlijdensbericht (het)	讣告，讣闻	fù gào, fù wén
huilen (wenen)	哭	kū
snikken (huilen)	啜泣	chuò qì

183. Oorlog. Soldaten

peloton (het)	排	pái
compagnie (de)	连	lián
regiment (het)	团	tuán
leger (armee)	军	jūn
divisie (de)	师	shī
sectie (de)	小分队	xiǎo fēn duì

troep (de)	军队	jūn duì
soldaat (militair)	士兵	shì bīng
officier (de)	军官	jūn guān

soldaat (rang)	士兵，列兵	shìbīng, lièbīng
sergeant (de)	中士	zhōng shì
luitenant (de)	中尉	zhōng wèi
kapitein (de)	上尉	shàng wèi
majoor (de)	少校	shào xiào
kolonel (de)	上校	shàng xiào
generaal (de)	将军	jiāng jūn

matroos (de)	水兵	shuǐ bīng
kapitein (de)	上尉	shàng wèi
bootsman (de)	水手长	shuǐ shǒu zhǎng

artillerist (de)	炮兵	pào bīng
valschermjager (de)	伞兵	sǎn bīng
piloot (de)	飞行员	fēi xíng yuán
stuurman (de)	领航员	lǐng háng yuán
mecanicien (de)	机修工	jī xiū gōng

sappeur (de)	工兵	gōng bīng
parachutist (de)	伞兵	sǎn bīng
verkenner (de)	侦察兵	zhēn chá bīng
scherpschutter (de)	狙击手	jū jī shǒu

patrouille (de)	巡逻队	xún luó duì
patrouilleren (ww)	巡逻	xún luó
wacht (de)	哨兵	shào bīng

krijger (de)	勇士	yǒng shì
held (de)	英雄	yīng xióng
heldin (de)	女英雄	nǚ yīng xióng
patriot (de)	爱国者	ài guó zhě

verrader (de)	叛徒	pàn tú
deserteur (de)	逃兵	táo bīng
deserteren (ww)	擅离	shàn lí

huurling (de)	雇佣兵	gù yōng bīng
rekruut (de)	新兵	xīn bīng
vrijwilliger (de)	志愿兵	zhì yuàn bīng

gedode (de)	死者	sǐ zhě
gewonde (de)	伤员	shāng yuán
krijgsgevangene (de)	战俘	zhàn fú

184. Oorlog. Militaire acties. Deel 1

oorlog (de)	战争	zhàn zhēng
oorlog voeren (ww)	开战	kāi zhàn
burgeroorlog (de)	内战	nèi zhàn
achterbaks (bw)	背信弃义地	bèi xìn qì yì de

oorlogsverklaring (de)	宣战	xuān zhàn
verklaren (de oorlog ~)	宣战	xuān zhàn
agressie (de)	侵略	qīn lüè
aanvallen (binnenvallen)	侵略	qīn lüè
binnenvallen (ww)	侵略	qīn lüè
invaller (de)	侵略者	qīn lüè zhě
veroveraar (de)	征服者	zhēng fú zhě
verdediging (de)	国防	guó fáng
verdedigen (je land ~)	保卫	bǎo wèi
zich verdedigen (ww)	保卫	bǎo wèi
vijand, tegenstander (de)	敌人	dí rén
vijandelijk (bn)	敌人的	dí rén de
strategie (de)	战略	zhàn lüè
tactiek (de)	战术	zhàn shù
order (de)	命令	mìng lìng
bevel (het)	命令	mìng lìng
bevelen (ww)	命令	mìng lìng
opdracht (de)	任务	rèn wu
geheim (bn)	秘密的	mì mì de
veldslag (de)	会战	huì zhàn
strijd (de)	战斗	zhàn dòu
aanval (de)	袭击	xí jī
bestorming (de)	攻陷, 猛攻	gōng xiàn, měng gōng
bestormen (ww)	猛攻	měng gōng
bezetting (de)	包围	bāo wéi
aanval (de)	进攻	jìn gōng
in het offensief te gaan	进攻	jìn gōng
terugtrekking (de)	退却	tuì què
zich terugtrekken (ww)	退却	tuì què
omsingeling (de)	包围	bāo wéi
omsingelen (ww)	包围	bāo wéi
bombardement (het)	轰炸	hōng zhà
een bom gooien	投弹	tóu dàn
bombarderen (ww)	轰炸	hōng zhà
ontploffing (de)	爆炸	bào zhà
schot (het)	射击	shè jī
een schot lossen	射击	shè jī
schieten (het)	枪击事件	qiāng jī shì jiàn
mikken op (ww)	瞄准	miáo zhǔn
aanleggen (een wapen ~)	瞄准	miáo zhǔn
treffen (doelwit ~)	击中	jī zhòng
zinken (tot zinken brengen)	击沉	jī chén
kogelgat (het)	洞	dòng

zinken (gezonken zijn)	沉没	chén mò
front (het)	前线	qián xiàn
hinterland (het)	后方	hòu fāng
evacuatie (de)	疏散	shū sàn
evacueren (ww)	疏散	shū sàn

prikkeldraad (de)	倒钩铁丝	dǎo gōu tiě sī
verdedigingsobstakel (het)	障碍物	zhàng ài wù
wachttoren (de)	岗楼	gǎng lóu

hospitaal (het)	医院	yī yuàn
verwonden (ww)	打伤	dǎ shāng
wond (de)	伤口	shāng kǒu
gewonde (de)	伤员	shāng yuán
gewond raken (ww)	受伤	shòu shāng
ernstig (~e wond)	严重的	yán zhòng de

185. Oorlog. Militaire acties. Deel 2

krijgsgevangenschap (de)	囚禁	qiú jìn
krijgsgevangen nemen	俘房	fúlǔ
krijgsgevangene zijn	当 … 俘房	dāng … fúlǔ
krijgsgevangen genomen worden	被 … 俘房	bèi … fúlǔ

concentratiekamp (het)	集中营	jí zhōng yíng
krijgsgevangene (de)	战俘	zhàn fú
vluchten (ww)	逃脱	táo tuō

verraden (ww)	背叛	bèi pàn
verrader (de)	叛徒	pàn tú
verraad (het)	背叛	bèi pàn

| fusilleren (executeren) | 枪决 | qiāng jué |
| executie (de) | 枪毙 | qiāng bì |

uitrusting (de)	制服	zhì fú
schouderstuk (het)	肩章	jiān zhāng
gasmasker (het)	防毒面具	fáng dú miàn jù

portofoon (de)	无线电台	wú xiàn diàn tái
geheime code (de)	密码	mì mǎ
samenzwering (de)	秘密活动	mì mì huó dòng
wachtwoord (het)	口令	kǒu lìng

mijn (landmijn)	地雷	dì léi
ondermijnen (legden mijnen)	布雷	bù léi
mijnenveld (het)	地雷区	dì léi qū

luchtalarm (het)	防空警报	fáng kōng jǐng bào
alarm (het)	警报	jǐng bào
signaal (het)	信号	xìn hào
vuurpijl (de)	信号弹	xìn hào dàn
staf (generale ~)	司令部	sī lìng bù

verkenningstocht (de)	侦察	zhēn chá
toestand (de)	情况	qíng kuàng
rapport (het)	报告	bào gào
hinderlaag (de)	埋伏	mái fu
versterking (de)	增援部队	zēng yuán bù duì
doel (bewegend ~)	靶子	bǎ zi
proefterrein (het)	靶场	bǎ chǎng
manoeuvres (mv.)	演习	yǎn xí
paniek (de)	惊慌	jīng huāng
verwoesting (de)	破坏	pò huài
verwoestingen (mv.)	废墟	fèi xū
verwoesten (ww)	破坏	pò huài
overleven (ww)	活下来	huó xiàlai
ontwapenen (ww)	解除武装	jiěchú wǔzhuāng
behandelen (een pistool ~)	操纵	cāo zòng
Geeft acht!	立正!	lì zhèng!
Op de plaats rust!	稍息!	shào xī
heldendaad (de)	英雄业绩	yīng xióng yèjì
eed (de)	誓言	shì yán
zweren (een eed doen)	发誓	fā shì
decoratie (de)	勋章	xūn zhāng
onderscheiden (een ereteken geven)	奖赏	jiǎng shǎng
medaille (de)	奖章	jiǎng zhāng
orde (de)	勋章	xūn zhāng
overwinning (de)	胜利	shèng lì
verlies (het)	失败	shī bài
wapenstilstand (de)	休战	xiū zhàn
wimpel (vaandel)	旗	qí
roem (de)	光荣	guāng róng
parade (de)	阅兵	yuè bīng
marcheren (ww)	列队行进	liè duì xíng jìn

186. Wapens

wapens (mv.)	武器	wǔ qì
vuurwapens (mv.)	火器	huǒ qì
koude wapens (mv.)	冷兵器	lěng bīng qì
chemische wapens (mv.)	化学武器	huà xué wǔ qì
kern-, nucleair (bn)	核 …	hé …
kernwapens (mv.)	核武器	hé wǔ qì
bom (de)	炸弹	zhà dàn
atoombom (de)	原子弹	yuán zǐ dàn
pistool (het)	手枪	shǒu qiāng

geweer (het)	火枪	huǒ qiāng
machinepistool (het)	冲锋枪	chōng fēng qiāng
machinegeweer (het)	机枪	jī qiāng
loop (schietbuis)	枪口	qiāng kǒu
loop (bijv. geweer met kortere ~)	枪管	qiāng guǎn
kaliber (het)	口径	kǒu jìng
trekker (de)	扳机	bān jī
korrel (de)	瞄准器	miáo zhǔn qì
magazijn (het)	弹匣	dàn xiá
geweerkolf (de)	枪托	qiāng tuō
granaat (handgranaat)	手榴弹	shǒu liú dàn
explosieven (mv.)	炸药	zhà yào
kogel (de)	子弹	zǐdàn
patroon (de)	枪弹	qiāng dàn
lading (de)	弹药，火药	dàn yào, huǒ yào
ammunitie (de)	弹药	dàn yào
bommenwerper (de)	轰炸机	hōng zhà jī
straaljager (de)	歼击机	jiān jī jī
helikopter (de)	直升飞机	zhí shēng fēi jī
afweergeschut (het)	高射炮	gāo shè pào
tank (de)	坦克	tǎn kè
kanon (tank met een ~ van 76 mm)	坦克炮	tǎn kè pào
artillerie (de)	炮	pào
aanleggen (een wapen ~)	瞄准	miáo zhǔn
projectiel (het)	炮弹	pào dàn
mortiergranaat (de)	迫击炮榴弹	pǎi jī pào liú dàn
mortier (de)	迫击炮	pǎi jī pào
granaatscherf (de)	碎片	suì piàn
duikboot (de)	潜水艇	qián shuǐ tǐng
torpedo (de)	鱼雷	yú léi
raket (de)	导弹	dǎo dàn
laden (geweer, kanon)	装弹	zhuāng dàn
schieten (ww)	射击	shè jī
richten op (mikken)	瞄准	miáo zhǔn
bajonet (de)	刺刀	cìdāo
degen (de)	重剑	zhòng jiàn
sabel (de)	马刀	mǎ dāo
speer (de)	矛	máo
boog (de)	弓	gōng
pijl (de)	箭	jiàn
musket (de)	火枪	huǒ qiāng
kruisboog (de)	弩，石弓	nǔ, shí gōng

187. Oude mensen

primitief (bn)	原始的	yuán shǐ de
voorhistorisch (bn)	史前的	shǐ qián de
eeuwenoude (~ beschaving)	古代的	gǔ dài de
Steentijd (de)	石器时代	shí qì shí dài
Bronstijd (de)	青铜时代	qīng tóng shí dài
IJstijd (de)	冰河时代	bīng hé shí dài
stam (de)	部落	bù luò
menseneter (de)	食人族	shí rén zú
jager (de)	猎人	liè rén
jagen (ww)	打猎	dǎ liè
mammoet (de)	猛犸	měng mǎ
grot (de)	洞穴	dòng xué
vuur (het)	火	huǒ
kampvuur (het)	火堆	huǒ duī
rotstekening (de)	岩画	yán huà
werkinstrument (het)	工具	gōng jù
speer (de)	矛	máo
stenen bijl (de)	石斧子	shí fǔ zi
oorlog voeren (ww)	开战	kāi zhàn
temmen (bijv. wolf ~)	驯养	xùn yǎng
idool (het)	偶像	ǒu xiàng
aanbidden (ww)	崇拜	chóng bài
bijgeloof (het)	迷信	mí xìn
evolutie (de)	进化	jìn huà
ontwikkeling (de)	发展	fā zhǎn
verdwijning (de)	消失	xiāo shī
zich aanpassen (ww)	适应	shì yìng
archeologie (de)	考古学	kǎo gǔ xué
archeoloog (de)	考古学家	kǎo gǔ xué jiā
archeologisch (bn)	考古学的	kǎo gǔ xué de
opgravingsplaats (de)	考古发掘现场	kǎo gǔ fā jué xiàn chǎng
opgravingen (mv.)	考古发掘工作	kǎo gǔ fā jué gōng zuò
vondst (de)	发现	fā xiàn
fragment (het)	碎片，碎块	suì piàn, suì kuài

188. Middeleeuwen

volk (het)	民族	mín zú
volkeren (mv.)	民族	mín zú
stam (de)	部落	bù luò
stammen (mv.)	部落	bù luò
barbaren (mv.)	野蛮人	yě mán rén
Galliërs (mv.)	高卢人	gāo lú rén

Goten (mv.)	哥特人	gē tè rén
Slaven (mv.)	斯拉夫人	sī lā fū rén
Vikings (mv.)	北欧海盗	běi ōu hǎi dào

| Romeinen (mv.) | 古罗马人 | gǔ luó mǎ rén |
| Romeins (bn) | 罗马的 | luó mǎ de |

Byzantijnen (mv.)	拜占庭人	bàizhàntíng rén
Byzantium (het)	拜占庭	bàizhàntíng
Byzantijns (bn)	拜占庭的	bàizhàntíng de

keizer (bijv. Romeinse ~)	皇帝	huáng dì
opperhoofd (het)	领袖	lǐng xiù
machtig (bn)	强大的	qiáng dà de
koning (de)	国王	guó wáng
heerser (de)	统治者	tǒng zhì zhě

ridder (de)	骑士	qí shì
feodaal (de)	封建主	fēng jiàn zhǔ
feodaal (bn)	封建的	fēng jiàn de
vazal (de)	封臣	fēng chén

hertog (de)	公爵	gōng jué
graaf (de)	伯爵	bó jué
baron (de)	男爵	nán jué
bisschop (de)	主教	zhǔ jiào

harnas (het)	盔甲	kuī jiǎ
schild (het)	盾牌	dùn pái
zwaard (het)	剑	jiàn
vizier (het)	面甲	miàn jiǎ
maliënkolder (de)	锁子甲	suǒ zǐ jiǎ

| kruistocht (de) | 十字军远征 | shízìjūn yuǎnzhēng |
| kruisvaarder (de) | 十字军战士 | shízìjūn zhànshì |

gebied (bijv. bezette ~en)	领土	lǐng tǔ
aanvallen (binnenvallen)	侵略	qīn lüè
veroveren (ww)	征服	zhēng fú
innemen (binnenvallen)	侵占	qīn zhàn

bezetting (de)	包围	bāo wéi
bezet (bn)	包围的	bāo wéi de
belegeren (ww)	包围	bāo wéi

inquisitie (de)	宗教裁判所	zōngjiào cáipàn suǒ
inquisiteur (de)	宗教裁判者	zōngjiào cáipàn zhě
foltering (de)	拷打	kǎo dǎ
wreed (bn)	残酷的	cán kù de
ketter (de)	异教徒	yì jiào tú
ketterij (de)	异教	yì jiào

zeevaart (de)	航海	háng hǎi
piraat (de)	海盗	hǎi dào
piraterij (de)	海盗行为	hǎi dào xíng wéi
enteren (het)	接舷战	jiē xián zhàn

| buit (de) | 赃物 | zāng wù |
| schatten (mv.) | 宝物 | bǎo wù |

ontdekking (de)	发现	fā xiàn
ontdekken (bijv. nieuw land)	发现	fā xiàn
expeditie (de)	探险	tàn xiǎn

musketier (de)	火枪兵	huǒ qiāng bīng
kardinaal (de)	红衣主教	hóng yī zhǔ jiào
heraldiek (de)	徽章学	huī zhāng xué
heraldisch (bn)	徽章学的	huī zhāng xué de

189. Leider. Baas. Autoriteiten

koning (de)	国王	guó wáng
koningin (de)	王后，女王	wáng hòu, nǚ wáng
koninklijk (bn)	皇家的	huáng jiā de
koninkrijk (het)	王国	wáng guó

| prins (de) | 王子 | wáng zǐ |
| prinses (de) | 公主 | gōng zhǔ |

president (de)	总统	zǒng tǒng
vicepresident (de)	副总统	fù zǒng tǒng
senator (de)	参议院	cān yì yuàn

monarch (de)	君主	jūn zhǔ
heerser (de)	统治者	tǒng zhì zhě
dictator (de)	独裁者	dú cái zhě
tiran (de)	暴君	bào jūn
magnaat (de)	大亨	dà hēng

directeur (de)	经理	jīng lǐ
chef (de)	老板	lǎo bǎn
beheerder (de)	主管人	zhǔ guǎn rén
baas (de)	老板	lǎo bǎn
eigenaar (de)	业主	yè zhǔ

hoofd (bijv. ~ van de delegatie)	团长	tuán zhǎng
autoriteiten (mv.)	当局	dāng jú
superieuren (mv.)	管理层	guǎn lǐ céng

gouverneur (de)	省长	shěng zhǎng
consul (de)	领事	lǐng shì
diplomaat (de)	外交官	wài jiāo guān

| burgemeester (de) | 市长 | shì zhǎng |
| sheriff (de) | 县治安官 | xiàn zhì ān guān |

keizer (bijv. Romeinse ~)	皇帝	huáng dì
tsaar (de)	沙皇	shā huáng
farao (de)	法老	fǎ lǎo
kan (de)	可汗	kè hán

190. Weg. Weg. Routebeschrijving

weg (de)	路	lù
route (de kortste ~)	道路	dào lù
autoweg (de)	公路	gōng lù
rijksweg (de)	国家	guó jiā
hoofdweg (de)	主干道	zhǔ gàn dào
landweg (de)	土路	tǔ lù
pad (het)	小路	xiǎo lù
paadje (het)	小道	xiǎo dào
Waar?	在哪儿?	zài nǎr?
Waarheen?	到哪儿?	dào nǎr?
Waaruit?	从哪儿来?	cóng nǎr lái?
richting (de)	方向	fāng xiàng
aanwijzen (de weg ~)	指出	zhǐ chū
naar links (bw)	往左	wàng zuǒ
naar rechts (bw)	往右	wàng yòu
rechtdoor (bw)	一直向前	yī zhí xiàng qián
terug (bijv. ~ keren)	往后	wàng hòu
bocht (de)	转弯	zhuǎn wān
afslaan (naar rechts ~)	转弯	zhuǎn wān
U-bocht maken (ww)	掉头	diào tóu
zichtbaar worden (ww)	可见	kě jiàn
verschijnen (in zicht komen)	出现	chū xiàn
stop (korte onderbreking)	停止	tíng zhǐ
zich verpozen (uitrusten)	休息	xiū xi
rust (de)	休息	xiū xi
verdwalen (de weg kwijt zijn)	迷路	mí lù
leiden naar ... (de weg)	通	tōng
bereiken (ergens aankomen)	到达	dào dá
deel (~ van de weg)	一段路	yī duàn lù
asfalt (het)	柏油	bǎi yóu
trottoirband (de)	路缘	lù yuán
greppel (de)	边沟	biān gōu
putdeksel (het)	人孔	rén kǒng
vluchtstrook (de)	路边	lù biān
kuil (de)	路面坑洞	lù miàn kēng dòng
gaan (te voet)	走	zǒu
inhalen (voorbijgaan)	超过	chāo guò
stap (de)	步伐	bù fá
te voet (bw)	步行	bù xíng
blokkeren (de weg ~)	封锁	fēng suǒ

| slagboom (de) | 道闸机 | dào zhá jī |
| doodlopende straat (de) | 死胡同 | sǐ hú tòng |

191. De wet overtreden. Criminelen. Deel 1

bandiet (de)	匪徒	fěi tú
misdaad (de)	罪行	zuì xíng
misdadiger (de)	罪犯	zuì fàn

dief (de)	小偷	xiǎo tōu
stelen (ww)	偷窃	tōu qiè
stelen (de)	偷盗	tōu dào
diefstal (de)	偷窃	tōu qiè

kidnappen (ww)	绑票	bǎng piào
kidnapping (de)	绑架罪	bǎng jià zuì
kidnapper (de)	绑票者	bǎng piào zhě

| losgeld (het) | 赎金 | shú jīn |
| eisen losgeld (ww) | 要赎金 | yào shú jīn |

| overvallen (ww) | 抢劫 | qiǎng jié |
| overvaller (de) | 抢劫犯 | qiǎng jié fàn |

afpersen (ww)	敲诈	qiāo zhà
afperser (de)	敲诈者	qiāo zhà zhě
afpersing (de)	敲诈罪	qiāo zhà zuì

vermoorden (ww)	杀死	shā sǐ
moord (de)	杀人	shā rén
moordenaar (de)	杀人犯	shā rén fàn

schot (het)	射击	shè jī
een schot lossen	射击	shè jī
neerschieten (ww)	枪杀	qiāng shā
schieten (ww)	射击	shè jī
schieten (het)	枪击事件	qiāng jī shì jiàn

ongeluk (gevecht, enz.)	事故	shì gù
gevecht (het)	打架，打斗	dǎ jià, dǎ dòu
Help!	救命!	jiù mìng!
slachtoffer (het)	受害者	shòu hài zhě

beschadigen (ww)	毁坏	huǐ huài
schade (de)	损失	sǔn shī
lijk (het)	尸体	shī tǐ
zwaar (~ misdrijf)	严重的	yán zhòng de

aanvallen (ww)	攻击	gōng jī
slaan (iemand ~)	打	dǎ
in elkaar slaan (toetakelen)	痛打	tòng dǎ
ontnemen (beroven)	夺走	duó zǒu
steken (met een mes)	捅死	tǒng sǐ
verminken (ww)	把 … 打成残废	bǎ … dǎchéng cánfèi

173

verwonden (ww)	打伤	dǎ shāng
chantage (de)	勒索	lè suǒ
chanteren (ww)	勒索	lè suǒ
chanteur (de)	勒索者	lè suǒ zhě

afpersing (de)	敲诈罪	qiāo zhà zuì
afperser (de)	敲诈者	qiāo zhà zhě
gangster (de)	歹徒	dǎi tú
maffia (de)	黑手党	hēi shǒu dǎng

kruimeldief (de)	小偷	xiǎo tōu
inbreker (de)	破门盗窃者	pò mén dào qiè zhě
smokkelen (het)	走私	zǒu sī
smokkelaar (de)	走私者	zǒu sī zhě

namaak (de)	伪造品	wěi zào pǐn
namaken (ww)	伪造	wěi zào
namaak-, vals (bn)	伪造的	wěi zào de

192. De wet overtreden. Criminelen. Deel 2

verkrachting (de)	强奸	qiáng jiān
verkrachten (ww)	强奸	qiáng jiān
verkrachter (de)	强奸犯	qiáng jiān fàn
maniak (de)	疯子	fēng zi

prostituee (de)	卖淫者，妓女	mài yín zhě, jì nǚ
prostitutie (de)	卖淫	mài yín
pooier (de)	皮条客	pí tiáo kè

| drugsverslaafde (de) | 吸毒者 | xī dú zhě |
| drugshandelaar (de) | 毒贩子 | dú fàn zi |

opblazen (ww)	炸毁	zhà huǐ
explosie (de)	爆炸	bào zhà
in brand steken (ww)	放火	fàng huǒ
brandstichter (de)	纵火犯	zòng huǒ fàn

terrorisme (het)	恐怖主义	kǒng bù zhǔ yì
terrorist (de)	恐怖分子	kǒng bù fèn zǐ
gijzelaar (de)	人质	rén zhì

bedriegen (ww)	欺骗	qī piàn
bedrog (het)	欺骗行为	qī piàn xíng wéi
oplichter (de)	骗子	piàn zi

omkopen (ww)	贿赂	huì lù
omkoperij (de)	贿赂	huì lù
smeergeld (het)	贿赂	huì lù

vergif (het)	毒物，毒药	dú wù, dú yào
vergiftigen (ww)	毒死	dú sǐ
vergif innemen (ww)	服毒自杀	fú dú zì shā
zelfmoord (de)	自杀	zì shā

zelfmoordenaar (de)	自杀者	zì shā zhě
bedreigen	威胁	wēi xié
(bijv. met een pistool)		
bedreiging (de)	威胁	wēi xié
een aanslag plegen	犯罪未遂	fànzuì wèisuì
aanslag (de)	杀人企图	shā rén qǐ tú

| stelen (een auto) | 偷 | tōu |
| kapen (een vliegtuig) | 劫持 | jié chí |

| wraak (de) | 报仇 | bào chóu |
| wreken (ww) | 报 … 之仇 | bào … zhī chóu |

martelen (gevangenen)	拷打	kǎo dǎ
foltering (de)	拷打	kǎo dǎ
folteren (ww)	虐待	nüè dài

piraat (de)	海盗	hǎi dào
straatschender (de)	流氓	liú máng
gewapend (bn)	携带武器的	xié dài wǔ qì de
geweld (het)	暴力	bào lì

| spionage (de) | 间谍活动 | jiàn dié huó dòng |
| spioneren (ww) | 充当间谍 | chōng dāng jiàn dié |

193. Politie. Wet. Deel 1

| gerecht (het) | 司法 | sī fǎ |
| gerechtshof (het) | 法院 | fǎ yuàn |

rechter (de)	法官	fǎ guān
jury (de)	陪审团成员	péi shěn tuán chéng yuán
juryrechtspraak (de)	陪审团审判	péi shěn tuán shěn pàn
berechten (ww)	审判	shěn pàn

advocaat (de)	辩护人	biàn hù rén
beklaagde (de)	被告	bèi gào
beklaagdenbank (de)	被告席	bèi gào xí

| beschuldiging (de) | 指控 | zhǐ kòng |
| beschuldigde (de) | 被告 | bèi gào |

vonnis (het)	判决	pàn jué
veroordelen	判处	pàn chǔ
(in een rechtszaak)		

schuldige (de)	有罪的人	yǒu zuì de rén
straffen (ww)	惩罚	chéng fá
bestraffing (de)	惩罚	chéng fá

boete (de)	罚款	fá kuǎn
levenslange opsluiting (de)	无期徒刑	wú qī tú xíng
doodstraf (de)	死刑	sǐ xíng
elektrische stoel (de)	电椅	diàn yǐ

schavot (het)	绞刑架	jiǎo xíng jià
executeren (ww)	处决	chǔ jué
executie (de)	死刑	sǐ xíng
gevangenis (de)	监狱	jiā nyù
cel (de)	单人牢房	dān rén láo fáng
konvooi (het)	护送队	hù sòng duì
gevangenisbewaker (de)	狱警	yù jǐng
gedetineerde (de)	犯人，囚犯	fàn rén, qiú fàn
handboeien (mv.)	手铐	shǒu kào
handboeien omdoen	戴上手铐	dài shang shǒu kào
ontsnapping (de)	逃跑	táo pǎo
ontsnappen (ww)	逃跑	táo pǎo
verdwijnen (ww)	消失	xiāo shī
vrijlaten (uit de gevangenis)	获释	huò shì
amnestie (de)	赦免	shè miǎn
politie (de)	警察	jǐng chá
politieagent (de)	警察	jǐng chá
politiebureau (het)	警察局	jǐng chá jú
knuppel (de)	警棍	jǐng gùn
megafoon (de)	扩音器	kuò yīn qì
patrouilleerwagen (de)	巡逻车	xún luó chē
sirene (de)	警报器	jǐng bào qì
de sirene aansteken	开警报器	kāi jǐng bào qì
geloei (het) van de sirene	警报器声	jǐng bào qì shēng
plaats delict (de)	犯罪现场	fànzuì xiànchǎng
getuige (de)	目击者	mù jī zhě
vrijheid (de)	自由	zì yóu
handlanger (de)	同犯，共犯	tóng fàn, gòng fàn
ontvluchten (ww)	逃脱	táo tuō
spoor (het)	脚印	jiǎo yìn

194. Politie. Wet. Deel 2

opsporing (de)	寻找	xún zhǎo
opsporen (ww)	寻找	xún zhǎo
verdenking (de)	怀疑	huái yí
verdacht (bn)	令人怀疑的	lìng rén huái yí de
aanhouden (stoppen)	拦住	lán zhù
tegenhouden (ww)	扣押，拘留	kòu yā, jū liú
strafzaak (de)	案件，案子	àn jiàn, àn zi
onderzoek (het)	侦查	zhēn chá
detective (de)	侦探	zhēn tàn
onderzoeksrechter (de)	侦查员	zhēn chá yuán
versie (de)	说法	shuō fa
motief (het)	动机	dòng jī
verhoor (het)	讯问，审问	xùn wèn, shěn wèn

ondervragen (door de politie)	审问	shěn wèn
ondervragen (omstanders ~)	询问	xún wèn
controle (de)	检查	jiǎn chá
razzia (de)	围捕	wéi bǔ
huiszoeking (de)	搜查	sōu chá
achtervolging (de)	追捕	zhuī bǔ
achtervolgen (ww)	追踪	zhuī zōng
opsporen (ww)	监视	jiàn shì
arrest (het)	逮捕	dài bǔ
arresteren (ww)	拘捕	jū bǔ
vangen, aanhouden (een dief, enz.)	逮住	dǎi zhù
aanhouding (de)	捕获	bǔ huò
document (het)	文件	wén jiàn
bewijs (het)	证据	zhèng jù
bewijzen (ww)	证明	zhèng míng
voetspoor (het)	脚印	jiǎo yìn
vingerafdrukken (mv.)	指纹	zhǐ wén
bewijs (het)	证据	zhèng jù
alibi (het)	托辞	tuō cí
onschuldig (bn)	无罪的	wú zuì de
onrecht (het)	非正义	fēi zhèng yì
onrechtvaardig (bn)	不公正的	bù gōng zhèng de
crimineel (bn)	刑事的	xíng shì de
confisqueren (in beslag nemen)	没收	mò shōu
drug (de)	毒品	dú pǐn
wapen (het)	武器	wǔ qì
ontwapenen (ww)	缴械	jiǎo xiè
bevelen (ww)	命令	mìng lìng
verdwijnen (ww)	消失	xiāo shī
wet (de)	法律	fǎ lǜ
wettelijk (bn)	合法的	hé fǎ de
onwettelijk (bn)	非法的	fēi fǎ de
verantwoordelijkheid (de)	责任	zé rèn
verantwoordelijk (bn)	负责的	fù zé de

NATUUR

De Aarde. Deel 1

195. De kosmische ruimte

kosmos (de)	宇宙	yǔ zhòu
kosmisch (bn)	宇宙的, 太空	yǔ zhòu de, tài kōng
kosmische ruimte (de)	外层空间	wài céng kōng jiān
wereld (de), heelal (het)	宇宙	yǔ zhòu
sterrenstelsel (het)	银河系	yín hé xì
ster (de)	星, 恒星	xīng, héng xīng
sterrenbeeld (het)	星座	xīng zuò
planeet (de)	行星	xíng xīng
satelliet (de)	卫星	wèi xīng
meteoriet (de)	陨石	yǔn shí
komeet (de)	彗星	huì xīng
asteroïde (de)	小行星	xiǎo xíng xīng
baan (de)	轨道	guǐ dào
draaien (om de zon, enz.)	公转	gōng zhuàn
atmosfeer (de)	大气层	dà qì céng
Zon (de)	太阳	tài yáng
zonnestelsel (het)	太阳系	tài yáng xì
zonsverduistering (de)	日食	rì shí
Aarde (de)	地球	dì qiú
Maan (de)	月球	yuè qiú
Mars (de)	火星	huǒ xīng
Venus (de)	金星	jīn xīng
Jupiter (de)	木星	mù xīng
Saturnus (de)	土星	tǔ xīng
Mercurius (de)	水星	shuǐ xīng
Uranus (de)	天王星	tiān wáng xīng
Neptunus (de)	海王星	hǎi wáng xīng
Pluto (de)	冥王星	míng wáng xīng
Melkweg (de)	银河	yín hé
Grote Beer (de)	大熊座	dà xióng zuò
Poolster (de)	北极星	běi jí xīng
marsmannetje (het)	火星人	huǒ xīng rén
buitenaards wezen (het)	外星人	wài xīng rén

bovenaards (het)	外星人	wài xīng rén
vliegende schotel (de)	飞碟	fēi dié
ruimtevaartuig (het)	宇宙飞船	yǔ zhòu fēi chuán
ruimtestation (het)	宇宙空间站	yǔ zhòu kōng jiān zhàn
start (de)	发射	fā shè
motor (de)	发动机	fā dòng jī
straalpijp (de)	喷嘴	pēn zuǐ
brandstof (de)	燃料	rán liào
cabine (de)	座舱	zuò cāng
antenne (de)	天线	tiān xiàn
patrijspoort (de)	舷窗	xián chuāng
zonnebatterij (de)	太阳能电池	tàiyáng néng diànchí
ruimtepak (het)	太空服	tài kōng fú
gewichtloosheid (de)	失重	shī zhòng
zuurstof (de)	氧气	yǎng qì
koppeling (de)	对接	duì jiē
koppeling maken	对接	duì jiē
observatorium (het)	天文台	tiānwén tái
telescoop (de)	天文望远镜	tiānwén wàngyuǎnjìng
waarnemen (ww)	观察到	guān chá dào
exploreren (ww)	探索	tàn suǒ

196. De Aarde

Aarde (de)	地球	dì qiú
aardbol (de)	地球	dì qiú
planeet (de)	行星	xíng xīng
atmosfeer (de)	大气层	dà qì céng
aardrijkskunde (de)	地理学	dì lǐ xué
natuur (de)	自然界	zì rán jiè
wereldbol (de)	地球仪	dì qiú yí
kaart (de)	地图	dì tú
atlas (de)	地图册	dì tú cè
Europa (het)	欧洲	oūzhōu
Azië (het)	亚洲	yàzhōu
Afrika (het)	非洲	fēizhōu
Australië (het)	澳洲	àozhōu
Amerika (het)	美洲	měizhōu
Noord-Amerika (het)	北美洲	běiměizhōu
Zuid-Amerika (het)	南美洲	nánměizhōu
Antarctica (het)	南极洲	nánjízhōu
Arctis (de)	北极地区	běijídìqū

197. Windrichtingen

noorden (het)	北方	běi fāng
naar het noorden	朝北	cháo běi
in het noorden	在北方	zài běi fāng
noordelijk (bn)	北方的	běi fāng de
zuiden (het)	南方	nán fāng
naar het zuiden	朝南	cháo nán
in het zuiden	在南方	zài nán fāng
zuidelijk (bn)	南方的	nán fāng de
westen (het)	西方	xī fāng
naar het westen	朝西	cháo xī
in het westen	在西方	zài xī fāng
westelijk (bn)	西方的	xī fāng de
oosten (het)	东方	dōng fāng
naar het oosten	朝东	cháo dōng
in het oosten	在东方	zài dōng fāng
oostelijk (bn)	东方的	dōng fāng de

198. Zee. Oceaan

zee (de)	海，大海	hǎi, dà hǎi
oceaan (de)	海洋，大海	hǎi yáng, dà hǎi
golf (baai)	海湾	hǎi wān
straat (de)	海峡	hǎi xiá
grond (vaste grond)	陆地	lù dì
continent (het)	大陆，洲	dà lù, zhōu
eiland (het)	岛，海岛	dǎo, hǎi dǎo
schiereiland (het)	半岛	bàn dǎo
archipel (de)	群岛	qún dǎo
baai, bocht (de)	海湾	hǎi wān
haven (de)	港口	gǎng kǒu
lagune (de)	泻湖	xiè hú
kaap (de)	海角	hǎi jiǎo
atol (de)	环状珊瑚岛	huánzhuàng shānhúdǎo
rif (het)	礁	jiāo
koraal (het)	珊瑚	shān hú
koraalrif (het)	珊瑚礁	shān hú jiāo
diep (bn)	深的	shēn de
diepte (de)	深度	shēn dù
diepzee (de)	深渊	shēn yuān
trog (bijv. Marianentrog)	海沟	hǎi gōu
stroming (de)	水流	shuǐ liú
omspoelen (ww)	环绕	huán rào
oever (de)	岸	àn

kust (de)	海岸，海滨	hǎi àn, hǎi bīn
vloed (de)	高潮	gāo cháo
eb (de)	落潮	luò cháo
ondiepte (ondiep water)	沙洲	shā zhōu
bodem (de)	海底	hǎi dǐ

golf (hoge ~)	波浪	bō làng
golfkam (de)	浪峰	làng fēng
schuim (het)	泡沫	pào mò

orkaan (de)	飓风	jù fēng
tsunami (de)	海啸	hǎi xiào
windstilte (de)	风平浪静	fēng píng làng jìng
kalm (bijv. ~e zee)	平静的	píng jìng de

| pool (de) | 北极 | běi jí |
| polair (bn) | 北极的 | běi jí de |

breedtegraad (de)	纬度	wěi dù
lengtegraad (de)	经度	jīng dù
parallel (de)	纬线	wěi xiàn
evenaar (de)	赤道	chì dào

hemel (de)	天	tiān
horizon (de)	地平线	dì píng xiàn
lucht (de)	空气	kōng qì

vuurtoren (de)	灯塔	dēng tǎ
duiken (ww)	跳水	tiào shuǐ
zinken (ov. een boot)	沉没	chén mò
schatten (mv.)	宝物	bǎo wù

199. Namen van zeeën en oceanen

Atlantische Oceaan (de)	大西洋	dà xī yáng
Indische Oceaan (de)	印度洋	yìn dù yáng
Stille Oceaan (de)	太平洋	tài píng yáng
Noordelijke IJszee (de)	北冰洋	běi bīng yáng

Zwarte Zee (de)	黑海	hēi hǎi
Rode Zee (de)	红海	hóng hǎi
Gele Zee (de)	黄海	huáng hǎi
Witte Zee (de)	白海	bái hǎi

Kaspische Zee (de)	里海	lǐ hǎi
Dode Zee (de)	死海	sǐ hǎi
Middellandse Zee (de)	地中海	dìzhōng hǎi

| Egeïsche Zee (de) | 爱琴海 | àiqín hǎi |
| Adriatische Zee (de) | 亚得里亚海 | yàdélǐyà hǎi |

Arabische Zee (de)	阿拉伯海	ālābó hǎi
Japanse Zee (de)	日本海	rìběn hǎi
Beringzee (de)	白令海	báilìng hǎi

Zuid-Chinese Zee (de)	南海	nán hǎi
Koraalzee (de)	珊瑚海	shānhú hǎi
Tasmanzee (de)	塔斯曼海	tǎsīmàn hǎi
Caribische Zee (de)	加勒比海	jiālèbǐ hǎi
Barentszzee (de)	巴伦支海	bālúnzhī hǎi
Karische Zee (de)	喀拉海	kālā hǎi
Noordzee (de)	北海	běi hǎi
Baltische Zee (de)	波罗的海	bōluódì hǎi
Noorse Zee (de)	挪威海	nuówēi hǎi

200. Bergen

berg (de)	山	shān
bergketen (de)	山脉	shān mài
gebergte (het)	山脊	shān jǐ
bergtop (de)	山顶	shān dǐng
bergpiek (de)	山峰	shān fēng
voet (ov. de berg)	山脚	shān jiǎo
helling (de)	山坡	shān pō
vulkaan (de)	火山	huǒ shān
actieve vulkaan (de)	活火山	huó huǒ shān
uitgedoofde vulkaan (de)	死火山	sǐ huǒ shān
uitbarsting (de)	喷发	pèn fā
krater (de)	火山口	huǒ shān kǒu
magma (het)	岩浆	yán jiāng
lava (de)	熔岩	róng yán
gloeiend (~e lava)	炽热的	chì rè de
kloof (canyon)	峡谷	xiá gǔ
bergkloof (de)	峡谷	xiá gǔ
spleet (de)	裂罅	liè xià
bergpas (de)	山口	shān kǒu
plateau (het)	高原	gāo yuán
klip (de)	悬崖	xuán yá
heuvel (de)	小山	xiǎo shān
gletsjer (de)	冰川，冰河	bīng chuān, bīng hé
waterval (de)	瀑布	pù bù
geiser (de)	间歇泉	jiàn xiē quán
meer (het)	湖	hú
vlakte (de)	平原	píng yuán
landschap (het)	风景	fēng jǐng
echo (de)	回声	huí shēng
alpinist (de)	登山家	dēng shān jiā
bergbeklimmer (de)	攀岩者	pān yán zhě
trotseren (berg ~)	征服	zhēng fú
beklimming (de)	登山	dēng shān

201. Bergen namen

Alpen (de)	阿尔卑斯	āěrbēisī
Mont Blanc (de)	勃朗峰	bólǎngfēng
Pyreneeën (de)	比利牛斯	bǐlìniúsī
Karpaten (de)	喀尔巴阡	kāerbāqiān
Oeralgebergte (het)	乌拉尔山脉	wūlāěr shānmài
Kaukasus (de)	高加索	gāojiāsuǒ
Elbroes (de)	厄尔布鲁士山	èěrbùlǔshìshān
Altaj (de)	阿尔泰	āěrtài
Tiensjan (de)	天山	tiānshān
Pamir (de)	帕米尔高原	pàmǐěr gāoyuán
Himalaya (de)	喜马拉雅山	xǐmǎlāyǎ shān
Everest (de)	珠穆朗玛峰	zhūmùlǎngmǎfēng
Andes (de)	安第斯	āndìsī
Kilimanjaro (de)	乞力马扎罗	qǐlìmǎzháluó

202. Rivieren

rivier (de)	河, 江	hé, jiāng
bron (~ van een rivier)	泉, 泉水	quán, quán shuǐ
rivierbedding (de)	河床	hé chuáng
rivierbekken (het)	流域	liú yù
uitmonden in ...	流入	liú rù
zijrivier (de)	支流	zhī liú
oever (de)	岸	àn
stroming (de)	水流	shuǐ liú
stroomafwaarts (bw)	顺流而下	shùn liú ér xià
stroomopwaarts (bw)	溯流而上	sù liú ér shàng
overstroming (de)	洪水	hóng shuǐ
overstroming (de)	水灾	shuǐ zāi
buiten zijn oevers treden	溢出	yì chū
overstromen (ww)	淹没	yān mò
zandbank (de)	浅水	qiǎn shuǐ
stroomversnelling (de)	急流	jí liú
dam (de)	坝, 堤坝	bà, dī bà
kanaal (het)	运河	yùn hé
spaarbekken (het)	水库	shuǐ kù
sluis (de)	水闸	shuǐ zhá
waterlichaam (het)	水体	shuǐ tǐ
moeras (het)	沼泽	zhǎo zé
broek (het)	烂泥塘	làn ní táng
draaikolk (de)	漩涡	xuàn wō
stroom (de)	小溪	xiǎo xī

| drink- (abn) | 饮用的 | yǐn yòng de |
| zoet (~ water) | 淡水的 | dàn shuǐ de |

| IJs (het) | 冰 | bīng |
| bevriezen (rivier, enz.) | 封冻 | fēng dòng |

203. Namen van rivieren

| Seine (de) | 塞纳河 | sènà hé |
| Loire (de) | 卢瓦尔河 | lúwǎěr hé |

Theems (de)	泰晤士河	tàiwùshì hé
Rijn (de)	莱茵河	láiyīn hé
Donau (de)	多瑙河	duōnǎo hé

Wolga (de)	伏尔加河	fúěrjiā hé
Don (de)	顿河	dùn hé
Lena (de)	勒拿河	lèná hé

Gele Rivier (de)	黄河	huáng hé
Blauwe Rivier (de)	长江	chángjiāng
Mekong (de)	湄公河	méigōng hé
Ganges (de)	恒河	héng hé

Nijl (de)	尼罗河	níluó hé
Kongo (de)	刚果河	gāngguǒ hé
Okavango (de)	奥卡万戈河	àokǎwàngē hé
Zambezi (de)	赞比亚河	zànbǐyà hé
Limpopo (de)	林波波河	línbōbō hé
Mississippi (de)	密西西比河	mìxīxībǐ hé

204. Bos

| bos (het) | 森林，树林 | sēn lín, shù lín |
| bos- (abn) | 树林的 | shù lín de |

oerwoud (dicht bos)	密林	mì lín
bosje (klein bos)	小树林	xiǎo shù lín
open plek (de)	林中草地	lín zhōng cǎo dì

| struikgewas (het) | 灌木丛 | guàn mù cóng |
| struiken (mv.) | 灌木林 | guàn mù lín |

| paadje (het) | 小道 | xiǎo dào |
| ravijn (het) | 冲沟 | chōng gōu |

boom (de)	树，乔木	shù, qiáo mù
blad (het)	叶子	yè zi
gebladerte (het)	树叶	shù yè

| vallende bladeren (mv.) | 落叶 | luò yè |
| vallen (ov. de bladeren) | 凋落 | diāo luò |

boomtop (de)	树梢	shù shāo
tak (de)	树枝	shù zhī
ent (de)	粗树枝	cū shù zhī
knop (de)	芽	yá
naald (de)	针叶	zhēn yè
dennenappel (de)	球果	qiú guǒ
boom holte (de)	树洞	shù dòng
nest (het)	鸟窝	niǎo wō
hol (het)	洞穴，兽穴	dòng xué, shòu xué
stam (de)	树干	shù gàn
wortel (bijv. boom~s)	树根	shù gēn
schors (de)	树皮	shùpí
mos (het)	苔藓	tái xiǎn
ontwortelen (een boom)	根除	gēn chú
kappen (een boom ~)	砍倒	kǎn dǎo
ontbossen (ww)	砍伐森林	kǎn fá sēn lín
stronk (de)	树桩	shù zhuāng
kampvuur (het)	篝火	gōu huǒ
bosbrand (de)	森林火灾	sēn lín huǒ zāi
blussen (ww)	扑灭	pū miè
boswachter (de)	护林员	hù lín yuán
bescherming (de)	保护	bǎo hù
beschermen (bijv. de natuur ~)	保护	bǎo hù
stroper (de)	偷猎者	tōu liè zhě
val (de)	陷阱	xiàn jǐng
plukken (vruchten, enz.)	采集	cǎi jí
verdwalen (de weg kwijt zijn)	迷路	mí lù

205. Natuurlijke hulpbronnen

natuurlijke rijkdommen (mv.)	自然资源	zìrán zī yuán
delfstoffen (mv.)	矿物	kuàng wù
lagen (mv.)	矿层	kuàng céng
veld (bijv. olie~)	矿田	kuàng tián
winnen (uit erts ~)	开采	kāi cǎi
winning (de)	采矿业	cǎi kuàng yè
erts (het)	矿石	kuàng shí
mijn (bijv. kolenmijn)	矿，矿山	kuàng, kuàng shān
mijnschacht (de)	矿井	kuàng jǐng
mijnwerker (de)	矿工	kuàng gōng
gas (het)	煤气	méi qì
gasleiding (de)	煤气管道	méi qì guǎn dào
olie (aardolie)	石油	shí yóu
olieleiding (de)	油管	yóu guǎn

oliebron (de)	石油钻塔	shí yóu zuān tǎ
boortoren (de)	钻油塔	zuān yóu tǎ
tanker (de)	油船，油轮	yóu chuán, yóu lún

zand (het)	沙，沙子	shā, shā zi
kalksteen (de)	石灰石	shí huī shí
grind (het)	砾石	lì shí
veen (het)	泥煤	ní méi
klei (de)	粘土	nián tǔ
steenkool (de)	煤	méi

IJzer (het)	铁	tiě
goud (het)	黄金	huáng jīn
zilver (het)	银	yín
nikkel (het)	镍	niè
koper (het)	铜	tóng

zink (het)	锌	xīn
mangaan (het)	锰	měng
kwik (het)	水银	shuǐ yín
lood (het)	铅	qiān

mineraal (het)	矿物	kuàng wù
kristal (het)	结晶	jié jīng
marmer (het)	大理石	dà lǐ shí
uraan (het)	铀	yóu

De Aarde. Deel 2

206. Weer

weer (het)	天气	tiān qì
weersvoorspelling (de)	气象预报	qìxiàng yùbào
temperatuur (de)	温度	wēn dù
thermometer (de)	温度表	wēn dù biǎo
barometer (de)	气压表	qì yā biǎo
vochtigheid (de)	空气湿度	kōng qì shī dù
hitte (de)	炎热	yán rè
heet (bn)	热的	rè de
het is heet	天气热	tiān qì rè
het is warm	天气暖	tiān qì nuǎn
warm (bn)	暖和的	nuǎn huo de
het is koud	天气冷	tiān qì lěng
koud (bn)	冷的	lěng de
zon (de)	太阳	tài yáng
schijnen (de zon)	发光	fā guāng
zonnig (~e dag)	阳光充足的	yáng guāng chōng zú de
opgaan (ov. de zon)	升起	shēng qǐ
ondergaan (ww)	落山	luò shān
wolk (de)	云	yún
bewolkt (bn)	多云的	duō yún de
regenwolk (de)	乌云	wū yún
somber (bn)	阴沉的	yīn chén de
regen (de)	雨	yǔ
het regent	下雨	xià yǔ
regenachtig (bn)	雨 ⋯ , 多雨的	yǔ ..., duō yǔ de
motregenen (ww)	下毛毛雨	xià máo máo yǔ
plensbui (de)	倾盆大雨	qīng pén dà yǔ
stortbui (de)	暴雨	bào yǔ
hard (bn)	大 ⋯	dà ...
plas (de)	水洼	shuǐ wā
nat worden (ww)	淋湿	lín shī
mist (de)	雾气	wù qì
mistig (bn)	多雾的	duō wù de
sneeuw (de)	雪	xuě
het sneeuwt	下雪	xià xuě

207. Zwaar weer. Natuurrampen

noodweer (storm)	大雷雨	dà léi yǔ
bliksem (de)	闪电	shǎn diàn
flitsen (ww)	闪光	shǎn guāng
donder (de)	雷，雷声	léi, léi shēng
donderen (ww)	打雷	dǎ léi
het dondert	打雷	dǎ léi
hagel (de)	雹子	báo zi
het hagelt	下冰雹	xià bīng báo
overstromen (ww)	淹没	yān mò
overstroming (de)	洪水	hóng shuǐ
aardbeving (de)	地震	dì zhèn
aardschok (de)	震动	zhèn dòng
epicentrum (het)	震中	zhèn zhōng
uitbarsting (de)	喷发	pèn fā
lava (de)	熔岩	róng yán
wervelwind (de)	旋风	xuànfēng
windhoos (de)	龙卷风	lóng juàn fēng
tyfoon (de)	台风	tái fēng
orkaan (de)	飓风	jù fēng
storm (de)	风暴	fēng bào
tsunami (de)	海啸	hǎi xiào
cycloon (de)	气旋	qì xuán
onweer (het)	恶劣天气	è liè tiān qì
brand (de)	火灾	huǒ zāi
ramp (de)	灾难	zāi nàn
meteoriet (de)	陨石	yǔn shí
lawine (de)	雪崩	xuě bēng
sneeuwverschuiving (de)	雪崩	xuě bēng
sneeuwjacht (de)	暴风雪	bào fēng xuě
sneeuwstorm (de)	暴风雪	bào fēng xuě

208. Geluiden. Geluiden

stilte (de)	寂静	jì jìng
geluid (het)	响声	xiǎng shēng
lawaai (het)	嘈杂声	cáo zá shēng
lawaai maken (ww)	弄出声响	nòng chū shēng xiǎng
lawaaierig (bn)	嘈杂的	cáo zá de
luid (~ spreken)	大声地	dà shēng de
luid (bijv. ~e stem)	大声的	dà shēng de
aanhoudend (voortdurend)	不断的	bù duàn de

schreeuw (de)	喊声	hǎn shēng
schreeuwen (ww)	叫喊	jiào hǎn
gefluister (het)	低语	dī yǔ
fluisteren (ww)	耳语	ěr yǔ

| geblaf (het) | 狗吠声 | gǒu fèi shēng |
| blaffen (ww) | 吠 | fèi |

gekreun (het)	呻吟，叹息	shēn yín, tàn xī
kreunen (ww)	呻吟	shēn yín
hoest (de)	咳嗽	ké sou
hoesten (ww)	咳，咳嗽	ké, ké sou

gefluit (het)	口哨	kǒu shào
fluiten (op het fluitje blazen)	吹哨	chuī shào
geklop (het)	敲门声	qiāo mén shēng
kloppen (aan een deur)	敲门	qiāo mén

| kraken (hout, ijs) | 发出噼啪声 | fāchū pī pā shēng |
| gekraak (het) | 噼啪声 | pī pā shēng |

sirene (de)	警报器	jǐng bào qì
fluit (stoom ~)	哨声	shào shēng
fluiten (schip, trein)	鸣笛	míng dí
toeter (de)	汽车喇叭声	qìchē lǎ ba shēng
toeteren (ww)	汽车喇叭鸣响	qìchē lǎba míng xiǎng

209. Winter

winter (de)	冬天	dōng tiān
winter- (abn)	冬天的	dōng tiān de
in de winter (bw)	在冬天	zài dōng tiān

sneeuw (de)	雪	xuě
het sneeuwt	下雪	xià xuě
sneeuwval (de)	落雪	luò xuě
sneeuwhoop (de)	雪堆	xuě duī

sneeuwvlok (de)	雪花	xuě huā
sneeuwbal (de)	雪球	xuě qiú
sneeuwman (de)	雪人	xuě rén
IJspegel (de)	冰柱	bīng zhù

december (de)	十二月	shí èr yuè
januari (de)	一月	yī yuè
februari (de)	二月	èr yuè

| vorst (de) | 严寒 | yán hán |
| vries- (abn) | 寒冷的 | hán lěng de |

onder nul (bw)	零下	líng xià
eerste vorst (de)	霜冻	shuāng dòng
rijp (de)	霜，白霜	shuāng, bái shuāng
koude (de)	寒冷	hán lěng

het is koud	天气冷	tiān qì lěng
bontjas (de)	皮大衣	pí dà yī
wanten (mv.)	连指手套	lián zhǐ shǒu tào

ziek worden (ww)	生病	shēng bìng
verkoudheid (de)	感冒	gǎn mào
verkouden raken (ww)	感冒	gǎn mào

IJs (het)	冰	bīng
IJzel (de)	地面薄冰	dì miàn báo bīng
bevriezen (rivier, enz.)	封冻	fēng dòng
IJsschol (de)	浮冰	fú bīng

ski's (mv.)	滑雪板	huá xuě bǎn
skiër (de)	滑雪者	huá xuě zhě
skiën (ww)	滑雪	huá xuě
schaatsen (ww)	滑冰	huá bīng

Fauna

210. Zoogdieren. Roofdieren

roofdier (het)	捕食者	bǔ shí zhě
tijger (de)	老虎	lǎo hǔ
leeuw (de)	狮子	shī zi
wolf (de)	狼	láng
vos (de)	狐狸	húli
jaguar (de)	美洲豹	měi zhōu bào
luipaard (de)	豹	bào
jachtluipaard (de)	猎豹	liè bào
panter (de)	豹	bào
poema (de)	美洲狮	měi zhōu shī
sneeuwluipaard (de)	雪豹	xuě bào
lynx (de)	猞猁	shē lì
coyote (de)	丛林狼	cóng lín láng
jakhals (de)	豺	chái
hyena (de)	鬣狗	liè gǒu

211. Wilde dieren

dier (het)	动物	dòng wù
beest (het)	兽	shòu
eekhoorn (de)	松鼠	sōng shǔ
egel (de)	刺猬	cì wei
haas (de)	野兔	yě tù
konijn (het)	家兔	jiā tù
das (de)	獾	huān
wasbeer (de)	浣熊	huàn xióng
hamster (de)	仓鼠	cāng shǔ
marmot (de)	土拨鼠	tǔ bō shǔ
mol (de)	鼹鼠	yǎn shǔ
muis (de)	老鼠	lǎo shǔ
rat (de)	大家鼠	dà jiā shǔ
vleermuis (de)	蝙蝠	biān fú
hermelijn (de)	白鼬	bái yòu
sabeldier (het)	黑貂	hēi diāo
marter (de)	貂	diāo
wezel (de)	银鼠	yín shǔ
nerts (de)	水貂	shuǐ diāo

bever (de)	海狸	hǎi lí
otter (de)	水獭	shuǐ tǎ
paard (het)	马	mǎ
eland (de)	驼鹿	tuó lù
hert (het)	鹿	lù
kameel (de)	骆驼	luò tuo
bizon (de)	美洲野牛	měizhōu yěniú
oeros (de)	欧洲野牛	oūzhōu yěniú
buffel (de)	水牛	shuǐ niú
zebra (de)	斑马	bān mǎ
antilope (de)	羚羊	líng yáng
ree (de)	狍子	páo zi
damhert (het)	扁角鹿	biǎn jiǎo lù
gems (de)	岩羚羊	yán líng yáng
everzwijn (het)	野猪	yě zhū
walvis (de)	鲸	jīng
rob (de)	海豹	hǎi bào
walrus (de)	海象	hǎi xiàng
zeehond (de)	海狗	hǎi gǒu
dolfijn (de)	海豚	hǎi tún
beer (de)	熊	xióng
IJsbeer (de)	北极熊	běi jí xióng
panda (de)	熊猫	xióng māo
aap (de)	猴子	hóu zi
chimpansee (de)	黑猩猩	hēi xīng xing
orang-oetan (de)	猩猩	xīng xing
gorilla (de)	大猩猩	dà xīng xing
makaak (de)	猕猴	mí hóu
gibbon (de)	长臂猿	cháng bì yuán
olifant (de)	象	xiàng
neushoorn (de)	犀牛	xī niú
giraffe (de)	长颈鹿	cháng jǐng lù
nijlpaard (het)	河马	hé mǎ
kangoeroe (de)	袋鼠	dài shǔ
koala (de)	树袋熊	shù dài xióng
mangoest (de)	猫鼬	māo yòu
chinchilla (de)	毛丝鼠	máo sī shǔ
stinkdier (het)	臭鼬	chòu yòu
stekelvarken (het)	箭猪	jiàn zhū

212. Huisdieren

poes (de)	母猫	mǔ māo
kater (de)	雄猫	xióng māo
paard (het)	马	mǎ

| hengst (de) | 公马 | gōng mǎ |
| merrie (de) | 母马 | mǔ mǎ |

koe (de)	母牛	mǔ niú
stier (de)	公牛	gōng niú
os (de)	阉牛	yān niú

schaap (het)	羊，绵羊	yáng, mián yáng
ram (de)	公绵羊	gōng mián yáng
geit (de)	山羊	shān yáng
bok (de)	公山羊	gōng shān yáng

| ezel (de) | 驴 | lú |
| muilezel (de) | 骡子 | luó zi |

varken (het)	猪	zhū
biggetje (het)	小猪	xiǎo zhū
konijn (het)	家兔	jiā tù

| kip (de) | 母鸡 | mǔ jī |
| haan (de) | 公鸡 | gōng jī |

eend (de)	鸭子	yā zi
woerd (de)	公鸭子	gōng yā zi
gans (de)	鹅	é

| kalkoen haan (de) | 雄火鸡 | xióng huǒ jī |
| kalkoen (de) | 火鸡 | huǒ jī |

huisdieren (mv.)	家畜	jiā chù
tam (bijv. hamster)	驯化的	xùn huà de
temmen (tam maken)	驯化	xùn huà
fokken (bijv. paarden ~)	饲养	sì yǎng

boerderij (de)	农场	nóng chǎng
gevogelte (het)	家禽	jiā qín
rundvee (het)	牲畜	shēng chù
kudde (de)	群	qún

paardenstal (de)	马厩	mǎ jiù
zwijnenstal (de)	猪圈	zhū jiàn
koeienstal (de)	牛棚	niú péng
konijnenhok (het)	兔舍	tù shè
kippenhok (het)	鸡窝	jī wō

213. Honden. Hondenrassen

hond (de)	狗，犬	gǒu, quǎn
herdershond (de)	牧羊犬	mù yáng quǎn
poedel (de)	贵宾犬	guì bīn quǎn
teckel (de)	达克斯狗	dá kè sī gǒu

| buldog (de) | 斗牛狗 | dǒu niú gǒu |
| boxer (de) | 拳师狗 | quán shī gǒu |

mastiff (de)	英国獒犬	yīngguó áo quǎn
rottweiler (de)	罗特韦尔犬	luótèwéiěr quǎn
doberman (de)	杜宾犬	dù bīn quǎn

basset (de)	矮腿猎犬	ǎi tuǐ liè quǎn
bobtail (de)	英国古代牧羊犬	yīngguó gǔdàimùyáng quǎn
dalmatiër (de)	斑点狗	bān diǎn gǒu
cockerspaniël (de)	可卡犬	kě kǎ quǎn

| newfoundlander (de) | 纽芬兰犬 | niǔfēnlán quǎn |
| sint-bernard (de) | 圣伯纳犬 | shèng bǎi nà quǎn |

poolhond (de)	哈士奇	hā shì jī
chowchow (de)	松狮犬	sōng shī quǎn
spits (de)	斯皮茨	sī pí cí
mopshond (de)	巴哥犬	bā gē quǎn

214. Dierengeluiden

geblaf (het)	狗吠声	gǒu fèi shēng
blaffen (ww)	吠	fèi
miauwen (ww)	喵喵叫	miāo miāo jiào
spinnen (katten)	发出呼噜声	fā chū hū lū shēng

loeien (ov. een koe)	哞哞叫	mōu mōu jiào
brullen (stier)	咆哮	páo xiāo
grommen (ov. de honden)	低声吼叫	dī shēng hǒu jiào

gehuil (het)	嚎叫声	háo jiào shēng
huilen (wolf, enz.)	嗥叫	háo jiào
janken (ov. een hond)	呜呜声	wū wū shēng

mekkeren (schapen)	咩咩叫	miē miē jiào
knorren (varkens)	发哼哼声	fā hēng hēng shēng
gillen (bijv. varken)	发吱吱声	fā zī zī shēng

kwaken (kikvorsen)	呱呱地叫	guā guā de jiào
zoemen (hommel, enz.)	嗡嗡叫	wēng wēng jiào
tjirpen (sprinkhanen)	鸣叫	míng jiào

215. Jonge dieren

jong (het)	幼兽	yòu shòu
poesje (het)	小猫	xiǎo māo
muisje (het)	小老鼠	xiǎo lǎo shǔ
puppy (de)	小狗	xiǎo gǒu

jonge haas (de)	小野兔	xiǎo yě tù
konijntje (het)	小家兔	xiǎo jiā tù
wolfje (het)	狼崽子	láng zǎi zi
vosje (het)	小狐狸	xiǎo húli
beertje (het)	小熊	xiǎo xióng

leeuwenjong (het)	幼狮	yòu shī
tijgertje (het)	幼虎	yòu hǔ
olifantenjong (het)	小象	xiǎo xiàng

biggetje (het)	小猪	xiǎo zhū
kalf (het)	小牛，牛犊	xiǎo niú, niú dú
geitje (het)	小山羊	xiǎo shān yáng
lam (het)	小羊	xiǎo yáng
reekalf (het)	幼鹿	yòu lù
jonge kameel (de)	小骆驼	xiǎo luò tuo

| slangenjong (het) | 幼蛇 | yòu shé |
| kikkertje (het) | 幼蛙 | yòu wā |

vogeltje (het)	雏鸟	chū niǎo
kuiken (het)	小鸡	xiǎo jī
eendje (het)	小鸭	xiǎo yā

216. Vogels

vogel (de)	鸟	niǎo
duif (de)	鸽子	gē zi
mus (de)	麻雀	má què
koolmees (de)	山雀	shān què
ekster (de)	喜鹊	xǐ què

raaf (de)	渡鸦	dù yā
kraai (de)	乌鸦	wū yā
kauw (de)	穴鸟	xué niǎo
roek (de)	秃鼻乌鸦	tū bí wū yā

eend (de)	鸭子	yā zi
gans (de)	鹅	é
fazant (de)	野鸡	yě jī

arend (de)	鹰	yīng
havik (de)	鹰，隼	yīng, sǔn
valk (de)	隼，猎鹰	sǔn, liè yīng
gier (de)	秃鹫	tū jiù
condor (de)	神鹰	shén yīng

zwaan (de)	天鹅	tiān é
kraanvogel (de)	鹤	hè
ooievaar (de)	鹳	guàn

papegaai (de)	鹦鹉	yīng wǔ
kolibrie (de)	蜂鸟	fēng niǎo
pauw (de)	孔雀	kǒng què

struisvogel (de)	鸵鸟	tuó niǎo
reiger (de)	鹭	lù
flamingo (de)	火烈鸟	huǒ liè niǎo
pelikaan (de)	鹈鹕	tí hú
nachtegaal (de)	夜莺	yè yīng

zwaluw (de)	燕子	yàn zi
lijster (de)	田鸫	tián dōng
zanglijster (de)	歌鸠	gē jiū
merel (de)	乌鸫	wū dōng
gierzwaluw (de)	雨燕	yǔ yàn
leeuwerik (de)	云雀	yún què
kwartel (de)	鹌鹑	ān chún
specht (de)	啄木鸟	zhuó mù niǎo
koekoek (de)	布谷鸟	bù gǔ niǎo
uil (de)	猫头鹰	māo tóu yīng
oehoe (de)	雕号鸟	diāo hào niǎo
auerhoen (het)	松鸡	sōng jī
korhoen (het)	黑琴鸡	hēi qín jī
patrijs (de)	山鹑	shān chún
spreeuw (de)	椋鸟	liáng niǎo
kanarie (de)	金丝雀	jīn sī què
hazelhoen (het)	花尾秦鸡	huā yǐ qín jī
vink (de)	苍头燕雀	cāng tóu yàn què
goudvink (de)	红腹灰雀	hóng fù huī què
meeuw (de)	海鸥	hǎi ōu
albatros (de)	信天翁	xìn tiān wēng
pinguïn (de)	企鹅	qǐ é

217. Vogels. Zingen en geluiden

fluiten, zingen (ww)	唱歌	chàng gē
schreeuwen (dieren, vogels)	叫喊	jiào hǎn
kraaien (ov. een haan)	喔喔啼	wō wō tí
kukeleku	喔喔声	wō wō shēng
klokken (hen)	咯咯叫	luò luò jiào
krassen (kraai)	鸦叫	yā jiào
kwaken (eend)	嘎嘎叫	gā gā jiào
piepen (kuiken)	咬咬叫	zī zī jiào
tjilpen (bijv. een mus)	鸟叫，啾啾叫	niǎo jiào, jiū jiū jiào

218. Vis. Zeedieren

brasem (de)	鳊鱼	biān yú
karper (de)	鲤鱼	lǐ yú
baars (de)	鲈鱼	lú yú
meerval (de)	鲶鱼	nián yú
snoek (de)	狗鱼	gǒu yú
zalm (de)	鲑鱼	guī yú
steur (de)	鲟鱼	xú nyú
haring (de)	鲱鱼	fēi yú
atlantische zalm (de)	大西洋鲑	dà xī yáng guī

| makreel (de) | 鲭鱼 | qīng yú |
| platvis (de) | 比目鱼 | bǐ mù yú |

snoekbaars (de)	白梭吻鲈	bái suō wěn lú
kabeljauw (de)	鳕鱼	xuě yú
tonijn (de)	金枪鱼	jīn qiāng yú
forel (de)	鳟鱼	zūn yú

paling (de)	鳗鱼，鳝鱼	mán yú, shàn yú
sidderrog (de)	电鳐目	diàn yáo mù
murene (de)	海鳝	hǎi shàn
piranha (de)	食人鱼	shí rén yú

haai (de)	鲨鱼	shā yú
dolfijn (de)	海豚	hǎi tún
walvis (de)	鲸	jīng

krab (de)	螃蟹	páng xiè
kwal (de)	海蜇	hǎi zhē
octopus (de)	章鱼	zhāng yú

zeester (de)	海星	hǎi xīng
zee-egel (de)	海胆	hǎi dǎn
zeepaardje (het)	海马	hǎi mǎ

oester (de)	牡蛎	mǔ lì
garnaal (de)	虾，小虾	xiā, xiǎo xiā
kreeft (de)	螯龙虾	áo lóng xiā
langoest (de)	龙虾科	lóng xiā kē

219. Amfibieën. Reptielen

| slang (de) | 蛇 | shé |
| giftig (slang) | 有毒的 | yǒu dú de |

adder (de)	蝮蛇	fù shé
cobra (de)	眼镜蛇	yǎn jìng shé
python (de)	蟒蛇	mǎng shé
boa (de)	大蟒蛇	dà mǎng shé
ringslang (de)	水游蛇	shuǐ yóu shé
ratelslang (de)	响尾蛇	xiǎng wěi shé
anaconda (de)	森蚺	sēn rán

hagedis (de)	蜥蜴	xī yì
leguaan (de)	鬣鳞蜥	liè lín xī
varaan (de)	巨蜥	jù xī
salamander (de)	蝾螈	róng yuán
kameleon (de)	变色龙	biàn sè lóng
schorpioen (de)	蝎子	xiē zi

schildpad (de)	龟	guī
kikker (de)	青蛙	qīng wā
pad (de)	蟾蜍	chán chú
krokodil (de)	鳄鱼	è yú

220. Insecten

insect (het)	昆虫	kūn chóng
vlinder (de)	蝴蝶	hú dié
mier (de)	蚂蚁	mǎ yǐ
vlieg (de)	苍蝇	cāng ying
mug (de)	蚊子	wén zi
kever (de)	甲虫	jiǎ chóng
wesp (de)	黄蜂	huáng fēng
bij (de)	蜜蜂	mì fēng
hommel (de)	熊蜂	xióng fēng
horzel (de)	牛虻	niú méng
spin (de)	蜘蛛	zhī zhū
spinnenweb (het)	蜘蛛网	zhī zhū wǎng
libel (de)	蜻蜓	qīng tíng
sprinkhaan (de)	蝗虫	huáng chóng
nachtvlinder (de)	蛾	é
kakkerlak (de)	蟑螂	zhāng láng
mijt (de)	壁虱	bì shī
vlo (de)	跳蚤	tiào zao
kriebelmug (de)	蠓	měng
treksprinkhaan (de)	蝗虫	huáng chóng
slak (de)	蜗牛	wō niú
krekel (de)	蟋蟀	xī shuài
glimworm (de)	萤火虫	yíng huǒ chóng
lieveheersbeestje (het)	瓢虫	piáo chóng
meikever (de)	大倮鳃角金龟	dà lì sāi jiǎo jīn guī
bloedzuiger (de)	水蛭	shuǐ zhì
rups (de)	毛虫	máo chóng
aardworm (de)	虫，蠕虫	chóng, rú chóng
larve (de)	幼虫	yòu chóng

221. Dieren. Lichaamsdelen

snavel (de)	鸟嘴	niǎo zuǐ
vleugels (mv.)	翼，翅膀	yì, chì bǎng
poot (ov. een vogel)	爪	zhuǎ
verenkleed (het)	羽毛	yǔ máo
veer (de)	羽	yǔ
kuifje (het)	鸟冠	niǎo guān
kieuwen (mv.)	鳃	sāi
kuit, dril (de)	卵，卵块	luǎn, luǎn kuài
larve (de)	幼虫	yòu chóng
vin (de)	鳍，鱼翅	qí, yú chì
schubben (mv.)	鳞片	lín piàn
slagtand (de)	犬牙	quǎn yá

poot (bijv. ~ van een kat)	爪, 脚掌	zhuǎ, jiǎo zhǎng
muil (de)	口鼻部	kǒu bí bù
bek (mond van dieren)	嘴	zuǐ
staart (de)	尾巴	wěi ba
snorharen (mv.)	胡须	hú xū

| hoef (de) | 蹄 | tí |
| hoorn (de) | 角 | jiǎo |

schild (schildpad, enz.)	背甲	bèi jiǎ
schelp (de)	贝壳	bèi ké
eierschaal (de)	壳	ké

| vacht (de) | 毛 | máo |
| huid (de) | 兽皮 | shòu pí |

222. Acties van de dieren

vliegen (ww)	飞	fēi
cirkelen (vogel)	回翔	huí xiáng
wegvliegen (ww)	飞走	fēi zǒu
klapwieken (ww)	振翅	zhèn chì

pikken (vogels)	啄	zhuó
broeden (de eend zit te ~)	孵化	fū huà
uitbroeden (ww)	出壳	chū qiào
een nest bouwen	筑巢	zhù cháo

kruipen (ww)	爬行	pá xíng
steken (bij)	蜇	zhē
bijten (de hond, enz.)	咬人	yǎo rén

snuffelen (ov. de dieren)	闻	wén
blaffen (ww)	吠	fèi
sissen (slang)	嘶嘶声	sī sī shēng
doen schrikken (ww)	吓唬	xià hu
aanvallen (ww)	袭击	xí jī

knagen (ww)	啃	kěn
schrammen (ww)	抓破	zhuā pò
zich verbergen (ww)	躲藏	duǒ cáng

spelen (ww)	玩	wán
jagen (ww)	打猎	dǎ liè
winterslapen	蛰伏	zhé fú
uitsterven (dinosauriërs, enz.)	灭亡	miè wáng

223. Dieren. Leefomgevingen

leefgebied (het)	生境	shēng jìng
migratie (de)	迁徙	qiān xǐ
berg (de)	山	shān

rif (het)	礁	jiāo
klip (de)	悬崖	xuán yá
bos (het)	森林，树林	sēn lín, shù lín
jungle (de)	热带丛林	rèdài cóng lín
savanne (de)	热带草原	rèdài cǎo yuán
toendra (de)	苔原	tái yuán
steppe (de)	草原	cǎo yuán
woestijn (de)	沙漠	shā mò
oase (de)	绿洲	lǜ zhōu
zee (de)	海，大海	hǎi, dà hǎi
meer (het)	湖	hú
oceaan (de)	海洋，大海	hǎi yáng, dà hǎi
moeras (het)	沼泽	zhǎo zé
zoetwater- (abn)	淡水的	dàn shuǐ de
vijver (de)	池塘	chí táng
rivier (de)	河，江	hé, jiāng
berenhol (het)	熊窝	xióng wō
nest (het)	鸟窝	niǎo wō
boom holte (de)	树洞	shù dòng
hol (het)	洞穴，兽穴	dòng xué, shòu xué
mierenhoop (de)	蚁丘	yǐ qiū

224. Dierverzorging

dierentuin (de)	动物园	dòng wù yuán
natuurreservaat (het)	自然保护区	zì rán bǎo hù qū
fokkerij (de)	繁殖场	fán zhí chǎng
openluchtkooi (de)	露天笼	lù tiān lóng
kooi (de)	笼子	lóng zi
hondenhok (het)	狗窝	gǒu wō
duiventil (de)	鸽棚	gē péng
aquarium (het)	水族箱	shuǐ zú xiāng
dolfinarium (het)	海豚馆	hǎi tún guǎn
fokken (bijv. honden ~)	饲养	sì yǎng
nakomelingen (mv.)	一窝	yī wō
temmen (tam maken)	驯化	xùn huà
voeding (de)	饲料	sì liào
voederen (ww)	喂养	wèi yǎng
dresseren (ww)	训练	xùn liàn
dierenwinkel (de)	宠物店	chǒng wù diàn
muilkorf (de)	嘴套	zuǐ tào
halsband (de)	颈圈	jǐng quān
naam (ov. een dier)	绰号	chuò hào
stamboom (honden met ~)	血统	xuè tǒng

225. Dieren. Diversen

meute (wolven)	一群	yī qún
zwerm (vogels)	鸟群	niǎo qún
school (vissen)	鱼群	yú qún
kudde (wilde paarden)	群	qún

mannetje (het)	雄性	xióng xìng
vrouwtje (het)	雌性生物	cí xìng shēng wù

hongerig (bn)	饿的	è de
wild (bn)	野生的	yě shēng de
gevaarlijk (bn)	危险的	wēi xiǎn de

226. Paarden

paard (het)	马	mǎ
ras (het)	种	zhǒng

veulen (het)	马驹	mǎ jū
merrie (de)	母马	mǔ mǎ

mustang (de)	野马	yě mǎ
pony (de)	小型马	xiǎo xíng mǎ
koudbloed (de)	曳马，驮马	yè mǎ, duò mǎ

manen (mv.)	鬃毛	zōng máo
staart (de)	尾巴	wěi ba

hoef (de)	马蹄	mǎ tí
hoefijzer (het)	马蹄铁，马掌	mǎ tí tiě, mǎ zhǎng
beslaan (ww)	钉上马掌	dīng shàng mǎ zhǎng
paardensmid (de)	铁匠	tiě jiang

zadel (het)	鞍，马鞍	ān, mǎ ān
stijgbeugel (de)	马镫	mǎ dèng
breidel (de)	马笼头	mǎ lóng tóu
leidsels (mv.)	缰绳	jiāng shéng
zweep (de)	鞭子	biān zi

ruiter (de)	骑手	qí shǒu
inrijden (ww)	驯服	xùn fú
zadelen (ww)	备鞍	bèi ān
een paard bestijgen	上马	shàng mǎ

galop (de)	奔驰	bēn chí
galopperen (ww)	奔驰	bēn chí
draf (de)	小跑	xiǎo pǎo
in draf (bw)	在小跑	zài xiǎo pǎo

renpaard (het)	赛马	sài mǎ
paardenrace (de)	赛马会	sài mǎ huì
paardenstal (de)	马厩	mǎ jiù

voederen (ww)	喂养	wèi yǎng
hooi (het)	干草	gān cǎo
water geven (ww)	给 … 喂水	gěi … wèi shuǐ
wassen (paard ~)	刷马	shuā mǎ
grazen (gras eten)	放牧	fàng mù
hinniken (ww)	马嘶叫	mǎ sī jiào
een trap geven	乱踢	luàn tī

Flora

227. Bomen

boom (de)	树，乔木	shù, qiáo mù
loof- (abn)	每年落叶的	měi nián luò yè de
dennen- (abn)	针叶树	zhēn yè shù
groenblijvend (bn)	常绿树	cháng lǜ shù
appelboom (de)	苹果树	píngguǒ shù
perenboom (de)	梨树	lí shù
zoete kers (de)	欧洲甜樱桃树	oūzhōu tián yīngtáo shù
zure kers (de)	樱桃树	yīngtáo shù
pruimelaar (de)	李树	lǐ shù
berk (de)	白桦，桦树	bái huà, huà shù
eik (de)	橡树	xiàng shù
linde (de)	椴树	duàn shù
esp (de)	山杨	shān yáng
esdoorn (de)	枫树	fēng shù
spar (de)	枞树，杉树	cōng shù, shān shù
den (de)	松树	sōng shù
lariks (de)	落叶松	luò yè sōng
zilverspar (de)	冷杉	lěng shān
ceder (de)	雪松	xuě sōng
populier (de)	杨	yáng
lijsterbes (de)	花楸	huā qiū
wilg (de)	柳树	liǔ shù
els (de)	赤杨	chì yáng
beuk (de)	山毛榉	shān máo jǔ
iep (de)	榆树	yú shù
es (de)	白腊树	bái là shù
kastanje (de)	栗树	lì shù
magnolia (de)	木兰	mù lán
palm (de)	棕榈树	zōng lǘ shù
cipres (de)	柏树	bǎi shù
baobab (apenbroodboom)	猴面包树	hóu miàn bāo shù
eucalyptus (de)	桉树	ān shù
mammoetboom (de)	红杉	hóng shān

228. Heesters

struik (de)	灌木	guàn mù
heester (de)	灌木	guàn mù

| wijnstok (de) | 葡萄 | pú tao |
| wijngaard (de) | 葡萄园 | pú táo yuán |

frambozenstruik (de)	悬钩栗	xuán gōu lì
rode bessenstruik (de)	红醋栗	hóng cù lì
kruisbessenstruik (de)	醋栗	cù lì

acacia (de)	金合欢	jīn hé huān
zuurbes (de)	小檗	xiǎo bò
jasmijn (de)	茉莉	mò li

jeneverbes (de)	刺柏	cì bǎi
rozenstruik (de)	玫瑰丛	méi guī cóng
hondsroos (de)	犬蔷薇	quǎn qiáng wēi

229. Champignons

paddenstoel (de)	蘑菇	mógu
eetbare paddenstoel (de)	可食的蘑菇	kěshíde mógu
giftige paddenstoel (de)	毒蘑菇	dú mógu
hoed (de)	蘑菇伞	mógu sǎn
steel (de)	菇脚	gū jiǎo

gewoon eekhoorntjesbrood (het)	美味牛肝菌	měi wèi niú gān jūn
rosse populierenboleet (de)	橙盖牛肝菌	chéng gài niú gān jūn
berkenboleet (de)	褐疣柄牛肝菌	hè yóu bǐng niú gān jūn
cantharel (de)	鸡油菌	jī yóu jūn
russula (de)	红菇	hóng gū

morille (de)	羊肚菌	yáng dǔ jùn
vliegenzwam (de)	蛤蟆菌	há má jùn
groene knolzwam (de)	毒覃	dú xùn

230. Vruchten. Bessen

appel (de)	苹果	píng guǒ
peer (de)	梨	lí
pruim (de)	李子	lǐ zi

aardbei (de)	草莓	cǎo méi
zure kers (de)	樱桃	yīngtáo
zoete kers (de)	欧洲甜樱桃	oūzhōu tián yīngtáo
druif (de)	葡萄	pú tao

framboos (de)	覆盆子	fù pén zi
zwarte bes (de)	黑醋栗	hēi cù lì
rode bes (de)	红醋栗	hóng cù lì
kruisbes (de)	醋栗	cù lì
veenbes (de)	小红莓	xiǎo hóng méi
sinaasappel (de)	橙子	chén zi
mandarijn (de)	橘子	jú zi

ananas (de)	菠萝	bō luó
banaan (de)	香蕉	xiāng jiāo
dadel (de)	海枣	hǎi zǎo

citroen (de)	柠檬	níng méng
abrikoos (de)	杏子	xìng zi
perzik (de)	桃子	táo zi
kiwi (de)	猕猴桃	mí hóu táo
grapefruit (de)	葡萄柚	pú tao yòu

bes (de)	浆果	jiāng guǒ
bessen (mv.)	浆果	jiāng guǒ
vossenbes (de)	越橘	yuè jú
bosaardbei (de)	草莓	cǎo méi
bosbes (de)	越橘	yuè jú

231. Bloemen. Planten

| bloem (de) | 花 | huā |
| boeket (het) | 花束 | huā shù |

roos (de)	玫瑰	méi guī
tulp (de)	郁金香	yù jīn xiāng
anjer (de)	康乃馨	kāng nǎi xīn
gladiool (de)	唐菖蒲	táng chāng pú

korenbloem (de)	矢车菊	shǐ chē jú
klokje (het)	风铃草	fēng líng cǎo
paardenbloem (de)	蒲公英	pú gōng yīng
kamille (de)	甘菊	gān jú

aloë (de)	芦荟	lúhuì
cactus (de)	仙人掌	xiān rén zhǎng
ficus (de)	橡胶树	xiàng jiāo shù

lelie (de)	百合花	bǎi hé huā
geranium (de)	天竺葵	tiān zhú kuí
hyacint (de)	风信子	fēng xìn zǐ

mimosa (de)	含羞草	hán xiū cǎo
narcis (de)	水仙	shuǐ xiān
Oostindische kers (de)	旱金莲	hàn jīn lián

orchidee (de)	兰花	lán huā
pioenroos (de)	芍药	sháo yao
viooltje (het)	紫罗兰	zǐ luó lán

driekleurig viooltje (het)	三色堇	sān sè jǐn
vergeet-mij-nietje (het)	勿忘草	wù wàng cǎo
madeliefje (het)	雏菊	chú jú

papaver (de)	罂粟	yīng sù
hennep (de)	大麻	dà má
munt (de)	薄河	bó hé

lelietje-van-dalen (het)	铃兰	líng lán
sneeuwklokje (het)	雪花莲	xuě huā lián
brandnetel (de)	荨麻	qián má
veldzuring (de)	酸模	suān mó
waterlelie (de)	睡莲	shuì lián
varen (de)	蕨	jué
korstmos (het)	地衣	dì yī
oranjerie (de)	温室	wēn shì
gazon (het)	草坪	cǎo píng
bloemperk (het)	花坛，花圃	huā tán, huā pǔ
plant (de)	植物	zhí wù
gras (het)	草	cǎo
grasspriet (de)	叶片	yè piàn
blad (het)	叶子	yè zi
bloemblad (het)	花瓣	huā bàn
stengel (de)	茎	jīng
knol (de)	块茎	kuài jīng
scheut (de)	芽	yá
doorn (de)	刺	cì
bloeien (ww)	开花	kāi huā
verwelken (ww)	枯萎	kū wěi
geur (de)	香味	xiāng wèi
snijden (bijv. bloemen ~)	切	qiē
plukken (bloemen ~)	采，摘	cǎi, zhāi

232. Granen, graankorrels

graan (het)	谷物	gǔ wù
graangewassen (mv.)	谷类作物	gǔ lèi zuò wù
aar (de)	穗	suì
tarwe (de)	小麦	xiǎo mài
rogge (de)	黑麦	hēi mài
haver (de)	燕麦	yàn mài
gierst (de)	粟，小米	sù, xiǎo mǐ
gerst (de)	大麦	dàmài
maïs (de)	玉米	yù mǐ
rijst (de)	稻米	dào mǐ
boekweit (de)	荞麦	qiáo mài
erwt (de)	豌豆	wān dòu
boon (de)	四季豆	sì jì dòu
soja (de)	黄豆	huáng dòu
linze (de)	兵豆	bīng dòu
bonen (mv.)	豆子	dòu zi

233. Groenten. Groene groenten

groenten (mv.)	蔬菜	shū cài
verse kruiden (mv.)	青菜	qīng cài
tomaat (de)	西红柿	xī hóng shì
augurk (de)	黄瓜	huáng guā
wortel (de)	胡萝卜	hú luó bo
aardappel (de)	土豆	tǔ dòu
ui (de)	洋葱	yáng cōng
knoflook (de)	大蒜	dà suàn
kool (de)	元白菜	yuán bái cài
bloemkool (de)	菜花	cài huā
spruitkool (de)	抱子甘蓝	bào zi gān lán
rode biet (de)	甜菜根	tián cài gēn
aubergine (de)	茄子	qié zi
courgette (de)	西葫芦	xī hú lu
pompoen (de)	南瓜	nán guā
knolraap (de)	蔓菁	mán jing
peterselie (de)	欧芹	ōu qín
dille (de)	莳萝	shì luó
sla (de)	生菜, 莴苣	shēng cài, wō jù
selderij (de)	芹菜	qín cài
asperge (de)	芦笋	lú sǔn
spinazie (de)	菠菜	bō cài
erwt (de)	豌豆	wān dòu
bonen (mv.)	豆子	dòu zi
maïs (de)	玉米	yù mǐ
boon (de)	四季豆	sì jì dòu
peper (de)	胡椒, 辣椒	hú jiāo, là jiāo
radijs (de)	水萝卜	shuǐ luó bo
artisjok (de)	朝鲜蓟	cháo xiǎn jì

REGIONALE AARDRIJKSKUNDE

Landen. Nationaliteiten

234. West-Europa

Europa (het)	欧洲	oūzhōu
Europese Unie (de)	欧盟	oūméng
Europeaan (de)	欧洲人	oūzhōu rén
Europees (bn)	欧洲人	oūzhōu rén
Oostenrijk (het)	奥地利	aòdìlì
Oostenrijker (de)	奥地利人	aòdìlì rén
Oostenrijkse (de)	奥地利人	aòdìlì rén
Oostenrijks (bn)	奥地利的	aòdìlì de
Groot-Brittannië (het)	大不列颠	dàbùlièdiān
Engeland (het)	英国	yīngguó
Engelsman (de)	英国人	yīngguó rén
Engelse (de)	英国人	yīngguó rén
Engels (bn)	英国的	yīngguó de
België (het)	比利时	bǐlìshí
Belg (de)	比利时人	bǐlìshí rén
Belgische (de)	比利时人	bǐlìshí rén
Belgisch (bn)	比利时的	bǐlìshí de
Duitsland (het)	德国	dé guó
Duitser (de)	德国人	dé guó rén
Duitse (de)	德国人	dé guó rén
Duits (bn)	德国的	dé guó de
Nederland (het)	荷兰	hélán
Holland (het)	荷兰	hélán
Nederlander (de)	荷兰人	hélán rén
Nederlandse (de)	荷兰人	hélán rén
Nederlands (bn)	荷兰的	hélán de
Griekenland (het)	希腊	xīlà
Griek (de)	希腊人	xīlà rén
Griekse (de)	希腊人	xīlà rén
Grieks (bn)	希腊的	xīlà de
Denemarken (het)	丹麦	dānmài
Deen (de)	丹麦人	dānmài rén
Deense (de)	丹麦人	dānmài rén
Deens (bn)	丹麦的	dānmài de
Ierland (het)	爱尔兰	aìěrlán
Ier (de)	爱尔兰人	aìěrlán rén

Ierse (de)	爱尔兰人	aìěrlán rén
Iers (bn)	爱尔兰的	aìěrlán de
IJsland (het)	冰岛	bīngdǎo
IJslander (de)	冰岛人	bīngdǎo rén
IJslandse (de)	冰岛人	bīngdǎo rén
IJslands (bn)	冰岛的	bīngdǎo de
Spanje (het)	西班牙	xībānyá
Spanjaard (de)	西班牙人	xībānyá rén
Spaanse (de)	西班牙人	xībānyá rén
Spaans (bn)	西班牙的	xībānyá de
Italië (het)	意大利	yìdàlì
Italiaan (de)	意大利人	yìdàlì rén
Italiaanse (de)	意大利人	yìdàlì rén
Italiaans (bn)	意大利的	yìdàlì de
Cyprus (het)	塞浦路斯	sàipǔlùsī
Cyprioot (de)	塞浦路斯人	sàipǔlùsī rén
Cypriotische (de)	塞浦路斯人	sàipǔlùsī rén
Cypriotisch (bn)	塞浦路斯的	sàipǔlùsī de
Malta (het)	马耳他	mǎěrtā
Maltees (de)	马耳他人	mǎěrtā rén
Maltese (de)	马耳他人	mǎěrtā rén
Maltees (bn)	马耳他的	mǎěrtā de
Noorwegen (het)	挪威	nuówēi
Noor (de)	挪威人	nuówēi rén
Noorse (de)	挪威人	nuówēi rén
Noors (bn)	挪威的	nuówēi de
Portugal (het)	葡萄牙	pútáoyá
Portugees (de)	葡萄牙人	pútáoyá rén
Portugese (de)	葡萄牙人	pútáoyá rén
Portugees (bn)	葡萄牙的	pútáoyá de
Finland (het)	芬兰	fēnlán
Fin (de)	芬兰人	fēnlán rén
Finse (de)	芬兰人	fēnlán rén
Fins (bn)	芬兰的	fēnlán de
Frankrijk (het)	法国	fǎguó
Fransman (de)	法国人	fǎguó rén
Française (de)	法国人	fǎguó rén
Frans (bn)	法国的	fǎguó de
Zweden (het)	瑞典	ruìdiǎn
Zweed (de)	瑞典人	ruìdiǎn rén
Zweedse (de)	瑞典人	ruìdiǎn rén
Zweeds (bn)	瑞典的	ruìdiǎn de
Zwitserland (het)	瑞士	ruìshì
Zwitser (de)	瑞士人	ruìshì rén
Zwitserse (de)	瑞士人	ruìshì rén

Zwitsers (bn)	瑞士的	ruìshì de
Schotland (het)	苏格兰	sūgélán
Schot (de)	苏格兰人	sūgélán rén
Schotse (de)	苏格兰人	sūgélán rén
Schots (bn)	苏格兰的	sūgélán de

Vaticaanstad (de)	梵蒂冈	fàndìgāng
Liechtenstein (het)	列支敦士登	lièzhīdūnshìdēng
Luxemburg (het)	卢森堡	lúsēnbǎo
Monaco (het)	摩纳哥	mónàgē

235. Centraal- en Oost-Europa

Albanië (het)	阿尔巴尼亚	āěrbāníyà
Albanees (de)	阿尔巴尼亚人	āěrbāníyà rén
Albanese (de)	阿尔巴尼亚人	āěrbāníyà rén
Albanees (bn)	阿尔巴尼亚的	āěrbāníyà de

Bulgarije (het)	保加利亚	bǎojiālìyà
Bulgaar (de)	保加利亚人	bǎojiālìyà rén
Bulgaarse (de)	保加利亚人	bǎojiālìyà rén
Bulgaars (bn)	保加利亚的	bǎojiālìyà de

Hongarije (het)	匈牙利	xiōngyálì
Hongaar (de)	匈牙利人	xiōngyálì rén
Hongaarse (de)	匈牙利人	xiōngyálì rén
Hongaars (bn)	匈牙利的	xiōngyálì de

Letland (het)	拉脱维亚	lātuōwéiyà
Let (de)	拉脱维亚人	lātuōwéiyà rén
Letse (de)	拉脱维亚人	lātuōwéiyà rén
Lets (bn)	拉脱维亚的	lātuōwéiyà de

Litouwen (het)	立陶宛	lìtáowǎn
Litouwer (de)	立陶宛人	lìtáowǎn rén
Litouwse (de)	立陶宛人	lìtáowǎn rén
Litouws (bn)	立陶宛的	lìtáowǎn de

Polen (het)	波兰	bōlán
Pool (de)	波兰人	bōlán rén
Poolse (de)	波兰人	bōlán rén
Pools (bn)	波兰的	bōlán de

Roemenië (het)	罗马尼亚	luómǎníyà
Roemeen (de)	罗马尼亚人	luómǎníyà rén
Roemeense (de)	罗马尼亚人	luómǎníyà rén
Roemeens (bn)	罗马尼亚的	luómǎníyà de

Servië (het)	塞尔维亚	sāiěrwéiyà
Serviër (de)	塞尔维亚人	sāiěrwéiyà rén
Servische (de)	塞尔维亚人	sāiěrwéiyà rén
Servisch (bn)	塞尔维亚的	sāiěrwéiyà de
Slowakije (het)	斯洛伐克	sīluòfákè
Slowaak (de)	斯洛伐克人	sīluòfákè rén

| Slowaakse (de) | 斯洛伐克人 | sīluòfákè rén |
| Slowaakse (bn) | 斯洛伐克的 | sīluòfákè de |

Kroatië (het)	克罗地亚	kèluódìyà
Kroaat (de)	克罗地亚人	kèluódìyà rén
Kroatische (de)	克罗地亚人	kèluódìyà rén
Kroatisch (bn)	克罗地亚的	kèluódìyà de

Tsjechië (het)	捷克共和国	jiékè gònghéguó
Tsjech (de)	捷克人	jiékè rén
Tsjechische (de)	捷克人	jiékè rén
Tsjechisch (bn)	捷克的	jiékè de

Estland (het)	爱沙尼亚	àishāníyà
Est (de)	爱沙尼亚人	àishāníyà rén
Estse (de)	爱沙尼亚人	àishāníyà rén
Ests (bn)	爱沙尼亚的	àishāníyà de

Bosnië en Herzegovina (het)	波斯尼亚-黑塞哥维那	bōsīníyà hēisègēwéinà
Macedonië (het)	马其顿	mǎqídùn
Slovenië (het)	斯洛文尼亚	sīluòwénníyà
Montenegro (het)	黑山	hēishān

236. Voormalige USSR landen

Azerbeidzjan (het)	阿塞拜疆	āsàibàijiāng
Azerbeidzjaan (de)	阿塞拜疆人	āsàibàijiāng rén
Azerbeidjaanse (de)	阿塞拜疆人	āsàibàijiāng rén
Azerbeidjaans (bn)	阿塞拜疆的	āsàibàijiāng de

Armenië (het)	亚美尼亚	yàměiníyà
Armeen (de)	亚美尼亚人	yàměiníyà rén
Armeense (de)	亚美尼亚人	yàměiníyà rén
Armeens (bn)	亚美尼亚的	yàměiníyà de

Wit-Rusland (het)	白俄罗斯	báiéluósī
Wit-Rus (de)	白俄罗斯人	báiéluósī rén
Wit-Russische (de)	白俄罗斯人	báiéluósī rén
Wit-Russisch (bn)	白俄罗斯的	báiéluósī de

Georgië (het)	格鲁吉亚	gélǔjíyà
Georgiër (de)	格鲁吉亚人	gélǔjíyà rén
Georgische (de)	格鲁吉亚人	gélǔjíyà rén
Georgisch (bn)	格鲁吉亚的	gélǔjíyà de

Kazakstan (het)	哈萨克斯坦	hāsàkèsītǎn
Kazak (de)	哈萨克人	hāsàkè rén
Kazakse (de)	哈萨克人	hāsàkè rén
Kazakse (bn)	哈萨克的	hāsàkè de

Kirgizië (het)	吉尔吉斯	jíěrjísī
Kirgiziër (de)	吉尔吉斯人	jíěrjísī rén
Kirgizische (de)	吉尔吉斯人	jíěrjísī rén
Kirgizische (bn)	吉尔吉斯的	jíěrjísī de

Moldavië (het)	摩尔多瓦	móěrduōwǎ
Moldaviër (de)	摩尔多瓦人	móěrduōwǎ rén
Moldavische (de)	摩尔多瓦人	móěrduōwǎ rén
Moldavisch (bn)	摩尔多瓦的	móěrduōwǎ de
Rusland (het)	俄罗斯	éluósī
Rus (de)	俄罗斯的	éluósī de
Russin (de)	俄罗斯人	éluósī rén
Russisch (bn)	俄罗斯的	éluósī de
Tadzjikistan (het)	塔吉克斯坦	tǎjíkèsītǎn
Tadzjiek (de)	塔吉克人	tǎjíkè rén
Tadzjiekse (de)	塔吉克人	tǎjíkè rén
Tadzjieks (bn)	塔吉克的	tǎjíkè de
Turkmenistan (het)	土库曼斯坦	tǔkùmànsītǎn
Turkmeen (de)	土库曼人	tǔkùmàn rén
Turkmeense (de)	土库曼人	tǔkùmàn rén
Turkmeens (bn)	土库曼的	tǔkùmàn de
Oezbekistan (het)	乌兹别克斯坦	wūzībiékèsītǎn
Oezbeek (de)	乌兹别克人	wūzībiékè rén
Oezbeekse (de)	乌兹别克人	wūzībiékè rén
Oezbeeks (bn)	乌兹别克的	wūzībiékè de
Oekraïne (het)	乌克兰	wūkèlán
Oekraïner (de)	乌克兰人	wūkèlán rén
Oekraïense (de)	乌克兰人	wūkèlán rén
Oekraïens (bn)	乌克兰的	wūkèlán de

237. Azië

Azië (het)	亚洲	yàzhōu
Aziatisch (bn)	亚洲的	yàzhōu de
Vietnam (het)	越南	yuènán
Vietnamees (de)	越南人	yuènán rén
Vietnamese (de)	越南人	yuènán rén
Vietnamees (bn)	越南的	yuènán de
India (het)	印度	yìndù
Indiër (de)	印度人	yìndù rén
Indische (de)	印度人	yìndù rén
Indisch (bn)	印度的	yìndù de
Israël (het)	以色列	yǐsèliè
Israëliër (de)	以色列人	yǐsèliè rén
Israëlische (de)	以色列人	yǐsèliè rén
Israëlisch (bn)	以色列的	yǐsèliè de
Jood (etniciteit)	犹太人	yóutài rén
Jodin (de)	犹太人	yóutài rén
Joods (bn)	犹太的	yóutài de
China (het)	中国	zhōngguó

Chinees (de)	中国人	zhōngguó rén
Chinese (de)	中国人	zhōngguó rén
Chinees (bn)	中国的	zhōngguó de
Koreaan (de)	韩国人	hánguó rén
Koreaanse (de)	韩国人	hánguó rén
Koreaans (bn)	韩国的	hánguó de
Libanon (het)	黎巴嫩	líbānèn
Libanees (de)	黎巴嫩人	líbānèn rén
Libanese (de)	黎巴嫩人	líbānèn rén
Libanees (bn)	黎巴嫩的	líbānèn de
Mongolië (het)	蒙古	ménggǔ
Mongool (de)	蒙古人	ménggǔ rén
Mongoolse (de)	蒙古人	ménggǔ rén
Mongools (bn)	蒙古的	ménggǔ de
Maleisië (het)	马来西亚	mǎláixīyà
Maleisiër (de)	马来西亚人	mǎláixīyà rén
Maleisische (de)	马来西亚人	mǎláixīyà rén
Maleisisch (bn)	马来西亚的	mǎláixīyà de
Pakistan (het)	巴基斯坦	bājīsītǎn
Pakistaan (de)	巴基斯坦人	bājīsītǎn rén
Pakistaanse (de)	巴基斯坦人	bājīsītǎn rén
Pakistaans (bn)	巴基斯坦的	bājīsītǎn de
Saoedi-Arabië (het)	沙特阿拉伯	shātè ālābó
Arabier (de)	阿拉伯人	ālābó rén
Arabische (de)	阿拉伯人	ālābó rén
Arabisch (bn)	阿拉伯的	ālābó de
Thailand (het)	泰国	tàiguó
Thai (de)	泰国人	tàiguó rén
Thaise (de)	泰国人	tàiguó rén
Thai (bn)	泰国的	tàiguó de
Taiwan (het)	台湾	táiwān
Taiwanees (de)	台湾人	táiwān rén
Taiwanese (de)	台湾人	táiwān rén
Taiwanees (bn)	台湾的	táiwān de
Turkije (het)	土耳其	tǔěrqí
Turk (de)	土耳其人	tǔěrqí rén
Turkse (de)	土耳其人	tǔěrqí rén
Turks (bn)	土耳其的	tǔěrqí de
Japan (het)	日本	rìběn
Japanner (de)	日本人	rìběn rén
Japanse (de)	日本人	rìběn rén
Japans (bn)	日本的	rìběn de
Afghanistan (het)	阿富汗	āfùhàn
Bangladesh (het)	孟加拉国	mèngjiālāguó
Indonesië (het)	印度尼西亚	yìndùníxīyà

Jordanië (het)	约旦	yuēdàn
Irak (het)	伊拉克	yīlākè
Iran (het)	伊朗	yīlǎng
Cambodja (het)	柬埔寨	jiǎnpǔzhài
Koeweit (het)	科威特	kēwēitè

Laos (het)	老挝	lǎowō
Myanmar (het)	缅甸	miǎndiàn
Nepal (het)	尼泊尔	níbóěr
Verenigde Arabische Emiraten	阿联酋	ēliánqiú

Syrië (het)	叙利亚	xùlìyà
Palestijnse autonomie (de)	巴勒斯坦	bālèsītǎn
Zuid-Korea (het)	韩国	hánguó
Noord-Korea (het)	北朝鲜	běicháoxiǎn

238. Noord-Amerika

Verenigde Staten van Amerika	美国	měiguó
Amerikaan (de)	美国人	měiguó rén
Amerikaanse (de)	美国人	měiguó rén
Amerikaans (bn)	美国的	měiguó de

Canada (het)	加拿大	jiānádà
Canadees (de)	加拿大人	jiānádà rén
Canadese (de)	加拿大人	jiānádà rén
Canadees (bn)	加拿大的	jiānádà de

Mexico (het)	墨西哥	mòxīgē
Mexicaan (de)	墨西哥人	mòxīgē rén
Mexicaanse (de)	墨西哥人	mòxīgē rén
Mexicaans (bn)	墨西哥的	mòxīgē de

239. Midden- en Zuid-Amerika

Argentinië (het)	阿根廷	āgēntíng
Argentijn (de)	阿根廷人	āgēntíng rén
Argentijnse (de)	阿根廷人	āgēntíng rén
Argentijns (bn)	阿根廷的	āgēntíng de

Brazilië (het)	巴西	bāxī
Braziliaan (de)	巴西人	bāxī rén
Braziliaanse (de)	巴西人	bāxī rén
Braziliaans (bn)	巴西的	bāxī de

Colombia (het)	哥伦比亚	gēlúnbǐyà
Colombiaan (de)	哥伦比亚人	gēlúnbǐyà rén
Colombiaanse (de)	哥伦比亚人	gēlúnbǐyà rén
Colombiaans (bn)	哥伦比亚的	gēlúnbǐyà de
Cuba (het)	古巴	gǔbā

Cubaan (de)	古巴人	gǔbā rén
Cubaanse (de)	古巴人	gǔbā rén
Cubaans (bn)	古巴的	gǔbā de

Chili (het)	智利	zhìlì
Chileen (de)	智利人	zhìlì rén
Chileense (de)	智利人	zhìlì rén
Chileens (bn)	智利的	zhìlì de

Bolivia (het)	玻利维亚	bōlìwéiyà
Venezuela (het)	委内瑞拉	wěinèiruìlā
Paraguay (het)	巴拉圭	bālāguī
Peru (het)	秘鲁	bìlǔ
Suriname (het)	苏里南	sūlǐnán
Uruguay (het)	乌拉圭	wūlāguī
Ecuador (het)	厄瓜多尔	èguāduōěr

Bahama's (mv.)	巴哈马群岛	bāhāmǎ qúndǎo
Haïti (het)	海地	hǎidì
Dominicaanse Republiek (de)	多米尼加共和国	duōmǐníjiāgònghéguó
Panama (het)	巴拿马	bānámǎ
Jamaica (het)	牙买加	yámǎijiā

240. Afrika

Egypte (het)	埃及	āijí
Egyptenaar (de)	埃及人	āijí rén
Egyptische (de)	埃及人	āijí rén
Egyptisch (bn)	埃及的	āijí de

Marokko (het)	摩洛哥	móluògē
Marokkaan (de)	摩洛哥人	móluògē rén
Marokkaanse (de)	摩洛哥人	móluògē rén
Marokkaans (bn)	摩洛哥的	móluògē de

Tunesië (het)	突尼斯	tūnísī
Tunesiër (de)	突尼斯人	tūnísī rén
Tunesische (de)	突尼斯人	tūnísī rén
Tunesisch (bn)	突尼斯的	tūnísī de

Ghana (het)	加纳	jiā nà
Zanzibar (het)	桑给巴尔	sāngjǐbāěr
Kenia (het)	肯尼亚	kěn ní yà
Libië (het)	利比亚	lìbǐyà
Madagaskar (het)	马达加斯加	mǎdájiāsījiā

Namibië (het)	纳米比亚	nàmǐbǐyà
Senegal (het)	塞内加尔	sàinèijiāěr
Tanzania (het)	坦桑尼亚	tǎnsāngníyà
Zuid-Afrika (het)	南非	nánfēi

Afrikaan (de)	非洲人	fēizhōu rén
Afrikaanse (de)	非洲人	fēizhōu rén
Afrikaans (bn)	非洲的	fēizhōu de

241. Australië. Oceanië

Australië (het)	澳大利亚	àodàlìyà
Australiër (de)	澳大利亚人	àodàlìyà rén
Australische (de)	澳大利亚人	àodàlìyà rén
Australisch (bn)	澳大利亚的	àodàlìyà de
Nieuw-Zeeland (het)	新西兰	xīnxīlán
Nieuw-Zeelander (de)	新西兰人	xīnxīlán rén
Nieuw-Zeelandse (de)	新西兰人	xīnxīlán rén
Nieuw-Zeelands (bn)	新西兰的	xīnxīlán de
Tasmanië (het)	塔斯马尼亚	tǎsīmǎníyà
Frans-Polynesië	法属波利尼西亚	fǎshǔ bōlìníxīyà

242. Steden

Amsterdam	阿姆斯特丹	āmǔsītèdān
Ankara	安卡拉	ānkǎlā
Athene	雅典	yǎdiǎn
Bagdad	巴格达	bāgédá
Bangkok	曼谷	màngǔ
Barcelona	巴塞罗那	bāsàiluónà
Beiroet	贝鲁特	bèilǔtè
Berlijn	柏林	bólín
Boedapest	布达佩斯	bùdápèisī
Boekarest	布加勒斯特	bùjiālèsītè
Bombay, Mumbai	孟买	mèngmǎi
Bonn	波恩	bōēn
Bordeaux	波尔多	bōěrduō
Bratislava	布拉蒂斯拉发	bùlādìsīlāfā
Brussel	布鲁塞尔	bùlǔsàiěr
Caïro	开罗	kāiluó
Calcutta	加尔各答	jiāěrgèdá
Chicago	芝加哥	zhījiāgē
Dar Es Salaam	达累斯萨拉姆	dálèisàlāmǔ
Delhi	德里	délǐ
Den Haag	海牙	hǎiyá
Dubai	迪拜	díbài
Dublin	都柏林	dūbólín
Düsseldorf	杜塞尔多夫	dùsàierduōfū
Florence	佛洛伦萨	fóluòlúnsà
Frankfort	法兰克福	fǎlánkèfú
Genève	日内瓦	rìnèiwǎ
Hamburg	汉堡	hàn bǎo
Hanoi	河内	hénèi
Havana	哈瓦那	hāwǎnà
Helsinki	赫尔辛基	hèěrxīnjī

Hiroshima	广岛	guǎngdǎo
Hongkong	香港	xiānggǎng
Istanbul	伊斯坦布尔	yīsītǎnbùěr
Jeruzalem	耶路撒冷	yēlùsālěng
Kiev	基辅	jīfǔ

Kopenhagen	哥本哈根	gēběnhāgēn
Kuala Lumpur	吉隆坡	jílóngpō
Lissabon	里斯本	lǐsīběn
Londen	伦敦	lúndūn
Los Angeles	洛杉矶	luòshānjī

Lyon	里昂	lǐáng
Madrid	马德里	mǎdélǐ
Marseille	马赛	mǎsài
Mexico-Stad	墨西哥城	mòxīgēchéng
Miami	迈阿密	màiāmì

Montreal	蒙特利尔	méngtèlìěr
Moskou	莫斯科	mòsīkē
München	慕尼黑	mùníhēi
Nairobi	内罗毕	nèiluóbì
Napels	那布勒斯	nàbùlēisī

New York	纽约	niǔyuē
Nice	尼斯	nísī
Oslo	奥斯陆	àosīlù
Ottawa	渥太华	wòtàihuá
Parijs	巴黎	bālí

Peking	北京	běijīng
Praag	布拉格	bùlāgé
Rio de Janeiro	里约热内卢	lǐyuērènèilú
Rome	罗马	luómǎ
Seoel	首尔	shǒuěr
Singapore	新加坡	xīnjiāpō

Sint-Petersburg	圣彼得堡	shèngbǐdébǎo
Sjanghai	上海	shànghǎi
Stockholm	斯德哥尔摩	sīdégēěrmó
Sydney	悉尼	xīní
Taipei	台北	táiběi
Tokio	东京	dōngjīng

Toronto	多伦多	duōlúnduō
Venetië	威尼斯	wēinísī
Warschau	华沙	huáshā
Washington	华盛顿哥伦比亚特区	huáshèngdùn gēlúnbǐyà tèqū
Wenen	维也纳	wéiyěnà

243. Politiek. Overheid. Deel 1

| politiek (de) | 政治 | zhèng zhì |
| politiek (bn) | 政治的 | zhèng zhì de |

politicus (de)	政治家	zhèng zhì jiā
staat (land)	国家	guó jiā
burger (de)	公民	gōng mín
staatsburgerschap (het)	国籍	guó jí

| nationaal wapen (het) | 国徽 | guó huī |
| volkslied (het) | 国歌 | guó gē |

regering (de)	政府	zhèng fǔ
staatshoofd (het)	国家元首	guó jiā yuán shǒu
parlement (het)	国会	guó huì
partij (de)	党	dǎng

| kapitalisme (het) | 资本主义 | zīběn zhǔyì |
| kapitalistisch (bn) | 资本主义的 | zīběn zhǔyìde |

| socialisme (het) | 社会主义 | shèhuì zhǔyì |
| socialistisch (bn) | 社会主义的 | shèhuì zhǔyìde |

communisme (het)	共产主义	gòngchǎn zhǔyì
communistisch (bn)	共产主义的	gòngchǎn zhǔyì de
communist (de)	共产主义者	gòngchǎn zhǔyì zhě

democratie (de)	民主	mínzhǔ
democraat (de)	民主党人	mínzhǔ dǎng rén
democratisch (bn)	民主的	mínzhǔ de
democratische partij (de)	民主党	mínzhǔ dǎng

liberaal (de)	自由主义者	zìyóu zhǔyì zhě
liberaal (bn)	自由主义的	zìyóu zhǔyì de
conservator (de)	保守的人	bǎoshǒu de rén
conservatief (bn)	保守的	bǎoshǒu de

republiek (de)	共和国	gònghé guó
republikein (de)	共和党人	gònghé dǎng rén
Republikeinse Partij (de)	共和党	gònghé dǎng

verkiezing (de)	选举	xuǎnjǔ
kiezen (ww)	选举	xuǎnjǔ
kiezer (de)	选举人	xuǎnjǔ rén
verkiezingscampagne (de)	选举运动	xuǎnjǔ yùndòng

stemming (de)	投票	tóu piào
stemmen (ww)	投票	tóu piào
stemrecht (het)	投票权	tóupiào quán

kandidaat (de)	候选人	hòuxuǎnrén
zich kandideren	作候选人	zuò hòuxuǎnrén
campagne (de)	运动	yùn dòng

| oppositie- (abn) | 反对党的 | fǎn duì dǎng de |
| oppositie (de) | 反对党 | fǎn duì dǎng |

bezoek (het)	访问	fǎng wèn
officieel bezoek (het)	正式访问	zhèng shì fǎng wèn
internationaal (bn)	国际的	guó jì de

| onderhandelingen (mv.) | 谈判 | tánpàn |
| onderhandelen (ww) | 进行谈判 | jìnxíng tánpàn |

244. Politiek. Overheid. Deel 2

maatschappij (de)	社会	shè huì
grondwet (de)	宪法	xiàn fǎ
macht (politieke ~)	政权	zhèng quán
corruptie (de)	贪污	tān wū

| wet (de) | 法律 | fǎ lǜ |
| wettelijk (bn) | 合法的 | hé fǎ de |

| rechtvaardigheid (de) | 公正 | gōng zhèng |
| rechtvaardig (bn) | 公正的 | gōng zhèng de |

comité (het)	委员会	wěi yuán huì
wetsvoorstel (het)	法案	fǎ àn
begroting (de)	预算	yù suàn
beleid (het)	政策	zhèng cè
hervorming (de)	改革	gǎi gé
radicaal (bn)	激进的	jī jìn de

macht (vermogen)	力，力量	lì, lì liang
machtig (bn)	有权势的	yǒu quán shì de
aanhanger (de)	支持者	zhī chí zhě
invloed (de)	影响	yǐng xiǎng

regime (het)	政权	zhèng quán
conflict (het)	冲突	chōng tū
samenzwering (de)	阴谋	yīn móu
provocatie (de)	挑衅，挑拨	tiǎo xìn, tiǎo bō

omverwerpen (ww)	推翻	tuī fān
omverwerping (de)	推翻	tuī fān
revolutie (de)	革命	gé mìng

| staatsgreep (de) | 政变 | zhèng biàn |
| militaire coup (de) | 军事政变 | jūn shì zhèng biàn |

crisis (de)	危机	wēi jī
economische recessie (de)	经济衰退	jīng jì shuāi tuì
betoger (de)	示威者	shì wēi zhě
betoging (de)	示威	shì wēi
krijgswet (de)	军方管制	jūn fāng guǎn zhì
militaire basis (de)	军事基地	jūn shì jī dì

| stabiliteit (de) | 稳定 | wěn dìng |
| stabiel (bn) | 稳定的 | wěn dìng de |

uitbuiting (de)	剥削	bō xuē
uitbuiten (ww)	剥削	bō xuē
racisme (het)	种族主义	zhǒngzú zhǔ yì
racist (de)	种族主义者	zhǒngzú zhǔ yì zhě

| fascisme (het) | 法西斯主义 | fǎxīsī zhǔ yì |
| fascist (de) | 法西斯分子 | fǎ xī sī fèn zǐ |

245. Landen. Diversen

vreemdeling (de)	外国人	wài guó rén
buitenlands (bn)	外国的	wài guó de
in het buitenland (bw)	国外	guó wài

emigrant (de)	移民	yí mín
emigratie (de)	迁移出境	qiān yí chū jìng
emigreren (ww)	移居国外	yí jū guó wài

Westen (het)	西方	xī fāng
Oosten (het)	东方	dōng fāng
Verre Oosten (het)	远东	yuǎn dōng

beschaving (de)	文明	wén míng
mensheid (de)	人类	rén lèi
wereld (de)	世界	shì jiè
vrede (de)	和平	hé píng
wereld- (abn)	全世界的	quán shì jiè de

vaderland (het)	祖国	zǔ guó
volk (het)	民族	mín zú
bevolking (de)	人口	rén kǒu
mensen (mv.)	人们	rén men
natie (de)	民族	mín zú
generatie (de)	一代人	yī dài rén
gebied (bijv. bezette ~en)	领土	lǐng tǔ
regio, streek (de)	区域	qū yù
deelstaat (de)	州	zhōu

traditie (de)	传统	chuán tǒng
gewoonte (de)	风俗	fēng sú
ecologie (de)	生态学	shēng tài xué

Indiaan (de)	印第安人	yìndìān rén
zigeuner (de)	吉普赛人	jípǔsài rén
zigeunerin (de)	吉普赛人	jípǔsài rén
zigeuner- (abn)	吉普赛人的	jípǔsài rén de

rijk (het)	帝国	dì guó
kolonie (de)	殖民地	zhí mín dì
slavernij (de)	奴隶制	nú lì zhì
invasie (de)	侵略	qīn lüè
hongersnood (de)	饥荒	jī huāng

246. Grote religieuze groepen. Bekentenissen

| religie (de) | 宗教 | zōng jiào |
| religieus (bn) | 宗教的 | zōng jiào de |

geloof (het)	信仰	xìn yǎng
geloven (ww)	信教	xìn jiào
gelovige (de)	信徒	xìntú
atheïsme (het)	无神论	wú shén lùn
atheïst (de)	无神论者	wú shén lùn zhě
christendom (het)	基督教	jīdū jiào
christen (de)	基督徒	jīdū tú
christelijk (bn)	基督教的	jīdū jiào de
katholicisme (het)	天主教	tiān zhǔ jiào
katholiek (de)	天主教徒	tiān zhǔ jiào tú
katholiek (bn)	天主教的	tiān zhǔ jiào de
protestantisme (het)	新教	xīn jiào
Protestante Kerk (de)	新教会	xīn jiào huì
protestant (de)	新教徒	xīn jiào tú
orthodoxie (de)	东正教	dōng zhèng jiào
Orthodoxe Kerk (de)	东正教教堂	dōng zhèng jiào jiàotáng
orthodox	东正教的	dōng zhèng jiào de
presbyterianisme (het)	长老会	zhǎng lǎo huì
Presbyteriaanse Kerk (de)	长老会	zhǎng lǎo huì
presbyteriaan (de)	长老会教徒	zhǎng lǎo huì jiàotú
lutheranisme (het)	路德会	lù dé huì
lutheraan (de)	路德会教友	lù dé huì jiào yǒu
baptisme (het)	浸礼会	jìn lǐ huì
baptist (de)	浸礼会教友	jìn lǐ huì jiào yǒu
Anglicaanse Kerk (de)	圣公会	shèng gōng huì
anglicaan (de)	圣公会信徒	shèng gōng huì xìn tú
mormonisme (het)	摩门教	mómén jiào
mormoon (de)	摩门教徒	mómén jiào tú
Jodendom (het)	犹太教	yóu tài jiào
jood (aanhanger van het Jodendom)	犹太教徒	yóu tài jiào tú
boeddhisme (het)	佛教	fójiào
boeddhist (de)	佛教徒	fójiào tú
hindoeïsme (het)	印度教	yìndù jiào
hindoe (de)	印度教徒	yìndù jiào tú
islam (de)	伊斯兰教	yīsīlán jiào
islamiet (de)	穆斯林	mùsīlín
islamitisch (bn)	穆斯林的	mùsīlín de
sjiisme (het)	什叶派	shíyèpài
sjiiet (de)	什叶派	shíyèpài
soennisme (het)	逊尼派	xùnnípài
soenniet (de)	逊尼派	xùnnípài

247. Religies. Priesters

priester (de)	神父	shén fù
paus (de)	教皇	jiào huáng
monnik (de)	僧侣，修道士	sēng lǚ, xiū dào shì
non (de)	修女	xiū nǚ
pastoor (de)	牧师	mù shī
abt (de)	男修道院院长	nán xiūdàoyuàn yuànzhǎng
vicaris (de)	教区牧师	jiào qū mù shī
bisschop (de)	主教	zhǔ jiào
kardinaal (de)	红衣主教	hóng yī zhǔ jiào
predikant (de)	传教士	chuán jiào shì
preek (de)	布道	bù dào
kerkgangers (mv.)	教区居民	jiào qū jū mín
gelovige (de)	信徒	xìntú
atheïst (de)	无神论者	wú shén lùn zhě

248. Geloof. Christendom. Islam

Adam	亚当	yà dāng
Eva	夏娃	xià wá
God (de)	上帝	shàng dì
Heer (de)	上帝	shàng dì
Almachtige (de)	上帝	shàng dì
zonde (de)	罪	zuì
zondigen (ww)	犯罪	fàn zuì
zondaar (de)	罪人	zuì rén
zondares (de)	罪人	zuì rén
hel (de)	地狱	dì yù
paradijs (het)	天堂	tiān táng
Jezus	耶稣	yēsū
Jezus Christus	耶稣基督	yēsū jīdū
Heilige Geest (de)	圣灵	shèng líng
Verlosser (de)	救世主	jiù shì zhǔ
Maagd Maria (de)	圣母	shèng mǔ
duivel (de)	魔鬼	mó guǐ
duivels (bn)	魔鬼的	mó guǐ de
Satan	撒旦	sā dàn
satanisch (bn)	撒旦的	sā dàn de
engel (de)	天使	tiān shǐ
beschermengel (de)	守护天使	shǒu hù tiān shǐ
engelachtig (bn)	天使的	tiān shǐ de

apostel (de)	使徒	shǐ tú
aartsengel (de)	天使长	tiān shǐzhǎng
antichrist (de)	敌基督	dí jī dū
Kerk (de)	教会	jiào huì
bijbel (de)	圣经	shèng jīng
bijbels (bn)	圣经的	shèng jīng de
Oude Testament (het)	旧约全书	jiù yuē quán shū
Nieuwe Testament (het)	新约全书	xīn yuē quán shū
evangelie (het)	福音书	fú yīn shū
Heilige Schrift (de)	圣经	shèng jīng
Hemel, Hemelrijk (de)	天堂	tiān táng
gebod (het)	诫	jiè
profeet (de)	先知	xiān zhī
profetie (de)	预言	yù yán
Allah	真主	zhēnzhǔ
Mohammed	穆罕默德	mùhǎnmòdé
Koran (de)	古兰经	gǔlánjīng
moskee (de)	清真寺	qīng zhēn sì
moellah (de)	毛拉	máo lā
gebed (het)	祈祷文	qí dǎo wén
bidden (ww)	祈祷	qí dǎo
pelgrimstocht (de)	朝圣	cháo shèng
pelgrim (de)	朝圣者	cháo shèng zhě
Mekka	麦加	màijiā
kerk (de)	教会	jiào huì
tempel (de)	庙宇，教堂	miào yǔ, jiào táng
kathedraal (de)	大教堂	dà jiào táng
gotisch (bn)	哥特式的	gē tè shì de
synagoge (de)	犹太教堂	yóu tài jiào táng
moskee (de)	清真寺	qīng zhēn sì
kapel (de)	小教堂	xiǎo jiào táng
abdij (de)	修道院	xiū dào yuàn
nonnenklooster (het)	女修道院	nǚ xiū dào yuàn
mannenklooster (het)	男修道院	nán xiū dào yuàn
klok (de)	钟	zhōng
klokkentoren (de)	钟楼	zhōng lóu
luiden (klokken)	响	xiǎng
kruis (het)	十字架	shí zì jià
koepel (de)	圆顶	yuán dǐng
icoon (de)	圣像	shèng xiàng
ziel (de)	灵魂	líng hún
lot, noodlot (het)	命运	mìng yùn
kwaad (het)	恶	è
goed (het)	美德	měi dé
vampier (de)	吸血鬼	xī xuè guī

heks (de)	巫婆	wū pó
demoon (de)	魔鬼	mó guǐ
duivel (de)	魔鬼	mó guǐ
geest (de)	鬼魂，幽灵	guǐ hún, yōu líng
verzoeningsleer (de)	赎罪	shú zuì
vrijkopen (ww)	拯救	zhěng jiù
mis (de)	礼拜	lǐ bài
de mis opdragen	作礼拜	zuò lǐ bài
biecht (de)	忏悔	chàn huǐ
biechten (ww)	忏悔	chàn huǐ
heilige (de)	圣徒	shèng tú
heilig (bn)	神圣的	shén shèng de
wijwater (het)	圣水	shèng shuǐ
ritueel (het)	仪式	yí shì
ritueel (bn)	仪式的	yí shì de
offerande (de)	祭品	jì pǐn
bijgeloof (het)	迷信	mí xìn
bijgelovig (bn)	迷信的	mí xìn de
hiernamaals (het)	来世，来生	lái shì, lái shēng
eeuwige leven (het)	永生	yǒng shēng

DIVERSEN

249. Diverse nuttige woorden

achtergrond (de)	背景	bèi jǐng
balans (de)	平衡	píng héng
basis (de)	基础	jī chǔ
begin (het)	起点	qǐ diǎn
beurt (wie is aan de ~?)	轮到	lún dào
categorie (de)	类别	lèi bié
comfortabel (~ bed, enz.)	舒适的	shū shì de
compensatie (de)	补偿	bǔ cháng
deel (gedeelte)	部分	bù fèn
deeltje (het)	微粒	wēi lì
ding (object, voorwerp)	东西	dōng xi
dringend (bn, urgent)	紧急的	jǐn jí de
dringend (bw, met spoed)	紧急地	jǐn jí de
effect (het)	结果	jié guǒ
eigenschap (kwaliteit)	性质	xìng zhì
einde (het)	终点	zhōng diǎn
element (het)	要素	yào sù
feit (het)	事实	shì shí
fout (de)	错误	cuò wù
geheim (het)	秘密	mì mì
graad (mate)	程度	chéng dù
groei (ontwikkeling)	生长	shēng zhǎng
hindernis (de)	障碍	zhàng ài
hinderpaal (de)	障碍物	zhàng ài wù
hulp (de)	帮助	bāng zhù
ideaal (het)	理想	lǐ xiǎng
inspanning (de)	努力	nǔ lì
keuze (een grote ~)	选择	xuǎn zé
labyrint (het)	迷宫	mí gōng
manier (de)	方法	fāng fǎ
moment (het)	时刻	shí kè
nut (bruikbaarheid)	益处	yì chù
onderscheid (het)	差别	chā bié
ontwikkeling (de)	发展	fā zhǎn
oplossing (de)	解决办法	jiě jué bàn fǎ
origineel (het)	原作	yuán zuò
pauze (de)	停顿	tíng dùn
positie (de)	位置	wèi shi
principe (het)	原则	yuán zé

probleem (het)	问题	wèn tí
proces (het)	过程	guò chéng
reactie (de)	反映	fǎn yìng

reden (om ~ van)	原因	yuán yīn
risico (het)	冒险	mào xiǎn
samenvallen (het)	巧合	qiǎo hé
serie (de)	系列	xì liè

situatie (de)	情况	qíng kuàng
soort (bijv. ~ sport)	种类	zhǒng lèi
standaard (bn)	标准的	biāo zhǔn de
standaard (de)	标准	biāo zhǔn
stijl (de)	风格	fēng gé

stop (korte onderbreking)	停顿	tíng dùn
systeem (het)	系统	xì tǒng
tabel (bijv. ~ van Mendelejev)	表格	biǎo gé
tempo (langzaam ~)	速度	sù dù
term (medische ~en)	术语	shù yǔ

type (soort)	类型	lèi xíng
variant (de)	变体	biàn tǐ
veelvuldig (bn)	频繁的	pín fán de
vergelijking (de)	比较	bǐ jiào
voorbeeld (het goede ~)	例子	lì zi

voortgang (de)	进步	jìn bù
voorwerp (ding)	物体	wù tǐ
vorm (uiterlijke ~)	形状	xíng zhuàng
waarheid (de)	真理	zhēn lǐ
zone (de)	地区	dì qū

250. Beperkende bijwoorden. Bijvoeglijke naamwoorden. Deel 1

accuraat (uurwerk, enz.)	一丝不苟的	yī sī bù gǒu de
achter- (abn)	后面的	hòu mian de
additioneel (bn)	附加的	fù jiā de

arm (bijv. ~e landen)	贫穷的	pín qióng de
begrijpelijk (bn)	清晰的	qīng xī de
belangrijk (bn)	重要的	zhòng yào de
belangrijkst (bn)	最重要的	zuì zhòng yào de

beleefd (bn)	礼貌的	lǐ mào de
beperkt (bn)	有限的	yǒu xiàn de
betekenisvol (bn)	重要的	zhòng yào de
bijziend (bn)	近视的	jìn shì de
binnen- (abn)	里面的	lǐ miàn de

bitter (bn)	苦的	kǔ de
blind (bn)	瞎的	xiā de
breed (een ~e straat)	宽的	kuān de
breekbaar (porselein, glas)	易碎的	yì suì de

buiten- (abn)	外面的	wài mian de
buitenlands (bn)	外国的	wài guó de
burgerlijk (bn)	公民的	gōng mín de
centraal (bn)	中间的	zhōng jiān de
dankbaar (bn)	感激的	gǎn jī de
dicht (~e mist)	浓的	nóng de
dicht (bijv. ~e mist)	浓的	nóng de
dicht (in de ruimte)	近的	jìn de
dichtbij (bn)	近的	jìn de
dichtstbijzijnd (bn)	最近的	zuì jìn de
diepvries (~product)	冷冻的	lěng dòng de
dik (bijv. muur)	厚的	hòu de
dof (~ licht)	昏暗的	hūn àn de
dom (dwaas)	笨的	bèn de
donker (bijv. ~e kamer)	暗的	àn de
dood (bn)	死的	sǐ de
doorzichtig (bn)	透明的	tòu míng de
droevig (~ blik)	不幸福的	bù xìng fú de
droog (bn)	干的	gān de
dun (persoon)	瘦的	shòu de
duur (bn)	贵的	guì de
eender (bn)	一样的	yī yàng de
eenvoudig (bn)	容易的	róng yì de
eenvoudig (bn)	简单的	jiǎn dān de
eeuwenoude (~ beschaving)	古代的	gǔ dài de
enorm (bn)	巨大的	jù dà de
geboorte- (stad, land)	祖国的	zǔ guó de
gebruind (bn)	晒黑的	shài hēi de
gelijkend (bn)	相像的	xiāng xiàng de
gelukkig (bn)	幸福的	xìng fú de
gesloten (bn)	关闭的	guān bì de
getaand (bn)	黝黑的	yǒu hēi de
gevaarlijk (bn)	危险的	wēi xiǎn de
gewoon (bn)	平常的	píng cháng de
gezamenlijk (~ besluit)	共同的	gòng tóng de
glad (~ oppervlak)	平滑的	píng huá de
glad (~ oppervlak)	平坦的	píng tǎn de
goed (bn)	好的	hǎo de
goedkoop (bn)	便宜的	pián yi de
gratis (bn)	免费的	miǎn fèi de
groot (bn)	大的	dà de
hard (niet zacht)	硬的	yìng de
heel (volledig)	整体	zhěng tǐ
heet (bn)	烫的	tàng de
hongerig (bn)	饿的	è de
hoofd- (abn)	主要的	zhǔ yào de
hoogste (bn)	最高的	zuì gāo de

| huidig (courant) | 目前的 | mù qián de |
| jong (bn) | 年轻的 | nián qīng de |

juist, correct (bn)	正确的	zhèng què de
kalm (bn)	平静的	píng jìng de
kinder- (abn)	儿童的	ér tóng de
klein (bn)	小的	xiǎo de
koel (~ weer)	凉快的	liáng kuai de

kort (kortstondig)	短期的	duǎn qī de
kort (niet lang)	短的	duǎn de
koud (~ water, weer)	冷的	lěng de
kunstmatig (bn)	人造的	rén zào de

laatst (bn)	最后的	zuì hòu de
lang (een ~ verhaal)	长的	cháng de
langdurig (bn)	持久的	chí jiǔ de
lastig (~ probleem)	困难的	kùn nan de

leeg (glas, kamer)	空的	kōng de
lekker (bn)	美味的	měi wèi de
licht (kleur)	淡色	dàn sè
licht (niet veel weegt)	轻的	qīng de

linker (bn)	左边的	zuǒ bian de
luid (bijv. ~e stem)	大声的	dà shēng de
mager (bn)	瘦的	shòu de
mat (bijv. ~ verf)	无光泽的	wú guāng zé de
moe (bn)	疲劳的	pí láo de

moeilijk (~ besluit)	难的	nán de
mogelijk (bn)	可能的	kě néng de
mooi (bn)	漂亮的	piào liang de
mysterieus (bn)	神秘的	shén mì de

naburig (bn)	邻近的	lín jìn de
nalatig (bn)	草率的	cǎo shuài de
nat (~te kleding)	湿的	shī de
nerveus (bn)	紧张的	jǐn zhāng de
niet groot (bn)	不大的	bù dà de

niet moeilijk (bn)	不难的	bù nánde
nieuw (bn)	新的	xīn de
nodig (bn)	必要的	bì yào de
normaal (bn)	正常的	zhèng cháng de

251. Beperkende bijwoorden. Bijvoeglijke naamwoorden. Deel 2

onbegrijpelijk (bn)	不清楚的	bù qīng chu de
onbelangrijk (bn)	不重要的	bù zhòng yào de
onbeweeglijk (bn)	不动的	bù dòng de
onbewolkt (bn)	无云的	wú yún de
ondergronds (geheim)	隐秘	yǐn mì
ondiep (bn)	浅的	qiǎn de

onduidelijk (bn)	不明确	bù míng què
onervaren (bn)	没有经验的	méiyǒu jīngyàn de
onmogelijk (bn)	不可能的	bù kě néng de
onontbeerlijk (bn)	不可缺少的	bù kě quēshǎo de
onophoudelijk (bn)	不断的	bù duàn de
ontkennend (bn)	否定的	fǒu dìng de
open (bn)	开的	kāi de
openbaar (bn)	公共的	gōng gòng de
origineel (ongewoon)	特别的	tè bié de
oud (~ huis)	旧的	jiù de
overdreven (bn)	过分的	guò fèn de
passend (bn)	合适的	hé shì de
permanent (bn)	长期的	cháng qī de
persoonlijk (bn)	个人的	gè rén de
plat (bijv. ~ scherm)	平板	píng bǎn
prachtig (~ paleis, enz.)	美丽的	měi lì de
precies (bn)	精确的	jīng què de
prettig (bn)	好听的	hǎo tīng de
privé (bn)	私立的	sī lì de
punctueel (bn)	准时的	zhǔn shí de
rauw (niet gekookt)	生的	shēng de
recht (weg, straat)	直的	zhí de
rechter (bn)	右边的	yòu bian de
rijp (fruit)	成熟的	chéng shú de
riskant (bn)	冒险的	mào xiǎn de
ruim (een ~ huis)	宽敞的	kuān chang de
rustig (bn)	安静的	ān jìng de
scherp (bijv. ~ mes)	锋利的	fēng lì de
schoon (niet vies)	干净的	gān jìng de
slecht (bn)	坏的	huài de
slim (verstandig)	聪明的	cōng ming de
smal (~le weg)	窄的	zhǎi de
snel (vlug)	快的	kuài de
somber (bn)	黑暗的	hēi àn de
speciaal (bn)	特殊的	tè shū de
sterk (bn)	强壮的	qiáng zhuàng de
stevig (bn)	坚固的	jiāng ù de
straatarm (bn)	极为贫穷的	jí wéi píngióng de
strak (schoenen, enz.)	紧身的	jǐn shēn de
teder (liefderijk)	温柔的	wēn róu de
tegenovergesteld (bn)	对面的	duì miàn de
tevreden (bn)	满意的	mǎnyì de
tevreden (klant, enz.)	满足的	mǎn zú de
treurig (bn)	悲哀的	bēi āi de
tweedehands (bn)	二手的	èr shǒu de
uitstekend (bn)	卓越的	zhuó yuè de
uitstekend (bn)	非常好的	fēicháng hǎo de

uniek (bn)	罕见的	hǎn jiàn de
veilig (niet gevaarlijk)	安全的	ān quán de
ver (in de ruimte)	远的	yuǎn de

verenigbaar (bn)	兼容的	jiān róng de
vermoeiend (bn)	引起疲劳的	yǐn qǐ pí láo de
verplicht (bn)	必需的	bì xū de
vers (~ brood)	新鲜的	xīn xiān de

verst (meest afgelegen)	遥远的	yáo yuǎn de
vettig (voedsel)	肥的	féi de
vijandig (bn)	不友善的	bù yǒu shàn de
vloeibaar (bn)	液态的	yè tài de
vochtig (bn)	潮湿的	cháo shī de
vol (helemaal gevuld)	满的	mǎn de

volgend (~ jaar)	下一	xià yī
voorbij (bn)	过去的	guò qu de
voornaamste (bn)	基本的	jī běn de
vorig (~ jaar)	上 … ，过去的	shàng …, guòqu de

vriendelijk (aardig)	好心的	hǎo xīn de
vriendelijk (goedhartig)	善良的	shàn liáng de
vrij (bn)	自由的	zì yóu de
vrolijk (bn)	欢乐的	huān lè de
vruchtbaar (~ land)	肥沃的	féi wò de

vuil (niet schoon)	脏的	zāng de
waarschijnlijk (bn)	可能的	kě néng de
warm (bn)	暖和的	nuǎn huo de
wettelijk (bn)	合法的	hé fǎ de
zacht (bijv. ~ kussen)	软的	ruǎn de

zacht (bn)	低声的	dī shēng de
zeldzaam (bn)	罕见的	hǎn jiàn de
ziek (bn)	生病的	shēng bìng de
zoet (~ water)	淡水的	dàn shuǐ de
zoet (bn)	甜的	tián de

zonnig (~e dag)	阳光充足的	yáng guāng chōng zú de
zorgzaam (bn)	关心的	guān xīn de
zout (de soep is ~)	咸的	xián de
zuur (smaak)	酸的	suān de
zwaar (~ voorwerp)	重的	zhòng de

DE 500 BELANGRIJKSTE WERKWOORDEN

252. Werkwoorden A-C

aaien (bijv. een konijn ~)	轻抚	qīng fǔ
aanbevelen (ww)	推荐	tuōjiàn
aandringen (ww)	坚持	jiēn chí
aankomen (ov. de treinen)	到达	dào dá

aanleggen (bijv. bij de pier)	系泊	jì bó
aanraken (met de hand)	摸	mū
aansteken (kampvuur, enz.)	点燃	diǐ n rán
aanstellen (in functie plaatsen)	指派	zhǒpài

aanvallen (mil.)	攻击	gūng jō
aanvoelen (gevaar ~)	感觉	gǐ n jué
aanvoeren (leiden)	组长	zǔ zhǐ ng
aanwijzen (de weg ~)	指出	zhǒchǎ

aanzetten (computer, enz.)	打开	dǐ kēi
ademen (ww)	呼吸	hǎ xō
adverteren (ww)	广告	guǐ ng gào
adviseren (ww)	建议	jià nyì

afdalen (on.ww.)	下来	xià lai
afgunstig zijn (ww)	妒忌	dù jì
afhakken (ww)	砍掉	kǐ n diào
afhangen van ...	依赖	yōlài

afluisteren (ww)	偷听	tūu tǒng
afnemen (verwijderen)	取下	qǔ xià
afrukken (ww)	撕掉	sōdiào
afslaan (naar rechts ~)	转弯	zhuǐ n wēn

afsnijden (ww)	切下	qiě xià
afzeggen (ww)	取消	qǔ xiēo
amputeren (ww)	截肢	jié zhō
amuseren (ww)	使快乐	shǒkuài lè

antwoorden (ww)	回答	huí dá
applaudisseren (ww)	鼓掌	gǔ zhǐ ng
aspireren (iets willen worden)	渴望	kǐ wàng
assisteren (ww)	帮助	bēng zhù

bang zijn (ww)	害怕	hài pà
barsten (plafond, enz.)	裂	liè
bedienen (in restaurant)	服务	fú wù
bedreigen (bijv. met een pistool)	威胁	wěi xié

bedriegen (ww)	骗	piàn
beduiden (betekenen)	意味着	yì wèi zhe
bedwingen (ww)	制止	zhì zhǒ
beëindigen (ww)	结束	jié shù
begeleiden (vergezellen)	伴随	bàn suí
begieten (water geven)	给 … 浇水	gǐ i … jiēo shuǒ
beginnen (ww)	开始	kēi shǒ
begrijpen (ww)	明白	míng bai
behandelen (patiënt, ziekte)	治疗	zhì liáo
beheren (managen)	领导	lǒng dǐ o
beïnvloeden (ww)	影响	yǒng xiǐ ng
bekennen (misdadiger)	坦白	tǐ n bái
beledigen (met scheldwoorden)	侮辱	wǔ rǔ
beledigen (ww)	得罪	dé zui
beloven (ww)	承诺	chéng nuò
beperken (de uitgaven ~)	限制	xiàn zhì
bereiken (doel ~, enz.)	得到	dé dào
bereiken (plaats van bestemming ~)	到达	dào dá
beschermen (bijv. de natuur ~)	保护	bǐ o hù
beschuldigen (ww)	责备	zé bèi
beslissen (~ iets te doen)	决定	jué dìng
besmet worden (met …)	被传染	bèi chuán rǐ n
besmetten (ziekte overbrengen)	传染	chuán rǐ n
bespreken (spreken over)	讨论	tǐ o lùn
bestaan (een ~ voeren)	存在	cún zài
bestellen (eten ~)	订菜	dìng cài
bestraffen (een stout kind ~)	惩罚	chéng fá
betalen (ww)	付，支付	fù, zhǒfù
betekenen (beduiden)	表示	biǐ o shì
betreuren (ww)	后悔	hòu huǒ
bevallen (prettig vinden)	喜欢	xǒhuan
bevelen (mil.)	命令	mìng lìng
bevredigen (ww)	使满意	shǒmǐ n yì
bevrijden (stad, enz.)	解放	jiǐ fàng
bewaren (oude brieven, enz.)	保存	bǐ o cún
bewaren (vrede, leven)	保持	bǐ o chí
bewijzen (ww)	证明	zhèng míng
bewonderen (ww)	钦佩	qǒn pèi
bezitten (ww)	拥有	yūng yǔu
bezorgd zijn (ww)	担心	dēn xǒn
bezorgd zijn (ww)	焦急	jiē ojí
bidden (praten met God)	祈祷	qí dǐ o
bijvoegen (ww)	增加	zěng jiē

binden (ww)	把 ··· 绑起来	bǐ ... bǐ ng qi lai
binnengaan (een kamer ~)	进来	jìn lái
blazen (ww)	吹	chuō
blozen (zich schamen)	脸红	lǐ n hóng
blussen (brand ~)	扑灭	pǎ miè
boos maken (ww)	使生气	shǒshěng qì
boos zijn (ww)	生气	shěng qì
breken	拉断	lē duàn
(on.ww., van een touw)		
breken (speelgoed, enz.)	打破	dǐ pò
brengen (iets ergens ~)	运来，带来	yùn lái, dài lái
charmeren (ww)	迷住	mí zhu
citeren (ww)	援引	yuán yǒn
compenseren (ww)	补偿	bǔ cháng
compliceren (ww)	使复杂化	shǒfù zá huà
componeren (muziek ~)	创作	chuàng zuò
compromitteren (ww)	损害 ··· 名誉	sǔnhài ... míngyù
concurreren (ww)	竞争	jìng zhěng
controleren (ww)	控制	kòng zhì
coöpereren (samenwerken)	合作	hé zuò
coördineren (ww)	配合	pèi hé
corrigeren (fouten ~)	改正	gǐ i zhèng
creëren (ww)	创造	chuàng zào

253. Werkwoorden D-K

danken (ww)	感谢	gǐ n xiè
de was doen	洗衣服	xǒyōfu
de weg wijzen	指引	zhǒyǒn
deelnemen (ww)	参与	cēn yù
delen (wisk.)	除	chú
denken (ww)	想	xiǐ ng
doden (ww)	杀死	shē sǒ
doen (ww)	做	zuò
dresseren (ww)	训练	xùn liàn
drinken (ww)	喝	hě
drogen (klederen, haar)	把 ··· 弄干	bǐ ... nòng gēn
dromen (in de slaap)	做梦	zuò mèng
dromen (over vakantie ~)	梦想	mèng xiǐ ng
duiken (ww)	跳水	tiào shuǒ
durven (ww)	胆敢	dǐ n gǐ n
duwen (ww)	推	tuō
een auto besturen	开车	kēi chě
een bad geven	给 ··· 洗澡	gǐ i ... xǒǐ o
een bad nemen	洗澡	xǒzǐ o
een conclusie trekken	下结论	xià jié lùn

een foto maken (ww)	拍照	pēi zhào
eisen (met klem vragen)	要求	yēo qiú
erkennen (schuld)	承认	chéng rèn
erven (ww)	继承	jì chéng

eten (ww)	吃	chō
excuseren (vergeven)	原谅	yuán liàng
existeren (bestaan)	存在	cún zài
feliciteren (ww)	祝贺	zhù hè
gaan (te voet)	走	zǔu

gaan slapen	去睡觉	qù shuì jiào
gaan zitten (ww)	坐下	zuò xia
gaan zwemmen	去游泳	qù yóu yǔng
garanderen (garantie geven)	保证	bǐ o zhèng

gebruiken (bijv. een potlood ~)	利用	lì yòng
gebruiken (woord, uitdrukking)	使用	shǒyòng
geconserveerd zijn (ww)	保持	bǐ o chí
gedateerd zijn (ww)	日期为	rìqōwèi
gehoorzamen (ww)	服从	fú cóng

gelijken (op elkaar lijken)	看起来像	kàn qǒlái xiàng
geloven (vinden)	相信	xiēng xìn
genoeg zijn (ww)	足够	zú gòu
gieten (in een beker ~)	倒入	dào rù

glimlachen (ww)	微笑	wěi xiào
glimmen (glanzen)	发光	fē guēng
gluren (ww)	偷看	tūu kàn
goed raden (ww)	猜中	cēi zhòng
gooien (een steen, enz.)	扔	rěng

grappen maken (ww)	开玩笑	kēi wán xiào
graven (tunnel, enz.)	挖	wē
haasten (iemand ~)	催促	cuōcù
hebben (ww)	有	yǔu
helpen (hulp geven)	帮助	bēng zhù

herhalen (opnieuw zeggen)	重复	chóng fù
herinneren (ww)	记得	jì de
herinneren aan ... (afspraak, opdracht)	提醒	tí xǒng
herkennen (identificeren)	认出	rèn chǎ
herstellen (repareren)	修理	xiǎ lǒ

het haar kammen	梳头	shǎ tóu
hopen (ww)	希望	xǒwàng
horen (waarnemen met het oor)	听见	tǒng jiàn
houden van (muziek, enz.)	喜欢	xǒhuan
huilen (wenen)	哭	kǎ
huiveren (ww)	战栗	zhàn lì
huren (een boot ~)	租	zǎ

huren (huis, kamer)	租房	zǎ fáng
huren (personeel)	雇用	gù yòng
imiteren (ww)	模仿	mó fǐ ng
importeren (ww)	进口	jìn kǔu
inenten (vaccineren)	给 … 接种疫苗	gī i … jiě zhòng yì miáo
informeren (informatie geven)	通知	tūng zhō
informeren naar ... (navraag doen)	打听	dǐ ting
inlassen (invoegen)	插入	chē rù
inpakken (in papier)	包装	bēo zhuēng
inspireren (ww)	激发	jǒfē
instemmen (akkoord gaan)	同意	tóng yì
interesseren (ww)	使感兴趣	shǒgǐ n xìngqù
irriteren (ww)	激怒	jōnù
isoleren (ww)	使隔离	shǒgélí
jagen (ww)	打猎	dǐ liè
kalmeren (kalm maken)	平静下来	píngjìng xiàlai
kennen (kennis hebben van iemand)	认识	rèn shi
kennismaken (met ...)	相识	xiēng shí
kiezen (ww)	选	xuǐ n
kijken (ww)	看	kàn
klaarmaken (een plan ~)	准备	zhǔn bèi
klaarmaken (het eten ~)	做饭	zuò fàn
klagen (ww)	抱怨	bào yuàn
kloppen (aan een deur)	敲门	qiēo mén
kopen (ww)	买, 购买	mǐ i, gòu mǐ i
kopieën maken	复印	fù yìn
kosten (ww)	价钱为	jià qian wèi
kunnen (ww)	能	néng
kweken (planten ~)	种植	zhòng zhí

254. Werkwoorden L-R

lachen (ww)	笑	xiào
laden (geweer, kanon)	装弹	zhuēng dàn
laden (vrachtwagen)	装载	zhuēng zài
laten vallen (ww)	掉	diào
lenen (geld ~)	借	jiè
leren (lesgeven)	教	jiào
leven (bijv. in Frankrijk ~)	生活	shěng huó
lezen (een boek ~)	读	dú
lid worden (ww)	加入	jiē rù
liefhebben (ww)	爱	ài
liegen (ww)	说谎	shuū huǐ ng
liggen (op de tafel ~)	在	zài

liggen (persoon)	躺	tǐ ng
lijden (pijn voelen)	感到痛苦	gǐ n dào tòng kǔ
losbinden (ww)	解开	jiǐ kēi
luisteren (ww)	听	tǒg

lunchen (ww)	吃午饭	chōwǔ fàn
markeren (op de kaart, enz.)	标出	biēo chǎ
melden (nieuws ~)	通知	tūng zhō
memoriseren (ww)	记住	jì zhù

mengen (ww)	混合	hùn hé
mikken op (ww)	瞄准	miáo zhǔn
minachten (ww)	看不起	kàn bu qǒ
moeten (ww)	必须	bì xǎ

morsen (koffie, enz.)	洒出	sǐ chǎ
naderen (dichterbij komen)	走近	zǔu jìn
neerlaten (ww)	放下	fàng xià
nemen (ww)	拿	ná

nodig zijn (ww)	需要	xǎ yào
noemen (ww)	把 … 命名为	bǐ … mìng míng wéi
noteren (opschrijven)	记录	jì lù
omhelzen (ww)	拥抱	yūng bào

omkeren (steen, voorwerp)	把 … 翻过去	bǐ … fēn guò qu
onderhandelen (ww)	进行谈判	jìnxíng tánpàn
ondernemen (ww)	从事	cóng shì
onderschatten (ww)	轻视	qǒg shì

onderscheiden (een ereteken geven)	奖赏	jiǐ ng shǐ ng
onderstrepen (ww)	在 … 下画线	zài … xià huà xiàn
ondertekenen (ww)	签名	qiēn míng
onderwijzen (ww)	指导	zhǒdǐ o

onderzoeken (alle feiten, enz.)	严密检查	yán mì jiǐ n chá
ongerust maken (ww)	使 … 发愁	shǒ… fē chóu
onmisbaar zijn (ww)	需要	xǎ yào
ontbijten (ww)	吃早饭	chōzǐ o fàn

ontdekken (bijv. nieuw land)	发现	fē xiàn
ontkennen (ww)	否认	fǔu rèn
ontlopen (gevaar, taak)	避免	bì mǐ n
ontnemen (ww)	使丧失	shǒsàng shō

ontwerpen (machine, enz.)	设计	shè jì
oorlog voeren (ww)	开战	kēi zhàn
op orde brengen	整理	zhǐ ng lǒ
opbergen (in de kast, enz.)	收好	shūu hǐ o
opduiken (ov. een duikboot)	浮出	fú chǎ

openen (ww)	开	kēi
ophangen (bijv. gordijnen ~)	悬挂	xuán guà
ophouden (ww)	停止	tíng zhǒ

oplossen (een probleem ~)	解开	jiī kēi
opmerken (zien)	注意到	zhù yì dào
opmerken (zien)	看到	kàn dào
opscheppen (ww)	自夸	zì kuē
opschrijven (op een lijst)	写入	xiī rù
opschrijven (ww)	记录	jì lù
opstaan (uit je bed)	起床	qǒchuáng
opstarten (project, enz.)	开动	kēi dòng
opstijgen (vliegtuig)	起飞	qǒfēi
optreden (resoluut ~)	行动	xíng dòng
organiseren (concert, feest)	组织	zǔ zhō
overdoen (ww)	重做	zhòng zuò
overheersen (dominant zijn)	占优势	zhàn yūu shì
overschatten (ww)	评价过高	píngjià guògēo
overtuigd worden (ww)	确信	què xìn
overtuigen (ww)	说服	shuū fú
passen (jurk, broek)	合适	hé shì
passeren (~ mooie dorpjes, enz.)	驶过	shǒguò
peinzen (lang nadenken)	思考	sōkǐ o
penetreren (ww)	穿透	chuēn tòu
plaatsen (ww)	放	fàng
plaatsen (zetten)	放置	fàng zhì
plannen (ww)	计划	jì huà
plezier hebben (ww)	乐趣	lè qù
plukken (bloemen ~)	采，摘	cǐ i, zhēi
prefereren (verkiezen)	宁愿	nìng yuàn
proberen (trachten)	试图	shì tú
proberen (trachten)	试	shì
protesteren (ww)	抗议	kàng yì
provoceren (uitdagen)	挑衅	tiǐ o xìn
raadplegen (dokter, enz.)	咨询	zōxún
rapporteren (ww)	报告	bào gào
redden (ww)	救出	jiù chǎ
regelen (conflict)	解决	jiī jué
reinigen (schoonmaken)	擦净	cē jìng
rekenen op ...	指望	zhǒwàng
rennen (ww)	跑	pǐ o
reserveren (een hotelkamer ~)	预订	yù dìng
rijden (per auto, enz.)	··· 去	... qù
rillen (ov. de kou)	颤抖	chàn dǔu
riskeren (ww)	冒险	mào xiǐ n
roepen (om hulp)	呼	hǎ
ruiken (bepaalde geur verspreiden)	有 ··· 气味	yǔu ... qì wèi

| ruiken (rozen) | 闻到 | wén dào |
| rusten (verpozen) | 休息 | xiǎ xi |

255. Verbs S-V

samenstellen, maken (een lijst ~)	编制	biān zhì
schieten (ww)	射击	shè jō
schoonmaken (bijv. schoenen ~)	擦净	cē jìng
schoonmaken (ww)	打扫	dǐ sǐ o

schrammen (ww)	抓破	zhuē pò
schreeuwen (ww)	叫喊	jiào hǐ n
schrijven (ww)	写	xiī
schudden (ww)	摇动	yáo dòng

selecteren (ww)	挑选	tiēo xuǐ n
simplificeren (ww)	简化	jiǐ n huà
slaan (een hond ~)	打	dǐ
sluiten (ww)	关上	guēn shàng

smeken (bijv. om hulp ~)	恳求	kǐ n qiú
souperen (ww)	吃晚饭	chōwǐ n fàn
spelen (bijv. filmacteur)	扮演	bà nyǐ n
spelen (kinderen, enz.)	玩	wán

spreken met ...	谈话	tán huà
spuwen (ww)	吐	tǔ
stelen (ww)	偷窃	tūu qiè
stemmen (verkiezing)	投票	tóu piào
steunen (een goed doel, enz.)	支持	zhōchí

stoppen (pauzeren)	停止	tíng zhǒ
storen (lastigvallen)	打扰	dǐ rǐ o
strijden (tegen een vijand)	战斗	zhàn dòu
strijden (ww)	战斗	zhàn dòu

strijken (met een strijkbout)	烫	tàng
studeren (bijv. wiskunde ~)	学习	xué xí
sturen (zenden)	寄	jì
tellen (bijv. geld ~)	计算	jì suàn

terugkeren (ww)	回来	huí lai
terugsturen (ww)	归还	guōhuán
toebehoren aan ...	属于	shǔ yú
toegeven (zwichten)	让步	ràng bù

toenemen (on. ww)	增加	zěng jiē
toespreken (zich tot iemand richten)	对 … 说话	duì … shuū huà
toestaan (goedkeuren)	允许	yǔn xǔ
toestaan (ww)	允许	yǔn xǔ

toewijden (boek, enz.)	献给	xiàn gī i
tonen (uitstallen, laten zien)	展示	zhǐ n shì
trainen (ww)	训练	xùn liàn
transformeren (ww)	改造	gǐ i zào
trekken (touw)	拉	lē
trouwen (ww)	结婚	jié hǎn
tussenbeide komen (ww)	干涉	gēn shè
twijfelen (onzeker zijn)	怀疑	huái yí
uitdelen (pamfletten ~)	分发	fēn fē
uitdoen (licht)	关	guēn
uitdrukken (opinie, gevoel)	表示	bǐ o shì
uitgaan (om te dineren, enz.)	出来	chǎ lái
uitlachen (bespotten)	嘲笑	cháo xiào
uitnodigen (ww)	邀请	yēo qǒng
uitrusten (ww)	装备	zhuēng bèi
uitsluiten (wegsturen)	开除	kēi chú
uitspreken (ww)	发音	fē yǒn
uittorenen (boven ...)	高耸	gēo sǔng
uitvaren tegen (ww)	责骂	zé mà
uitvinden (machine, enz.)	发明	fē míng
uitwissen (ww)	擦掉	cē diào
vangen (ww)	抓住	zhuē zhù
vastbinden aan ...	拴	shuēn
vechten (ww)	打架	dǐ jià
veranderen (bijv. mening ~)	改变	gǐ i biàn
verbaasd zijn (ww)	吃惊	chōjǒng
verbazen (verwonderen)	使惊讶	shǒjǒng yà
verbergen (ww)	藏	cáng
verbieden (ww)	禁止	jìn zhǒ
verblinden (andere chauffeurs)	使 ... 失明	shǒ... shōmíng
verbouwereerd zijn (ww)	困惑	kùn huò
verbranden (bijv. papieren ~)	烧	shēo
verdedigen (je land ~)	保卫	bǐ o wèi
verdenken (ww)	怀疑	huái yí
verdienen (een complimentje, enz.)	应得	yǒng dé
verdragen (tandpijn, enz.)	忍受	rǐ n shòu
verdrinken (in het water omkomen)	溺死	nì sǒ
verdubbelen (ww)	加倍	jiē bèi
verdwijnen (ww)	消失	xiēo shō
verenigen (ww)	联合	lián hé
vergelijken (ww)	比较	bǒjiào
vergeten (achterlaten)	忘在	wàng zài
vergeten (ww)	忘	wàng
vergeven (ww)	原谅	yuán liàng

vergroten (groter maken)	增加	zěng jiē
verklaren (uitleggen)	说明	shuū míng
verklaren (volhouden)	断言	duàn yán
verklikken (ww)	告发	gào fē
verkopen (per stuk ~)	卖	mài
verlaten (echtgenoot, enz.)	抛弃	pēo qì
verlichten (gebouw, straat)	照亮	zhào liàng
verlichten (gemakkelijker maken)	减轻	jiī n qǒng
verliefd worden (ww)	爱上	ài shàng
verliezen (bagage, enz.)	丢失	diǎ shō
vermelden (praten over)	提到	tí dào
vermenigvuldigen (wisk.)	乘	chéng
verminderen (ww)	减少	jiī n shǐ o
vermoeid raken (ww)	疲倦	pí juàn
vermoeien (ww)	使 … 疲劳	shǒ… píláo

256. Verbs V-Z

vernietigen (documenten, enz.)	销毁	xiēo huǒ
veronderstellen (ww)	假设	jiī shè
verontwaardigd zijn (ww)	气愤	qì fèn
veroordelen (in een rechtszaak)	判处	pàn chǔ
veroorzaken … (oorzaak zijn van …)	引起	yǒn qǒ
verplaatsen (ww)	挪动	nuó dòng
verpletteren (een insect, enz.)	压扁	yē bǐī n
verplichten (ww)	强迫	qiī ng pò
verschijnen (bijv. boek)	出版	chǎ bǐ n
verschijnen (in zicht komen)	出现	chǎ xiàn
verschillen (~ van iets anders)	与 … 不同	yù … bùtóng
versieren (decoreren)	装饰	zhuēng shì
verspreiden (pamfletten, enz.)	分发	fěn fē
verspreiden (reuk, enz.)	散发	sàn fē
versterken (positie ~)	加强	jiē qiáng
verstommen (ww)	停止说话	tíng zhǒshuūhuà
vertalen (ww)	翻译	fēn yì
vertellen (verhaal ~)	讲	jiī ng
vertrekken (bijv. naar Mexico ~)	离开	lí kēi
vertrouwen (ww)	信任	xìn rèn
vervolgen (ww)	继续	jì xù

verwachten (ww)	预期	yù qō
verwarmen (ww)	加热	jiē rè
verwarren (met elkaar ~)	混淆	hùn xiáo
verwelkomen (ww)	欢迎	huēn yíng
verwezenlijken (ww)	实现	shí xiàn
verwijderen (een obstakel)	消除	xiēo chú
verwijderen (een vlek ~)	去除	qù chú
verwijten (ww)	指责	zhǒzé
verwisselen (ww)	改变	gǐ i biàn
verzoeken (ww)	请求	qǒng qiú
verzuimen (school, enz.)	错过	cuò guò
vies worden (ww)	弄脏	nòng zēng
vinden (denken)	想，认为	xiǐ ng, rèn wéi
vinden (ww)	找到	zhǐ o dào
vissen (ww)	钓鱼	diào yú
vleien (ww)	谄媚	chǐ n mèi
vliegen (vogel, vliegtuig)	飞	fěi
voederen (een dier voer geven)	喂养	wèi yǐ ng
volgen (ww)	跟随	gěn suí
voorstellen (introduceren)	介绍	jiè shào
voorstellen (Mag ik jullie ~)	介绍	jiè shào
voorstellen (ww)	提议	tí yì
voorzien (verwachten)	预见	yù jiàn
vorderen (vooruitgaan)	前进	qián jìn
vormen (samenstellen)	形成	xíng chéng
vullen (glas, fles)	装满	zhuēng mǐ n
waarnemen (ww)	观察	guēn chá
waarschuwen (ww)	警告	jǒng gào
wachten (ww)	等	dī ng
wassen (ww)	洗	xǒ
weerspreken (ww)	反对	fǐ n duì
wegdraaien (ww)	扭过脸去	niǔ guò liǐ n qu
wegdragen (ww)	拿走	ná zǔu
wegen (gewicht hebben)	重量为	zhòng liàng wéi
wegjagen (ww)	把 … 赶走	bǐ … gǐ n zǔu
weglaten (woord, zin)	省略	shī ng lāè
wegvaren (uit de haven vertrekken)	启航	qǒháng
weigeren (iemand ~)	拒绝	jù jué
wekken (ww)	叫醒	jiào xǒng
wensen (ww)	想要	xiǐ ng yào
werken (ww)	工作	gūng zuò
weten (ww)	知道	zhōdào
willen (verlangen)	想，想要	xiǐ ng, xiǐ ng yào
wisselen (omruilen, iets ~)	交换	jiēo huàn
worden (bijv. oud ~)	变成	biàn chéng

worstelen (sport)	摔跤	shuēi jiēo
wreken (ww)	报 … 之仇	bào … zhōchóu

zaaien (zaad strooien)	播种	bū zhǔng
zeggen (ww)	说	shuū
zich baseerd op	根据	gěn jù
zich bevrijden van … (afhelpen)	摆脱	bǐ i tuū

zich concentreren (ww)	集中	jí zhūng
zich ergeren (ww)	生气	shěng qì
zich gedragen (ww)	表现	bǐ o xiàn
zich haasten (ww)	急忙	jí máng
zich herinneren (ww)	记起	jì qǒ

zich herstellen (ww)	复原	fù yuán
zich indenken (ww)	想象	xiǐ ng xiàng
zich interesseren voor …	对 … 感兴趣	duì … gǐ n xìng qù
zich scheren (ww)	刮脸	guē liǐ n

zich trainen (ww)	训练	xùn liàn
zich verdedigen (ww)	保卫，自卫	bǐ o wèi, zì wèi
zich vergissen (ww)	犯错	fàn cuò
zich verontschuldigen	道歉	dào qiàn

zich vervelen (ww)	感到厌烦	gǐ n dào yàn fán
zijn (ww)	当	dēng

zinspelen (ww)	暗示	àn shì
zitten (ww)	坐	zuò
zoeken (ww)	寻找	xún zhǐ o
zondigen (ww)	犯罪	fàn zuì

zuchten (ww)	叹气	tàn qì
zwaaien (met de hand)	挥动	huōdòng
zwemmen (ww)	游泳	yóuyǔng
zwijgen (ww)	沉默	chén mò

www.ingramcontent.com/pod-product-compliance
Lightning Source LLC
Chambersburg PA
CBHW071323090426
42738CB00012B/2772